国家社科基金
后期资助项目
GUOJIA SHEKE JIJIN HOUQI ZIZHU XIANGMU

永远的常平仓：中国粮食储备传统的千年超越

The Ever-Normal Granary:
China's Tradition and Modern Transformation

缪　文　著

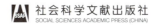

社会科学文献出版社
SOCIAL SCIENCES ACADEMIC PRESS (CHINA)

国家社科基金后期资助项目
出版说明

  后期资助项目是国家社科基金设立的一类重要项目，旨在鼓励广大社科研究者潜心治学，支持基础研究多出优秀成果。它是经过严格评审，从接近完成的科研成果中遴选立项的。为扩大后期资助项目的影响，更好地推动学术发展，促进成果转化，全国哲学社会科学工作办公室按照"统一设计、统一标识、统一版式、形成系列"的总体要求，组织出版国家社科基金后期资助项目成果。

全国哲学社会科学工作办公室

只要这个世界有不确定性，
常平仓就一直会存在下去。

目　录

绪论 经纬交织的历史与经济

一 缘起

21世纪以来，伴随着经济发展取得巨大成就以及对世界的贡献和积极影响不断增加，中国以更加自信的姿态审视自身。不同于西方现代化的发展轨迹，"中国道路""中国模式""中国方案"及其背后的历史文化传统引起了人们的广泛关注。行进在新时代，立足于中国经济发展的现实需求，探索、挖掘中国经济传统的现代价值，并在此基础上构建中国特色经济学话语体系已成为一个绕不开，同时又亟待深入、系统研究的大课题。[①] 本书的讨论即在这样的背景下展开，具体而言，它源自以下几个问题。

中国在两千多年前就已建立起疆域广阔的大一统国家，政府管理着众多的人口，在传统农业社会，是什么样的政策稳定着经济社会的发展，并创造出世界古代史上其他地域与国家无法企及的农业文明？特别是在农业生产因气候变化、灾害发生而出现大幅波动之时，国家采取了哪些政策手段来应对因农业生产波动而引发的经济波动？如果上述疑问可以扩展并归结为中国古代社会维持经济稳定与发展的思想理念、制度及其实践路径是什么，那么一个不难联想到的问题便是，这些经济传统是否与现代经济，特别是宏观经济理论、政策有着某种关联？如果有，是否可以进一步通过学理分析与跨期比较研究，揭示出中国经济传统的现代价值，让其服务于今日中国之发展？

这些相关联的问题显然兼具理论和现实意义而值得深入探究。不过，将它们统合起来则会构成一个庞大的问题系统而难以着手深入其中。但

[①] 在经济学领域，构建中国特色经济学话语体系已成为前沿探索的一项重大课题。相关分析参见谢伏瞻《加快构建中国特色哲学社会科学学科体系、学术体系、话语体系》，《中国社会科学》2019年第5期。继承才可发展，返本方能开新，探究中国经济千年传统的经济史学无疑会在"体系构建"中发挥关键性作用。

是，如果能够选取一个合宜的研究主题将它们串联与整合，我们便可以此为切入点，将历史之"经"与经济之"纬"相交织，以小见大地做出一些有意义的探索，从而厘辨、梳理出传统、现实以至中国未来发展之间种种潜在之关联。

基于以上考虑，本项研究将问题聚焦于"常平仓"。我们发现，中国古代社会建立在小农经济基础之上的庞大经济系统有着"宏观稳定"与"宏观调控"的内在需求。与此相适应，中国历朝逐步探索形成了一套经济管理体系，它在组织、协调和配置资源方面的功能是不能低估的。其中，由西汉耿寿昌创设，利用平籴和平粜机制（粮价低时，以托底保护价收储，以防谷贱伤农；粮价高时，以封顶保护价抛售，以防谷贵伤民）对粮食供求和价格实施缓冲调控的常平仓尤其值得关注。考察中国古代史，会发现汉代以降几乎各代（特别是大一统时期）经济制度和政策的"菜单"之中，常平仓都是一个重要的选项，并且历代在创设常平仓法时，往往会论及先朝的这一经验，以凸显其对经济社会稳定与养民的重要性。"层层累积"的常平仓，因此成为中国古代农业社会极具特色的"经济传统"。经过不断探索、改良与发展，常平仓法至清代臻于成熟、完备。20 世纪 30 年代，此项制度还一转而成为大萧条时期美国农业改革的蓝本。① 由此可见，常平仓为我们的研究提供了一个极佳的观察窗口，这一经济传统在古今、中西之间的演变和流动可作为一个典型案例来帮助我们求解前面提出的一系列问题。

中国古代经济思想、制度、政策与实践在经济社会变迁过程中相互渗透、相互影响，它们内在贯通，构成了从经济之"本体"到经济之"理论"再到经济之"致用"的关联系统。若给它冠以一个称谓，"经济传统"应该是较为恰当的。这样，常平仓这一粮食储备的"经济传统"也就涉及了思想、制度、政策与实践这些基本要素。需要指出的是，经济思想除了包含对经济实践活动的（系统）思考这一基本内容之外，还有更为深入的经济思维方式（如体现世界观、方法论一类的经济哲学）这一重要维度。那么，中国古人是依着怎样本根的思维方式发展出常平仓传统的？这是本研究关注的另一个重要问题，由此再深究下去，将常

---

① 李超民对此曾有系统的研究，参见下文的讨论。

平仓的"仓"字去掉，并上升为对更为一般的经济"常平"之讨论，我们的研究将进一步涉及从古代常平传统到当代中国特色社会主义经济发展道路演变之讨论，这里面包含了更为深入与丰富的理论探究，以及更具现实意义的政策指向。

二　研究回顾、新线索与新视角

常平仓涉及中国古代财政、粮政、仓政、荒政等多种经济制度与经济政策，古人对其早有重视，总结常平仓建设的历史经验并为现实服务是相关史料在历代得以整理、分析、总结和流传的重要原因。其中，各朝正史之"食货志"、典制史书[①]、荒政史料[②]、仓政[③]，以及各地方志、个人文集等都有较为集中的记载。

常平仓的大规模建置终于有清一代，民国时期有关中国古代粮政、仓政、荒政的研究已不同程度地涉及历代常平仓。诸学者从粮农制度、救荒政策、仓储体系及其对世界的影响等不同视角对常平仓的起源、功能、运行机制和发展历史进行了开拓性的探索，为后继者开辟了方向。[④]其中，邓云特所著《中国救荒史》立足于荒政之考察为后来的常平仓研究提供了一个重要的观察视角，而沈文辅的《论古今中外之常平仓政策》所展现出的高远立意为常平仓研究的现代转换开启了思路。

20 世纪 80 年代后，常平仓逐渐成为学术界持续关注的研究主题。张弓对包括常平仓在内的唐代仓储制度的全面梳理对于此后的研究有着

---

① 如《通典》《宋会要辑稿》《清朝文献通考》等。

② 南宋董煟《救荒活民书》开荒政著述之先河，此后荒政书籍不断涌现，清代最丰，现多收录于李文海等主编《中国荒政书集成》（天津古籍出版社，2010）。

③ 如俞森《常平仓考》《义仓考》《社仓考》，载李文海等主编《中国荒政书集成》第 2 册，天津古籍出版社，2010。

④ 例如，于树德：《我国古代之农荒豫防策——常平仓、义仓和社仓（上）（下）》，《东方杂志》第 18 卷第 14、15 期，1921 年 7 月、8 月；林朴初：《仓的研究》，《新生命》第 3 卷第 9 期，1930 年 9 月；郎霄擎：《中国民食史》，商务印书馆，1933；冯柳堂：《中国历代民食政策史》，商务印书馆，1934；邓云特：《中国救荒史》，商务印书馆，1937；闻亦博：《中国粮政史》，正中书局，1943；黄伯轩：《常平仓之起源及其性质》，《经济论衡》第 2 卷第 2 期，1944 年 2 月；沈文辅：《论华莱士所倡议之美国常平仓政策》，《经济论衡》第 2 卷第 7、8 期合刊，1944 年 8 月；沈文辅：《论古今中外之常平仓政策》，《东方杂志》第 41 卷第 6 期，1945 年 3 月；于佑虞：《中国仓储制度考》，正中书局，1948；等等。

重要的启示和引导意义，学者们在这一主题下从不同的视角展开了更多的探索。① 在以往累积的基础上，围绕着常平仓发展的重要历史阶段，20 世纪 90 年代至今的研究多聚焦于一朝一代，虽然联通各时期的"通考"少有关注，② 但针对一时期，特别是两宋、清之常平仓的研究则获得了显著的进展，广泛涉及常平仓的建置沿革、职事功能、运作机制、制度保障、绩效评估、空间布局、地域案例、储备技术、制度变革及其评估、常平仓与其他仓种的关系以及兴衰利弊等诸多方面。透过各类史料挖掘、定性与定量分析相结合、朝代比较等不同的方法，学术界从荒政史、仓政史、农业史、财政史、制度史、社会史、思想史、区域史、历史地理、管理史、价格史等多样的视角，对中国历史上重要时期的常平仓有了渐趋深入与全面的认识。其一，不同时期的常平仓在传统农业社会经济管理、社会治理（典型的如荒政救济）等领域所扮演的角色及其功能、效果被逐步揭示出来。③ 其二，将常平仓放置于整个仓廪系统中加以考察，探究了常平仓与其他各仓种之间的内在联系，认识到后者在历史进程中越来越多地发挥出"常平"功能，由此逐步形成了各仓之间相互补充、相互协调的关系。④ 其三，基于经济社会系统的多维度考察成为研究的主要进路，分析方法和历史材料不断得以拓展。与此相适

①　参见张弓《唐代仓廪制度初探》，中华书局，1986；徐建青《从仓储看中国封建社会的积累及其对社会再生产的作用》，《中国经济史研究》1987 年第 3 期；陈春声《论清代广东的常平仓》，《中国史研究》1989 年第 3 期；刘秋根《唐宋常平仓的经营与青苗法的推行》，《河北大学学报》（哲学社会科学版）1989 年第 4 期；等等。

②　刘甲朋对历代粮食储备思想的探讨涉及常平仓制度纵贯古代史的发展与演变，参见刘甲朋《中国古代粮食储备调节制度思想演进》，中国经济出版社，2010。

③　参见牛敬忠《清代常平仓、社仓的社会功能》，《内蒙古大学学报》（哲学社会科学版）1991 年第 1 期；田华《金代的常平仓研究》，《农业考古》1992 年第 1 期；张岩《试论清代的常平仓制度》，《清史研究》1993 年第 4 期；刘翠溶《清代仓储制度稳定功能之检讨》，载陈国栋等主编《经济脉动》，中国大百科全书出版社，2005；王文东《宋朝青苗法与唐代常平仓制度比较研究》，《中国经济史研究》2006 年第 3 期；魏天安《关于常平仓法的几个问题》，载姜锡东等主编《宋史研究论丛》第 8 辑，河北大学出版社，2007；孔祥军《两宋常平仓研究》，《南京农业大学学报》（社会科学版）2009 年第 4 期；慕容浩《汉代常平仓探讨》，《内蒙古社会科学》（汉文版）2014 年第 3 期。

④　参见张岩《论清代常平仓与相关类仓之关系》，《中国社会经济史研究》1998 年第 4 期；张文《宋朝社会救济研究》第二章之第二节"灾荒的预防——仓储制度"，西南师范大学出版社，2001；李华瑞《宋代救荒仓储制度的发展与变化》，载马明达主编《暨南史学》第 7 辑，广西师范大学出版社，2012。

应，研究焦点亦不仅局限于宏观层面，中观层面的区域空间、地方社会视角和微观层面的仓储个案愈加受到关注，其中利用地方志、仓案、仓储征信录等资料对常平仓经营管理的微观解剖是研究的新取向，由此而进一步引申出对常平仓经营效益的实证分析。① 其四，国家意志、治理能力和政治走向对常平仓的创设、发展、经营管理之利弊与绩效之影响被充分地揭示，由此而刻画出历代常平仓的建设由积极转为消极，功能由兴而衰的生命周期。② 其五，随着研究的不断深化，学术界逐步认识到历史变迁中的常平仓的种种复杂性与矛盾性。例如，常平仓动用资源多，但其绩效并不总能尽如人意；常平仓运行趋于制度化，但人治之弊依然明显；常平仓制度多有改良、创新，但难以长久维持；管理者虽认识到常平仓应遵循规律，但违背规律的操作时有出现。值得注意的是，尽管历史之中的常平仓被更加多面、立体地呈现出来，但学界对常平仓的评估还是更多地倾向于积极的一面，而晚近一些海外研究更是透过常平仓一反西方传统地"发现"了中国古代国家在面对经济社会危机时所表现出的高效组织与协调能力。

在海外研究中，日本学者星斌夫将常平仓、社仓视为一项福利政策，所著《中国社会福祉政策史》更多地将仓储置于中国传统的慈善公益事业之中加以考察。这表明，福利经济的思想与实践在中国向有传统。针对清代常平仓的研究，星斌夫从宏观、微观两个层面着手，一方面注重

---

① 区域层面的研究可参见钟永宁《清前期湖南的常平仓与湘米输出》，《求索》1990 年第 1 期；吴滔《论清前期苏松地区的仓储制度》，《中国农史》1997 年第 2 期；胡波《试论清代陕西黄土高原地区常平仓储粮规模的变化》，《陕西师范大学学报》（哲学社会科学版）2002 年第 S1 期；姚建平《内功能与外功能——清代两湖地区常平仓仓谷的采买与输出》，《社会科学辑刊》2005 年第 4 期；马丽、方修琦《清代常平仓粮食储额的空间格局》，《中国历史地理论丛》2009 年第 3 期；何荣《清代新疆常平仓的发展与管理》，《新疆大学学报》（哲学·人文社会科学版）2014 年第 2 期。更为系统的专著研究参见陈瑶《粜粜之局：清代湘潭的米谷贸易与地方社会》，厦门大学出版社，2017；白丽萍《晚清长江中游地区仓储转型与社会变迁》，中国政法大学出版社，2018。利用仓案展开的系统研究可参见吴四伍《清代仓储的制度困境与救灾实践》，社会科学文献出版社，2018。
② 参见康沛竹《清代仓储制度的衰败与饥荒》，《社会科学战线》1996 年第 3 期；李汾阳《清代仓储研究》，文海出版社，2006；朱浒《食为民天：清代备荒仓储的政策演变与结构转换》，《史学月刊》2014 年第 4 期。

梳理仓储演变与制度沿革，另一方面运用大量地方史料来考察地方仓储的功能与运行，《中国社会福利政策史的研究——清代赈济仓专论》在史料和视角方面的转换开辟了区域仓储研究的新进路。① 欧美学者中，法国汉学家魏丕信（Pierre-Etienne Will）和加州学派王国斌等人的合著《养民：中国的国家民用粮仓体系（1650—1850）》利用大量档案史料和统计数据对清代仓储的内部运行机制展开了细致的分析，并借此考察了官僚系统的内部运作。他们认为，清中期政府积极推动构建的仓储系统在维持经济社会稳定和发展方面取得了很大的成就，政府的行政效率是值得肯定的。② 这样的认识也体现在魏丕信的《18世纪中国的官僚制度与荒政》、王国斌的《转变的中国——历史变迁与欧洲经验的局限》两部著作中。不同于西方学术界长期形成的固有观念，他们借助仓储例证的剖析，认为中国古代社会在经济社会管理领域有着为人所忽视的积极一面，但以常平仓为代表的仓储系统在发展过程中也呈现出由兴而衰的周期性特征。③

美国学者李明珠（Lilian M. Li）得出了与此大体相同的结论，④ 而澳大利亚学者邓海伦（Helen Dunstan）则揭示出了乾隆时期的常平仓建设围绕着政府干预与市场调节而形成的复杂关系，以及政府维持巨大仓储系统面临的种种困境。⑤ 邓海伦的这一认识与国内学者高王凌较早的研究形成了呼应。⑥ 美国汉学家罗威廉另辟蹊径，立足于清人陈宏谋的精英意识，剖析了官僚群体的杰出代表努力化解矛盾与困局，使常平仓、

---

① 参见吴四伍《清代仓储的制度困境与救灾实践》，社会科学文献出版社，2018，第14～15页。

② Will, Pierre-Etienne et al., *Nourish the People：The State Civilian Granary System in China, 1650 – 1850*（Ann Arbor：Center for Chinese Studies, University of Michigan, 1991）.

③ 参见魏丕信《18世纪中国的官僚制度与荒政》，徐建青译，江苏人民出版社，2002；王国斌《转变的中国——历史变迁与欧洲经验的局限》，李伯重、连玲玲译，江苏人民出版社，1998。

④ Li, L. M., *Fighting Famine in North China：State, Market, and Environmental Decline, 1690s – 1990s*（Stanford：Stanford University Press, 2007）.

⑤ Dunstan, H., *State or Merchant？Political Economy and Political Process in 1740s China*（Cambridge, Massachusetts, and London：The Harvard University Asia Center, 2006）.

⑥ 高王凌：《活着的传统：十八世纪中国的经济发展和政府政策》，北京大学出版社，2005。

社仓造福于民的经世思想与实践路径。①

常平仓为中国古代旧制，它对于当代经济社会到底有多大启示和现实意义？它能否经过变通、转换而有利于国民福祉？除了荒政、农业经济、价格管理等领域的研究有所涉及之外，学术界对这类问题的深入探讨并不多见，一些点缀性的分析往往缺乏学理基础而给人以隔靴搔痒之感。其实，若拓展视角，放眼世界，会发现中国古代的常平制度在 20 世纪 30 年代已被西方资本主义社会借鉴，并在国民经济中发挥出积极作用。钱穆先生在《中国历史研究法》中讲到汉代平准制度（这一制度运用于粮食调控，即为常平仓）时，插了一段耐人寻味的小故事：

> 汉代的平准制度……在中国历史上不断变通运用。即如粮价一项，遇丰年时，政府以高价收购过剩粮食，以免谷贱伤农。待到荒年季节，政府便以低价大量抛售积谷，寓有赈济贫农之意……据说美国罗斯福执政时，国内发生了经济恐慌，闻知中国历史上此一套调节物价的方法，有人介绍此说，却说是王荆公的新法。其实在中国本是一项传统性的法制。抗战时期，美国副总统华莱士来华访问，在兰州甫下飞机，即向国府派去的欢迎大员提起王安石来，深表倾佩之忱。而那些大员却瞠目不知所对。因为在我们近代中国人心目中，只知有华盛顿、林肯。认为中国一切都落后，在现代世界潮流下，一切历史人物传统政制，都不值得再谈了。②

常平旧制老树新颜，国民政府官员浑浑噩噩，浑然不知。但知识界并非如此，1944 年农业专家沈文辅在《经济论衡》中介绍了华莱士在美国推行的农业常平仓政策。③ 1945 年，沈氏又于《东方杂志》撰文梳理常平仓的古今中外，认为国人应继承这一重要经济传统，将其发扬光大：

---

① 罗威廉：《救世：陈宏谋与十八世纪中国的精英意识》，陈乃宣等译，中国人民大学出版社，2016。
② 钱穆：《中国历史研究法》，生活·读书·新知三联书店，2001，第 30～31 页。
③ 沈文辅：《论华莱士所倡议之美国常平仓政策》，《经济论衡》第 2 卷第 7、8 期合刊，1944 年 8 月。

常平仓制，早被国外所采用，发扬光大，益臻完善。国人或叹旧学之消沉，昧于作吻合经济理论之研究，或竟鄙视旧制陈法，不屑承袭策善；反由美国农学专家又兼农业政治家出而倡导，竟列为彼邦农业久长立法之中心，新农业调整计划之支柱。仲恒寿昌弘羊泉下有知，亦当含笑常平仓制之无远弗届，无往不利；国人知能未泯，更应愧对先哲，知所亟急直追矣。[①]

沈文辅提供了一个重要的启示：中国古代的经济传统容含着现代价值，它不应与现代割裂开来。事实上，将"现代"等同于"西方"的认识本无具有说服力的学理可依，人们唯有从更广域的视野观察中国经济传统，才能对其作出更为深入的理解与评估。这意味着，对常平仓的认知不能仅限于古代一维，而应着眼于古—今、中—西多重面向，将常平仓置于跨历史、跨文化、跨经济形态的分析框架下予以系统的探察。

聚焦于中国近代中西文化交流，便会发现这一古今、中西转换的机缘最早落在了清末民初留美求学的陈焕章身上。陈焕章在就读于哥伦比亚大学期间完成的博士学位论文《孔门理财学》（*The Economic Principles of Confucius and His School*）向西方介绍了中国古代的常平仓法，[②] 古老的常平旧制由此走向世界，并对美国农业部部长华莱士（Henry A. Wallace）于 20 世纪 30 年代大力推动的美国农业改革产生了重要影响。李超民系统地探究了 20 世纪 30 年代美国农业改革对中国常平仓思想的借鉴与发展，为围绕着常平仓而展开的多视角研究提供了古为今用的新思路。常平仓稳定经济的功能不仅仅体现在农业领域，李超民还关注到 20 世纪三四十年代格雷厄姆（Benjamin Graham）将农业常平仓拓展为多元储备

---

① 沈文辅：《论古今中外之常平仓政策》，《东方杂志》第 41 卷第 6 期，1945 年 3 月，第 23 页。

② 陈焕章的博士学位论文《孔门理财学》作为"哥伦比亚大学历史、经济和公共法律研究"丛书之一，以第 45、46 卷 112、113 号同时在纽约、伦敦出版。1913 年 1 月，陈焕章在《孔教会杂志》创刊号上将该书第 9 篇"财政"第一部分"国用"译成中文发表。国内岳麓书社、商务印书馆分别于 2005 年、2015 年出版了该书的英文版，此外还有多种中译本，包括翟玉忠译本（中央编译出版社，2009）、宋明礼译本（中国发展出版社，2009）、韩华译本（中华书局，2010）。其中，韩华译本于 2015 年被收入商务印书馆"中华现代学术名著丛书"中。

的理论探索。继沈文辅之后，李超民突破了旧有的研究边界，这对于深化常平仓认知的重要意义是不言而喻的。①

　　常平仓的"新陈代谢"并非到格雷厄姆就终结了。事实上，与常平仓紧密相关的经济调控思想在格雷厄姆之后还有一系列重要的发展，"凯恩斯革命"就是一个承前启后的节点。李超民对此已有所注意，他发现"凯恩斯在1938年也曾经提出政府储备食品和原材料的稳定政策"，但是"他的主要思想并不同于格林翰姆（其著作的中译本作"格雷厄姆"——笔者注）"。② 检索凯恩斯的存世文献，会发现早在20世纪20年代他就针对资本主义生产过剩问题提出了缓冲储备思想，而这一思想与格雷厄姆的主张是有着一定相似性的。在后来一系列的思考和研究中，凯恩斯将其逐步提炼，并以"短期价格理论"（the Theory of Short-Period Prices）阐述于1930年出版的《货币论》（The Treatise on Money）一书中。按凯恩斯所说，1936年出版的又一部著作《就业、利息和货币通论》（The General Theory of Employment Interest and Money，以下称《通论》）是《货币论》的"自然演变"，但这一自然演变"有时却可以使读者当作为使人感到混淆的观点的更改"③。那么，《通论》的某些内容会不会包含着缓冲储备思想的"自然演变"呢——尽管它们表面看上去是完全"不同"的理论和主张。从思想的连续性考虑，这种"自然演变"可能是存在的，因为凯恩斯在20世纪40年代针对实体经济详尽地提出了一套缓冲储备方案，凯恩斯本人甚至将其称作华莱士常平仓的国际化，他希望此方案连同他提出的另一项针对货币金融体系的"国际清

---

① 聚焦这一主题，李超民发表了一系列论文，具代表性的有：《中国古代常平仓对美国新政农业立法的影响》，《复旦学报》（社会科学版）2000年第3期；《中国古代常平仓思想：美国1930年代的一场争论》，《上海财经大学学报》2000年第3期；《〈1938年农业调整法〉与常平仓：美国当代农业繁荣的保障》，《财经研究》2000年第12期；《常平仓：当代宏观经济稳定政策的中国渊源考察》，《复旦学报》（社会科学版）2002年第2期。更为系统的研究可参见李超民的两部专著：《常平仓：美国制度中的中国思想》（上海远东出版社，2002）、《大国崛起之谜：美国常平仓制度的中国渊源》（中央编译出版社，2014）。另外，国内学者对美国农业政策的研究也涉及常平仓，如徐更生的《美国农业政策》（经济管理出版社，2007）。但由于关注点不同，此类文献集中于探讨美国各时期农业政策的内容与发展演变，并未涉及常平仓的中国渊源。
② 李超民：《常平仓：当代宏观经济稳定政策的中国渊源考察》，《复旦学报》（社会科学版）2002年第2期，第25页。
③ 凯恩斯：《就业、利息和货币通论》，"序"，高鸿业译，商务印书馆，2002，第2页。

算同盟"方案（亦即"凯恩斯计划"）相互配合，促进战后世界经济稳定与新秩序的形成。虽然这两项规划最终流产，但包括缓冲储备思想在内的凯恩斯经济学遗产却启发了一个重要的流派——后凯恩斯经济学（Post-Keynesian Economics）。[①] 后凯恩斯经济学家们接续凯恩斯传统，在20世纪90年代提出了"就业缓冲储备"理论。其实，这一理论早在"罗斯福新政"（New Deal）时期就已借助"以工代赈"政策被大规模地付诸实践了。不过，只要略知中国经济史就会发现，所谓"以工代赈"并非新政的发明，其思想早在中国先秦时期已被阐发，并被后代加以推广应用。

如此看来，常平仓一次次的"历史超越"尚有很多精彩段落有待进一步挖掘并接着讲下去。那么，这些段落之间到底有怎样的关联？特别的，缓冲储备思想是怎样一步步发展、演化为现代宏观经济理论的？若深加追问，常平仓与经济学理之间尚有重重谜团需要解开。事实上，常平仓的故事铺展开来本是一幅历史与经济经纬交织的"画卷"，而只有通过历史—经济、时间—空间深度交融的描绘才能将其丰富的内容更为完整地呈现出来。

还需特别指出的是，若深入探究常平仓包含的经济学理演化脉络，会进一步发现，常平仓与经济哲学之间仍有一层关联有待打通。我们知道，任何产生深远影响的经济思想、政策的背后必然有一套思维模式作为其本体论的支撑。马克思在批判萨伊"三位一体"公式时讲道："如果事物的表现形式和事物的本质会直接合而为一，一切科学就都成为多余的了。"[②] 看来，如果不能从常平仓中抽绎出更为一般的经济世界观，

---

① "后凯恩斯经济学"是从凯恩斯经济学发展而来的经济学流派，有时以"凯恩斯主义左派"相称，有时又连同新古典综合派被合称为"后凯恩斯主义"。严格地讲，"后凯"应作狭义的即不同于新古典综合派的理解，相较于后者，它在西方经济学中一直处于非主流地位。以罗宾逊、卡尔多等人为代表的新剑桥学派经济学家可视为"后凯恩斯经济学"的第一代，后经不断发展，现已至第三代。对其理论进行梳理、评价的著作参见 Arestis, P., *The Post-Keynesian Approach to Economics：An Alternative Analysis of Economic Theory and Policy*（Aldershot and Brookfield：Edward Elgar, 1992）；King, J. E., *A History of Post Keynesian Economics since 1936*（Cheltenham and Northampton：Edward Elgar, 2002）。国内研究可参见张凤林《后凯恩斯经济学新进展追踪评析》，商务印书馆，2013。

② 《资本论》第3卷，中央编译局译，人民出版社，2004，第925页。

并基于哲学本体、经济理论、政策施用这三个维度作出整体性的把握，对这一中国经济传统的理解将难以走向深入，也就无法揭示出潜藏于其中的更为一般的经济规律。

综上所述，尽管有关常平仓的研究已积累了丰富的成果，但如果着眼于新线索和新视角，尚有很多问题有待解答，而更为系统和深入的研究工作也有待进一步展开。其一，既有的研究多局限于某个历史时期，以常平仓为关注点，以"通""变"为主线，以古今、中西交叉为坐标，对其内涵、历史演进的整体性把握仍是一个少有涉及的领域。其二，经济学与历史学在研究中需要更为深度的交融。长期以来，对经济学理的深入探讨一直处于常平仓研究的边缘地带。特别的，将现代宏观经济理论与常平仓缓冲调控功能相结合而展开的分析并不多见，它们之间可能的联系是颇值得探索的方向。其三，从常平仓的"理"和"用"中解读出更深层次的"体"需要再次开路辟径。中国古人何以能发展出常平仓法？常平仓法又何以能转化为绵延不绝的经济传统？既有研究未能从经济思维方式的视界回答这一问题以揭示潜藏在常平仓背后的哲学本体论，并借此探寻中国经济传统的本质内涵与特征，以及其与当代中国经济理论、实践可能存在的古今关联。进一步的，在古为今用、洋为中用的视角下，常平仓怎样为中国当代经济发展继续作出贡献？这也需要从认识论到政策论上作出更为全面的解答。

总之，综合利用交叉、比较的方法，联通时间与空间，对常平仓以及与之相联系的中国经济传统及其现代价值的研究既需要整合既有的认知资源，更需要从一个更高的起点上再出发。本研究尝试在此方面付诸努力，以期对相关问题更为全面、深入的解答有所助益。

三　研究主旨与篇章结构

为避免单线索分析缺乏系统性的不足，本书在吸收、借鉴既有研究成果的基础之上，建立了一个古今、中西相交叉（而非割裂它们）的坐标系，将常平仓嵌入经纬交织的历史与经济并涉及哲学、社会和文化等多因素交融的背景之下，在这些因素互动的历史进程中对常平仓展开多维度的解读，探索更为整体性的研究，从而梳理出常平仓跨时空演变的历史逻辑、理论逻辑与实践逻辑，并借此重新认识和发现常平仓这一中国经济传统及其背后潜藏的多重价值，让跨越古今、中西的经济思想、制度、政策与实践相互发现、相互发明，再次完成一次"握手"、"汇合"与"超越"。其可能的理论与现实意义在于：为当代中国经济发展探寻传统的根脉，为相关经济政策提供更为充分的中西相互参照的理论支撑，并借此为构建中国特色经济学话语体系做出可能的探索性工作。

按照这样的安排，本书的主要研究思路、内容结构将从以下几方面予以展开。

（一）中国古代常平仓的历史嬗变

通过对常平仓的理论之源——《管子》轻重论的分析，考察常平仓利用粮食作为"本位"，借助缓冲储备的"平籴""平粜"功能调控粮食供给和价格水平，从而稳定经济的学理内涵。分析常平仓法从先秦滥觞、西汉创设、唐代建制、两宋变革到清代完备、近代转换的历史演化过程，对其制度变迁、兴衰利弊、功能效果展开分析与讨论。

将常平仓的边界扩展至"广义"。研究中所界定的"广义常平仓"包括：以常平仓为核心、多仓种共同构筑的"常平仓系统"；将多种商品、物资乃至货币纳入缓冲调控的"平准法"；一种特殊的"劳动力常平仓"——"以工代赈"制度。对广义常平仓的讨论刻画出中国古人在敬天养民的观念之下将缓冲储备机制因地制宜、因时制宜、灵活变通的历史实践，揭示了中国古代宏观经济调控思想的原生性。

（二）西方现代经济理论与政策中的"常平仓"

考察美国农业部部长华莱士在 20 世纪 30 年代罗斯福新政时期通过农业立法和农业政策调整构建起来的美国农业常平仓。在此基础上，对格雷厄姆在工业社会背景下的"现代常平仓"构想（或称之为"现代平准法"）作出进一步的分析，讨论其利用缓冲储备机制整合财政政策与货币政策以稳定宏观经济的理论内涵。

重拾凯恩斯被人遗忘的缓冲储备思想。缓冲储备思想早在 20 世纪 20 年代就被凯恩斯提出，这一思想在 1930 年出版的《货币论》中被发展为短期价格理论（本研究称其为"常平仓方程式"）。20 世纪 40 年代，凯恩斯更将这一思想扩展成为国际缓冲储备计划。在此串联和梳理的基础上，挖掘凯恩斯缓冲储备思想隐含的宏观经济理论，并将其与 1936 年出版的《通论》之主旨联系起来，探究"凯恩斯革命"中的常平仓内涵。

接续凯恩斯的宏观经济思想，后凯恩斯经济学家提出了"就业缓冲储备"理论。本书将深入解析该理论对凯恩斯宏观经济学的继承与发展。结合美国经济史，围绕"罗斯福新政"中的以工代赈政策，探讨大危机时期美国政府借助就业缓冲储备这一"劳动力常平仓"稳定宏观经济的典型案例。进一步的，通过"功能财政论""卡莱茨基困境"剖析支撑就业缓冲储备的财政、货币理论，以及就业缓冲储备与资本主义制度不相容的理论断裂点，揭示构建劳动力常平仓所需的社会制度条件。

（三）"辩证用中—用中致常平"的经济传统及其现代价值

提炼出常平仓的理论内涵。在充满不确定性的世界里，面对经济系统的无常波动、安危转换，人们根据不同时代的经济特点寻找能够有效稳定经济的核心本位，并通过建立本位的缓冲籴粜机制，使其始终处于被"充分使用"或"充分雇用"的状态，以此有效引导生产要素和其他资源的充分利用，向经济社会释放收敛波动的稳定力，化无常为常平，实现经济社会的动态稳定。

再次回到常平仓的理论之源——《管子》轻重论，通过对轻重论背后辩证思维方式的探究，揭示《管子》发展出的以"阴阳两生而参视"为体、以"轻—重—衡"为理，以 A—B 论式（A 然而 B、A（B）而不 A^+（B^+）、不 A 不 B、亦 A 亦 B）为用的经济之"道"。由此进一步提出，《管子》实现了"中国经济思想的轴心突破"，其中容含的"用中致常平"，即以辩证思维方式协调、统一经济事物各个方面，从而实现动态平衡的经济哲学观，奠定了中国经济传统认识论和方法论的基础。在中西比较的视域下，以凯恩斯、马克思、斯密的理论为参照系，分析轻重、中和、常平理路在西方经济学语境中的另一种呈现。进一步的，再次利用 A—B 论式解读当代中国经济在改革开放背景下的辩证观、常平观，并归纳出贯通中国古今的"常平律"，指出当代社会主义中国通过创造性转换，实现了对常平律的历史超越。

政策建构。常平仓的古今中西演变、历史超越及其所带来的学理启示为中国经济传统的现代转换提供了一条政策进路。基于新时代中国经济战略转型及经济社会安全、可持续发展的现实需求，提出将人口、资源（物资）、环境系统地纳入缓冲调控机制，构建现代大常平仓的政策建议。

（四）中国经济传统的中道精神

经过层层深入的探索，本研究最终得出的结论是，从常平仓到常平律，用中致常平的中国经济传统贯穿于经济本体论、经济思想与政策实践，其中蕴含着简易而深刻的中道精神。中道精神是中国经济智慧的重要标识，在新历史时期依然焕发着活力，它给予我们的启示是，经济认知须着眼于有机的整体观，面对问题与矛盾，不是用非此即彼的方式解决之，而是见对立而兼收并蓄、协同各方、通达权变、避走极端，常怀忧患意识，走包容尚中之路。在更高的层次上，中道精神要求将古—今、中—外、天—人、人—我、物—我等各种对立但又相生、相依的世界视为一个辩证的整体，只有通过基于整体的综合与分析，才能得出统一与协调各方的中道，并循此路径实现经济社会的常平发展。中道精神历久弥新，是中国特色经济思想之慧命，中国当代经济理论与实践的发展与创新离不开这一大根本，脚下经济学道路之开拓、未来经济学理论之发展将留给中国人广阔的舞台。

综而言之，立足于新时代中国特色社会主义，我们的研究理路、基本结论和政策指向无非为以下论断作出注脚：

> 文化自信是更基础、更广泛、更深厚的自信，是一个国家、一个民族发展中更基本、更深沉、更持久的力量……坚定文化自信，就要以更加自信的心态、更宽广的胸怀，广泛参与世界文明对话，大胆借鉴吸收人类文明成果，推进中华优秀传统文化的创造性转化、创新性发展……①

---

① 中共中央宣传部编《习近平新时代中国特色社会主义思想三十讲》，学习出版社，2018，第25页。

第一章 "常平仓"：中国的经济传统

粟者，王之本事也，人主之大务，有人之涂，治国之道也。

——《管子·治国》

岁穰民有余则轻谷，因其轻之之时官为敛籴，则轻者重；岁凶民不足则重谷，因其重之之时官为散粜，则重者轻。上之人制其轻重之权而因时以敛散，使米价常平以便人，是虽伯者之政而王道亦在所取也。

——（明）丘濬

追溯源头，常平仓法完整的原理阐述从《管子》轻重论而来。轻重论发现了粮食与万物之间轻重的纲目关系，并确立了一种纲举目张的粮食调控机制——通过建立以粮食为本位的缓冲储备向经济社会施放收敛波动的稳定力。操谷币以定天下，轻重论这一"顶层设计"从理论上给出了中国人最早的宏观经济调控模型。常平仓有兴有废，经济社会稳定发展的一统时期，常平仓的规置多为统治者所重视，成为财政、粮政、仓政、荒政的交会点和经济调节之策的关键词。常平仓法滥觞于先秦，西汉宣帝时期耿寿昌创制，至唐代中央政府逐步构建起一套较为完整的制度体系。北宋时期，王安石推出的青苗法借小额信贷将常平仓货币化，这一并不成功的常平新法为南宋朱子社仓拓展出常平仓基层化道路提供了历史借鉴。预备仓为明代所独有，它虽综合了常平仓与社仓的优点，但对运营也提出了更高的要求，难以长久维持。沿承至清代，常平仓制臻于成熟与完备，陈宏谋积极推动常平仓、社仓建设的案例展现出社会精英致力于将政府、市场、社会有机统一以求经济常平的均衡解。"财政养仓""仓内养仓""仓外养仓"是粮食缓冲储备的三种经营模式，由于官营常平仓在宏观层面、公共领域担负着稳定、安全与福利之责，故而维系其长期发展的经营选项应是财政养仓。除了政府治理能力之外，财政养仓的不可持续性是常平仓产生各种弊端及常平仓发展难以摆脱倒 U 形周期律的一个重要原因。

第一节　常平仓探源

一　久远的积储传统与经济调节思想

中国古代文明的核心区处于亚欧大陆的东部，这一地域属于典型的季风性气候区，水、热时空分配不均衡表现得十分明显，江河径流量季节间、年度间变化大，冷暖波动和水旱灾害多发，受其影响，农业生产也呈现出不稳定的特征。《史记·货殖列传》记述了范蠡的周期波动论："六岁穰，六岁旱，十二岁一大饥。"[①]《淮南鸿烈·天文训》亦说："三岁而一饥，六岁而一衰，十二岁一康。"[②] 又《盐铁论·水旱》："六岁一饥，十二岁一荒。"[③] 晚近的量化研究表明，传统农业社会平年以下歉收年份所占总年数比例达到 40% 以上（见表 1 - 1）。

表 1 - 1　公元前 210 ~ 1910 年评定的丰歉等级构成

农业等级	严重歉收年	歉收年	偏歉年	平年	偏丰年	丰收年
	1 级	2 级	3 级	4 级	5 级	6 级
年份数（年）	180	357	458	725	271	125
占总年数的比例（%）	8.5	16.9	21.6	34.3	12.8	5.9

资料来源：方修琦等《历史气候变化对中国社会经济的影响》，科学出版社，2019，第 80 页。

民以食为天，对于生息在这片土地上的先民而言，难以抗拒的自然力量意味着极端事件和危机会对经济社会及人口生存造成巨大冲击。这迫使

---

① 《史记》卷 129《货殖列传》，中华书局，1982，第 3256 页。《史记·货殖列传》将农业生产周期波动论和平籴论（见下文）归为范蠡之师计然名下，但东汉蔡谟提出计然是范蠡所著书名（见《史记》第 3256 页"索引"）。后世对此多有争论，胡寄窗先生提出："即使计然并非范蠡所著书篇之名称，而确有计然其人，他既是范蠡之师，把他的思想列在范蠡名下，以弟子而传师说，也还是合理的。"参见胡寄窗《中国经济思想史》（上册），上海财经大学出版社，1998，第 190 页。从胡先生之说。
② 刘文典：《淮南鸿烈集解》卷 3《天文训》，冯逸、乔华点校，中华书局，2013，第 123 页。
③ 王利器：《盐铁论校注》卷 6《水旱》，中华书局，1992，第 428 页。

先民对生产、生活进行适应性调整，在久远的历史中形成了粮食储备传统。

在新石器考古中，人们发现了存有大量粮食遗存的窖穴。例如，考古人员在河北武安磁山遗址（新石器时代早期磁山文化代表，距今7200～7300年）发现88个长方形的灰坑（坑口长1～1.5米、宽0.5～0.8米、深1～5米）堆积了大量的粟遗存，厚度一般为0.5～0.6米（较薄为0.2～0.3米，最厚则达到2.9米），据估算，其储存量高达138200余斤（除去误差也可以10万斤计）。[1] 磁山遗址粮食储量之大是惊人的，这说明当时的农业生产已达到了相当高的水平，而有计划的粮食储备以防灾变或许已成为生产生活的一项重要内容。

进入文明时代，在殷商甲骨中，人们发现了有关仓储的文字记载：

令吴省才南向，十月。

陈梦家先生将"向"释读为"积谷所在之处，即后世仓廪之廪"。整句卜辞的意思是，商王命吴之人省视南地的仓廪。[2] 这表明殷商时期可能已经有了制度化、成规模的粮食储备。值得注意的是，围绕夏文化展开的最新考古工作在距今4000～3700年的河南淮阳时庄遗址中发现了已知年代最早的用于粮食集中存储的粮仓仓城[3]，对该遗址的考古研究或将进一步揭示中国粮食储备制度更为久远的历史。

《周礼·地官司徒》中的"遗人""旅师""廪人""仓人""司稼"诸官职的职文（见表1-2）记载大体反映了先秦时期人们运用粮食储备稳定供求的经济调节思想，《周礼·地官司徒》有多个官职涉及于此，说明先秦时期国家行政职能与经济管理思想已高度重视粮食储备。除此之外，《礼记·王制》还对积储的安危标准有所规定："国无九年之蓄曰不足，无六年之蓄曰急，无三年之蓄曰国非其国也。三年耕必有一年之食，九年耕必有三年之食。以三十年之通，虽有凶旱水溢，民无菜色，然后天子食，日举以乐。"[4]

---

① 佟伟华：《磁山遗址的原始农业遗存及其相关的问题》，《农业考古》1984年第1期，第194、197页。
② 陈梦家：《殷虚卜辞综述》，科学出版社，1956，第536页。
③ 李韵：《五项考古发现让夏文化更可信》，《光明日报》2020年11月26日，第1版。
④ 《礼记正义》卷12，载阮元校刻《十三经注疏》，中华书局，2009，第2887页。

表1-2　《周礼·地官司徒》有关粮谷储备与平抑粮谷供求的官职与职文

官职	与粮谷储备、稳定供求相关的职责
地官·遗人	遗人掌邦之委积，以待施惠。乡里之委积，以恤民之艰厄；门关之委积，以养老孤；郊里之委积，以待宾客；野鄙之委积，以待羁旅；县都之委积，以待凶荒。
地官·旅师	旅师掌聚野之锄粟、屋粟、间粟。而用之以质剂致民。平颁其兴积，施其惠，散其利，而均其政令。凡用粟，春颁而秋敛之。
地官·廪人	廪人掌九谷之数，以待国之匪颁、赒赐、稍食。以岁之上下数邦用，以知足否，以诏谷用，以治年之凶丰。
地官·仓人	仓人掌粟入之藏。辨九谷之物，以待邦用。若谷不足，则止余法用，有余则藏之，以待凶而颁之。凡国之大事，共道路之谷积，食饮之具。
地官·司稼	司稼掌巡邦野之稼……巡野观稼，以年之上下出敛法。掌均万民之食，而赒其急，而平其兴。

资料来源：《周礼注疏》卷13、卷16，载阮元校刻《十三经注疏》，中华书局，2009，第1567~1568、1606、1614、1616、1616~1617页。

春秋范蠡的"平粜论"及战国李悝的"平籴法"可视为常平仓制度的先行思想。范蠡在平粜论中指出：

> 夫粜，二十病农，九十病末。末病则财不出，农病则草不辟矣。上不过八十，下不减三十，则农末俱利，平粜齐物，关市不乏，治国之道也。[①]

范蠡认识到若放任粮价涨跌，其结果很可能是农病或工商病，故应以"平粜"（应包含籴与粜两种操作）将价格稳定在"上不过八十，下不减三十"的范围之内，让"农末俱利"。作为法家的早期代表，李悝对治国策略有全面的把握，由于农业对富国强兵具有极为重要的意义，他提出了调控粮价的平籴法。李悝在平籴法中分析了粮价波动对于生产和消费的影响："籴，甚贵伤民，甚贱，伤农"，他由此强调了实施平籴法的必要性："民伤则离散，农伤则国贫。故甚贵与甚贱，其伤一也。善为国者，使民毋伤而农益劝。"具体到政策，李悝论述道：

> 是故善平籴者，必谨观岁有上中下孰。上孰其收自四，余四百

[①] 《史记》卷129《货殖列传》，中华书局，1982，第3256页。

石; 中孰自三, 余三百石; 下孰自倍, 余百石。小饥则收百石, 中饥七十石, 大饥三十石。故大孰则上籴三而舍一, 中孰则籴二, 下孰则籴一, 使民适足, 贾平则止。小饥则发小孰之所敛, 中饥则发中孰之所敛, 大饥则发大孰之所敛, 而粜之。[①]

简单来说, 李悝将丰收之年分为上、中、下熟三等并按一定比例收购余粮, 与此相对应, 灾荒之年也要分为大、中、小饥三等。大饥把上熟余粮抛出, 中饥把中熟余粮抛出, 小饥则把小熟余粮抛出。平籴法有籴、有粜, 目的是调剂生产波动中的盈亏, 平抑粮食供求, 使社会得以稳定。"故虽遇饥馑水旱, 籴不贵而民不散, 取有余以补不足也。行之魏国, 国以富强。"[②]

范蠡和李悝强调要对粮食流通进行必要的干预, 但都没有主张以指令性的手段加以管制。不过, 两者的思想也有微妙的差异。范蠡的观察点是市场, 对粮价波动的理解既可以是短期的, 也可以是长期的。而李悝所理解的粮价变化特别关注到农业生产长周期的波动即供给冲击这一重要因素, 从上熟、中熟、下熟到小饥、中饥、大饥, 李悝试图借"观岁"描绘出一个完整的以年为单位的周期变动过程, 他似乎更注意从宏观政策层面寻找到应对问题的根本性机制, 看上去更有稳定不稳定的经济的"宏观调控"意图。

二　完整的理论阐发与汉代的初步实践

除范蠡和李悝之外, 《管子·轻重》篇更为系统地阐述了粮食缓冲籴粜的理论和政策内涵, 这是在考察战国之际经济思想时应予以特别关注的。[③] 在《管子》成书的时代, 小农经济、商品、货币、市场以及因

---

① 《汉书》卷24上《食货志第四上》, 中华书局, 1962, 第1125页。
② 《汉书》卷24上《食货志第四上》, 中华书局, 1962, 第1125页。
③ 《管子》原86篇, 今本76篇, 其余10篇仅存有目录。《管子》断代问题在学术界长期存在争论, 王德敏曾汇集了各种观点, 并归纳为以下六说: 春秋说、春秋至战国说、春秋至秦汉说、战国说、战国至秦汉说、汉代说。诸说各有名家支持, 如梁启超等持春秋至秦汉说, 胡适、冯友兰、胡寄窗等持战国说, 罗根泽、郭沫若等持战国至秦汉说 (司马琪编《十家论管》, 上海人民出版社, 2008, 第477页)。另外, 反映《管子》经济思想的重要篇章——《轻重》篇 (原为19篇, 后佚3篇) 的汉代说 (转下页注)

农业生产波动而导致的经济起伏都已是典型、普遍和周期性的经济现象。这些现象本身以及它们相互叠加、影响与作用后所呈现出的经济问题已

（接上页注③）（王国维、郭沫若、罗根泽、赵靖、叶世昌等持此说）与新莽说（马非百持此说）也是有较大影响的观点。综合来看，现在已很少有人将《管子》的整体思想视为春秋或汉代作品，而《管子》各篇形成时代的另外四说，即春秋至战国说、春秋至秦汉说、战国说以及战国至秦汉说被更多人所接受。这四说虽有不同，但也有断代上的"交集"——战国时期。另外，齐国稷下学士与《管子》诸篇存在紧密的联系也更多地为国内外学者所认同。"因此后代研究《管子》各篇作者及时代问题，虽然存在重大争议，大多学者都认为是稷下学士所作。"（巫宝三：《管子经济思想研究》，中国社会科学出版社，1989，第10页）值得注意的是，李学勤先生结合银雀山汉墓竹简和考古学研究成果，认为一向被视为晚出的"轻重"各篇也应是战国时期的作品，故而"把《管子·轻重》定为战国末世《管子》一系学者的著作最为切当"。（李学勤：《〈管子·轻重篇〉的年代与思想》，载陈鼓应编《道家文化研究》第2辑，上海古籍出版社，1992，第335页）台湾学者陈良佐通过对中国古代气候变迁的考察以及《管子·轻重》篇文本的物候记录，认为《轻重》篇成于战国中期或中期以前，这为《管子》的断代研究提供了一个新视角。（陈良佐：《从春秋到两汉我国古代的气候变迁——兼论〈管子·轻重〉著作的时代》，载陈国栋等主编《经济脉动》，中国大百科全书出版社，2005）综而言之，《管子》的断代至今仍悬而未决，其中争议较大的当数《轻重》篇的时代问题。如果轻重范畴在春秋时期就已被孙叔敖、单旗等人使用，那么到了战国时代由善于经济论的管仲后学发挥为专论就是合乎逻辑的，而《轻重》篇强调以经济手段展开国家间的竞争也符合战国的时代背景。当然，《轻重》篇的主体形成后，很有可能在后来围绕各篇加入了若干段落、文字。这样，《轻重》篇就会留有不同时代的创作痕迹，而使学者们对其断代持有不同看法且各言之有据。我们初步认为，《管子》的主要篇章及《管子》的初本在战国晚期可能就已经形成，在流传到汉代的过程中，又出现了篇章不一的多种版本，并最终形成了刘向编定的《管子》。经济思想丰富是《管子》最显著的特色，胡寄窗先生对其评价甚高："以量来说，管子谈经济问题言论不下十万言，可算是中国古代历史上所从来不曾出现过的经济巨著。以质来说，除价值论及'经济循环'学说外，对社会经济活动领域中的各个方面的问题差不多都接触到，而且都有它独特的见解。即使我们将视线扩大到世界范围，在前资本主义的一个漫长时期内，也罕有像管子这样辉煌而丰富的经济论著。"因此，"管子……在中外的古代历史上都是一颗灿烂的明星"。（胡寄窗：《中国经济思想史》上册，上海财经大学出版社，1998，第366～367、369页）围绕《管子》的经济思想，学界已积累了相当可观的研究成果。代表性的有（仅部分胪列）：梁启超《管子传》，《饮冰室合集·专集第二十八》，中华书局，1989；巫宝三《管子经济思想研究》，中国社会科学出版社，1989；胡寄窗《中国经济思想史》上册，"管子经济学说"，上海财经大学出版社，1998；赵靖《中国经济思想通史》第1卷"《管子》轻重论"，北京大学出版社，2002；叶世昌《论〈管子·轻重〉》，《经济研究》1965年第1期；赵守正《管子经济思想研究》，上海古籍出版社，1989；任继亮《〈管子〉经济思想研究：轻重论史话》，中国社会科学出版社，2005。另外，马非百的《管子轻重篇新诠》（中华书局，1979）对《轻重》篇的校注亦反映了作者对《管子》经济思想的深入探究。本书主要参考的《管子》校本为郭沫若等《管子集校》，《郭沫若全集·历史编》第5～8卷，人民出版社，1984；黎翔凤《管子校注》，中华书局，2004；马非百《管子轻重篇新诠》，中华书局，1979。

然是一个相当复杂的社会存在。对于《管子·轻重》篇的作者而言，如何将具象的"繁杂"转换为抽象的"简易"，以便对经济社会加以深刻的认知和把握无疑是需要面对的首要问题。当然，我们知道《轻重》篇将经济现象与经济问题皆化约为以"轻—重"相对待的经济关系或经济范畴，并构建了一套完整的轻重论。有关"轻""重"的经济学内涵，一般的理解是关于供求与价格的原理，① 既有的研究对此已有大量的分析，为方便讨论，兹以图1-1予以简要说明。

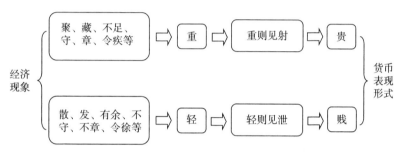

图1-1 "轻重"的内涵

值得注意的是，从微观局部考察，轻重的理论抽象似乎大大简化了对经济事物的认知。但如果从微观转至宏观，轻重分析并不是"简易"的，因为"万物"会生成大量支离的、不能被简单加总的轻重关系，这样的轻重分析对于宏观治理而言并无多少价值和意义。不过，轻重论者并未纠缠于此，而是将注意力放在了轻重关系的结构层面，并抽绎出了其中的主要矛盾。论者发现，"谷独贵独贱"②，粮食作为一种特殊的不可替代性商品，它的轻重不仅更多地取决于自身的产量和需求，还能进一步影响和左右其他商品的轻重——"谷重而万物轻，谷轻而万物重。"③ 这样，在众多的轻重关系中论者抓住了要害，将"局部轻重"加总而形成的复杂问题转换为以粮食为纲的"一般轻重"问题，轻重论由此被提升到宏观层面。

聚焦于粮食，论者认为："五谷食米，民之司命也。"④ "凡五谷者，

---

① 《管子》轻重论涉及的领域并不仅限于此，相关讨论参见第六章第二节内容。
② 黎翔凤：《管子校注》卷21《乘马数》，中华书局，2004，第1237页。
③ 黎翔凤：《管子校注》卷21《乘马数》，中华书局，2004，第1237页。
④ 黎翔凤：《管子校注》卷22《国蓄》，中华书局，2004，第1259页。

万物之主也。"① 由此不难推知，粮食供求与价格的变化会对国计民生产生不同程度的影响。进一步而言，如果粮食产量出现丰歉变动进而导致粮食在轻重之间转换，那么整个宏观经济也会随之波动，若丰歉变动超过了一定范围，经济系统将因此遭受重大影响，即所谓"岁适美，则市粜无予，而狗彘食人食。岁适凶，则粜釜十锱，而道有饿民。"② 那么，在粮食的生产和需求难以形成长期稳定关系的情况下，供给冲击造成的大幅波动如何能够被有效地平抑呢？在理论层面，论者发现虽然国家难以左右粮食生产中的气候因素，但手中掌控着一个重要的经济工具——货币。货币是"通施""通货""沟渎"，并且遵循"彼币重而万物轻，币轻而万物重"③ 的规律，这样就能够通过调节货币与粮食之间的轻重关系来影响经济，其中的一条基本原则就是"以重射轻，以贱泄平"（或"敛积之以轻，散行之以重"）④，意即贱则（稍）高其价买之，贵则（稍）低其价卖之。例如，丰收之年，粮食大量有余，市场就会形成"谷轻—币重"的价格关系，宏观层面的价格总水平便会形成"谷轻—万物重"的态势。此时，国家即时投放货币收购余粮（"以重射轻"），随着市场上粮食供求关系的变化，"谷轻—币重""谷轻—万物重"的价格结构就会得到调整。在凶荒之年粮食严重歉收之时，市场就会形成"谷重—币轻"的价格关系，市场情势转为"谷重—万物轻"。此时，国家以低于市场的价格抛售粮食（"以贱泄平"），"谷重—币轻""谷重—万物轻"的价格结构亦会发生转换。统合两种情况，国家以货币的收放调控粮食的轻重，并进一步联动万物的轻重，确保了经济发展的总体稳定。

上述分析的政策方案就是建立粮食缓冲储备机制："委施于民之所不足，操事于民之所有余。夫民有余则轻之，故人君敛之以轻。民不足则重之，故人君散之以重。"⑤ 政府在丰穰之年以最低价 P_l 收购粮食 ［图 1-2（a）无限弹性需求曲线 D_i］，在凶荒之年以最高价 P_h 抛售粮食

① 黎翔凤：《管子校注》卷 22《国蓄》，中华书局，2004，第 1272 页。
② 黎翔凤：《管子校注》卷 22《国蓄》，中华书局，2004，第 1269 页。
③ 黎翔凤：《管子校注》卷 22《山至数》，中华书局，2004，第 1342 页。
④ 黎翔凤：《管子校注》卷 22《国蓄》，中华书局，2004，第 1269 页。
⑤ 黎翔凤：《管子校注》卷 22《国蓄》，中华书局，2004，第 1269 页。

[图 1-2 (a) 无限弹性供给曲线 S_i]，粮食的供求与价格因此被控制在一个合理的区间之内 [图 1-2 (a) P_h—P_l]，"故人君御谷物之秩相胜，而操事于其不平之间"[①]，这样就有效地避免了因供给冲击而导致的粮价大起大落 [图 1-2 (a) P_1—P_2]，防止了富商大户借势投机、巧取豪夺。《国蓄》篇说：

> 使万室之都必有万钟之藏，藏镪千万。使千室之都必有千钟之藏，藏镪百万。春以奉耕，夏以奉芸，耒耜械器钟饷粮食毕取赡于君。故大贾蓄家不得豪夺吾民矣。[②]

由于轻重论者发现了粮食与万物之间轻重关系的主次本末，所以他们确立了解决主要经济矛盾进而化解其他的纲举目张的粮食本位政策。国家通过建立本位缓冲储备机制，向经济社会释放出收敛波动的稳定力，也就是说，粮食缓冲储备作为"价格锚"和"供求锚"锚定了总供给和总需求，将总产出与宏观经济波动稳定在一个合理的区间之内 [图 1-2 (b) Y_h—Y_l]，从而发挥出经济稳定器的作用。

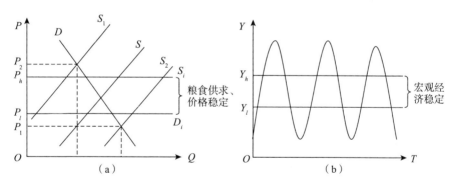

图 1-2 粮食为本位缓冲储备经济稳定机制

这样，轻重论就发展出了以货币调控粮食轻重，再以粮食轻重驭控万物轻重的宏观调控思想，如论者所指出的：

---

① 黎翔凤：《管子校注》卷 22《国蓄》，中华书局，2004，第 1272 页。
② 黎翔凤：《管子校注》卷 22《国蓄》，中华书局，2004，第 1269 页。

今刀布藏于官府，巧币万物轻重皆在贾之。彼币重而万物轻，币轻而万物重。彼谷重而谷轻。人君操谷币全衡而天下可定也。此守天下之数也。①

《管子》轻重论将轻重之理运用于粮食缓冲储备机制的分析，这为后世常平仓的运用与发展提供了一套完整的理论与政策框架，影响十分深远。作为一项经济政策，粮食缓冲储备在西汉宣帝五凤元年（前57年）由大司农丞耿寿昌力主推行，最早被冠以"常平仓"之名。《汉书·食货志》载：

宣帝即位，用吏多选贤良，百姓安土，岁数丰穰，谷至石五钱，农人少利。时大司农中丞耿寿昌以善为算能商功利得幸于上，五凤中奏言："故事，岁漕关东谷四百万斛以给京师，用卒六万人。宜籴三辅、弘农、河东、上党、太原郡谷足供京师，可以省关东漕卒过半。"……御史大夫萧望之奏言："……今寿昌欲近籴漕关内之谷，筑仓治船，费值二万万余，有动众之功，恐生旱气，民被其灾。寿昌习于商功分铢之事，其深计远虑，诚未足任，宜且如故。"上不听。漕事果便，寿昌遂白令边郡皆筑仓，以谷贱时增其贾而籴，以利农，谷贵时减贾而粜，名曰常平仓。民便之。上乃下诏，赐寿昌爵关内侯。②

西汉时期，从关东各地向关中核心区输运谷米耗费巨大。宣帝时耿寿昌注意到粮食连年丰收，谷贱伤民，便建议政府大量收购关中及周边地区的粮谷，这一方面可降低漕运支出，另一方面增加了农民岁入。由于政策收到了良好的效果，耿寿昌便又尝试着解决由内地向北地边郡转运粮食的问题。向边地运送粮食，满足国防需求是当时国家的一项主要经济负担，由于宣帝时期粮价持续下跌，故而相对于耗费巨资从内地向边郡长途输运粮食而言，政府在边郡以低价购买备于国防显然是一个节

---

① 黎翔凤：《管子校注》卷22《山至数》，中华书局，2004，第1342页。
② 《汉书》卷24上《食货志》，中华书局，1962，第1141页。

省开支的选择。鉴于此，耿寿昌仿效漕运的成功经验，"遂白令边郡皆筑仓，以谷贱时增其贾而籴，以利农，谷贵时减贾而粜，名曰常平仓。"值得注意的是，与先前便漕事以供京师的政策不同，边郡的常平仓适时籴粜，这既解决了军需和谷米新陈流转的问题，又有利于稳定当地粮价，保护了农民的利益。但是，由于这些常平仓所在之地并非粮食主产区，故其持续运转能力受到了限制。到了汉元帝时期，自然灾害多发，粮价上涨，"在位诸儒多言……常平仓可罢，毋与民争利。上从其议，皆罢之。"① 东汉明帝意欲恢复常平仓，有人继续提出反对理由，《后汉书·刘般传》载："帝曾欲置常平仓，公卿议者多以为便。般对以'常平外有利民之名，而内实侵刻百姓，豪右因缘为奸，小民不得其平，置之不便'。帝乃止。"②

汉代仓廪的设置延续了秦代重视关键地区即京畿、边郡的特点。西汉创设的常平仓虽有"常平"之名，但它的功能并没有持续地发挥出来，应该说西汉设立常平仓的首要目的是备于国防，并不是专为解决谷贱伤农、谷贵伤民问题。虽然常平仓的平籴、平粜对于稳定边地粮价起到了一定作用，但这更多的是附带的政策。不过，西汉常平仓在特定时期积储了一定数量的粮食，这对于维护"边境常平"确实发挥了积极作用。更为重要的是，常平仓开始进入大一统国家的经济政策视野，这对于后世经济调控制度的发展具有开宗明义的历史地位。③

第二节 从定制到创新

一 转为定制

"常平仓"运作的基本机制是，政府通过贵籴贱粜、敛散以时的操作方式调剂粮食在丰歉和季节之间的价格波动，以维持"常平"，同时亦可抑制私商巨贾囤积居奇、操控粮价的行为，从而达到缓解农商矛盾、抑制商业投机和调节分配的目的。司马光对常平籴粜之法有如下概括：

---

① 《汉书》卷24上《食货志》，中华书局，1962，第1142页。
② 《后汉书》卷39《刘般传》，中华书局，1965，第1305页。
③ 慕容浩：《汉代常平仓探讨》，《内蒙古社会科学》（汉文版）2014年第3期。

以丰岁谷贱伤农，故官中比在市添价收籴，使蓄积之家无由抑塞农夫须令贱粜；凶岁谷贵伤民，故官中比在市减价出粜，使蓄积之家无由邀勒贫民须令贵籴。物价常平，公私两利，此三代之良法也。①

"物价常平，公私两利"是常平仓付诸实践的一种理想状态，但真实的效果在不同的历史时期是有较大差别的。三国时期，国家分裂，灾祸兵燹连绵不绝，常平仓久被湮废。西晋至南北朝，常平仓的设置时断时续，《通典》记述道：

（晋）武帝……时谷贱而布帛贵，帝欲立平籴法，用布帛市谷，以为粮储。议者谓军资尚少，不宜以贵易贱。泰始二年，帝乃下诏曰："古人权量国用，取赢散滞，有轻重平籴之法。此事久废……今宜通籴，主者平议，具为条制。"然事未行，至四年，乃立常平仓，丰则籴，俭则粜，以利百姓。

（宋）文帝元嘉中，三吴水潦，谷贵人饥。彭城王义康立议，以"东土灾荒，人凋谷踊，富商蓄米，日成其价……令积蓄之家，听留一年储，余皆勒使粜货，为制平价……"并未施行，人赖之矣。

（齐）武帝永明中，天下米谷布帛贱，上欲立常平仓，市积为储。六年，诏出上库钱五千万，于京师市米，买丝绵纹绢布……

（后魏）孝文时，秘书丞李彪上表曰："……今山东饥，京师俭，臣以为宜析州郡常调九分之二，京都度支岁用之余，各立官司。年丰籴积于仓，时俭则减私之十二粜之。如此，人必力田以买官绢，又务贮钱以取官粟，年丰则常积，岁凶则直给。"……

（北齐）河清中，令诸州郡皆别置富人仓……谷贵，下价粜之，贱则还用所籴之物，依价籴贮。

（后周）文帝创制六官，司仓掌辨九谷之物，以量国用。足，蓄其余，以待凶荒；不足，则止余用。用足，则以粟贷人，春颁秋敛。②

---

① 司马光：《上哲宗乞趁时收籴常平斛斗》，载赵汝愚编《宋朝诸臣奏议》卷107，北京大学中国中古史研究中心点校整理，上海古籍出版社，1999，第1156页。

② 杜佑：《通典》卷12《食货十二》，王文锦等点校，中华书局，1988，第287～289页。

　　两百余年间，社会动荡不定，政权更迭频繁，地方豪族盘踞，商品经济萎缩，常平仓的发展缺乏持续稳定的政治和经济社会基础。在北方少数民族政权中，北魏孝文帝时期的李彪上表提出了一个较为完整的常平仓政策，孝文帝"览而善之，寻施行焉"①。之后，北齐"别置富人仓"，谷贵粜之，贱则依价籴贮。从功能上看，富人仓具备了常平仓的功能。南朝，虽有建议贮粮"为制平价"，但宋文帝"并未施行"。萧齐时期，常平仓得以再建，"市积为储"，用上库钱"于京师市米"。又据《唐六典》载，梁、陈皆设常平仓，但"梁有常平仓而不粜，陈亦如之"②。常平仓在这一时期有籴无粜，只发挥了一半功能，可能是为军需做储备。

　　隋代，国家终实现一统，隋文帝开皇三年（583），"于卫州置黎阳仓，洛阳置河阳仓，陕州置常平仓，华州置广通仓，转相灌注。漕关东及汾、晋之粟，以给京师"③。将常平仓纳入"转相灌注"的漕运体系来解决关中粮食供应问题，这与西汉耿寿昌"籴三辅、弘农、河东、上党、太原郡谷，足供京师"的仓廪制度并无区别。隋代重视设置重仓、巨仓以拱卫政治和经济中心地区，虽储备了大量粮谷，但并未广惠百姓。《贞观政要》载，"贞观二年，太宗谓黄门侍郎王珪曰：'隋开皇十四年大旱，人多饥乏。是时仓库盈溢，竟不许赈给，乃令百姓逐粮。隋文不怜百姓而惜仓库，比至末年，计天下储积，得供五六十年。炀帝恃此富饶，所以奢华无道，遂致灭亡。'"④ 短命的隋朝转至唐朝，常平仓制度迎来了汉之后一个重要的发展期。

　　唐朝建国之初即设常平监官，可见统治者对常平仓制度的重视，武德元年（618）九月二十二日诏谓："宜置常平监官，以均天下之货。市肆腾踊，则减价而出；田穑丰羡，则增籴而收。庶使公私俱济，家给人足，抑止兼并，宜通壅滞。"⑤ 高祖将常平仓的运行机制和基本功能说得

---

① 《魏书》卷62《李彪传》，中华书局，1974，第1389页。
② 《唐六典》卷20《太府寺·常平署》，陈仲夫点校，中华书局，1992，第546页。
③ 《隋书》卷24《食货》，中华书局，1973，第683页。
④ 吴兢：《贞观政要集校》卷8《辨兴亡》，谢保成集校，中华书局，2009，第466页。
⑤ 《旧唐书》卷49《食货下》，中华书局，1975，第2122页。

十分清楚，表明立国之始，统治者已认识到维持粮价与供求稳定对于国家长治久安的重要意义。因当时百废待举，常平仓建设并未落实，武德五年常平监被废止。贞观十三年（639），朝廷下令在北方主要产粮区——洛、相、幽、徐、齐、并、秦、蒲八州置常平仓，这一方面是为了防止粮价下跌，另一方面则与扩大军储以备边患有莫大关系。但此后直至开元之初，常平仓的记载几乎不见，这说明在经济基础尚不雄厚的初唐，常平仓形成定制的时机尚未成熟。[①] 开元至天宝年间，唐代经济社会走向繁荣鼎盛，常平仓建设接续了开朝的理念，获得长足发展，达到前代未有的水平。安史之乱后，常平仓恢复建置，又经刘晏复振，而后逐渐走向衰落。

据张弓的研究，玄宗时期常平仓的发展表现在以下三个方面。其一，常平仓的建设范围逐步扩展至全国，偏远的天山县也有常平仓，开元年间仍未设置常平仓的大区只剩下江南道和岭南道。其二，这一时期的仓本较为充足，常平仓充分地发挥出缓冲调节功能。籴则加平价十之二，粜则减时价十之二，这可能是玄宗时期常平仓粮价调控的一般区间。为了增强调控能力，玄宗还利用太仓、义仓储备参与腹里要害地区的平粜。其三，在经营管理方面，开元时期形成了仓本由中央财政直拨，管理权下放，以道为主，道、州两级的管理体制。在实际操作中，常平钱谷的支配权掌握在朝廷委派的诸道按察使手中，各州则按指令具体实施平籴、平粜。[②] 常平仓经西汉至隋，终在唐朝鼎盛时期实现了全域建置，形成了较为完备的制度体系和储备系统，发挥出经济调节功能。以这三个标志来判断，盛唐时期的常平仓已迈入发展的新阶段。

安史之乱后，朝廷重建常平仓，代宗广德二年（764）正月，"第五琦奏：'每州常平仓及库使司，商量置本钱，随当处米物时价，贱则加价收籴，贵则减价粜卖。'"[③] 中唐战乱使国力明显下降，仓本由中央拨给改为各州自筹，但常平仓的恢复情况应该说还是比较好的，否则刘晏恐难推行他的经济政策，"晏又以常平法，丰则贵取，饥则贱与，率诸州米

---

① 张弓：《唐朝仓廪制度初探》，中华书局，1986，第 107 ~ 108 页。
② 张弓：《唐朝仓廪制度初探》，中华书局，1986，第 108 ~ 112 页。
③ 《旧唐书》卷 49《食货下》，中华书局，1975，第 2124 页。

尝储三百万斛。"① 在掌握一定常平储备的条件下，刘晏不是被动地籴粜，而是通过及时、准确决策，让常平仓更为主动地发挥调剂功能，"每旬月，具州县雨雪丰歉之状白使司，丰则贵籴，歉则贱粜"，"及期，晏不俟州县申请，即奏行之，应民之急，未尝失时，不待其困弊、流亡、饿殍，然后赈之也。"② 常平仓籴粜"未尝失时"得益于政府主动获取各地农业、市场信息的能力以及较高的行政效率，刘晏无疑在这方面树立了一个典范。

除了籴粜之外，唐代的常平仓可能早在开元年间就被用于放贷了。吐鲁番出土的广德三年（765）的契约文书反映了多户担保借贷常平仓粮谷的情况。③ 常平仓实施规模较大的赈贷应始自唐后期，宪宗元和六年（807）二月京畿地区青黄不接，朝廷将常平仓、义仓储备贷放给百姓，"宜以常平、义仓粟二十四万石贷借百姓。诸道州府有乏少粮种处，亦委所在官长，用常平、义仓米借贷。"④

常平仓在唐代已显现诸多弊端，配籴（籴粮数额向百姓强行摊派）、赊粜（强迫百姓购买陈粮、坏粮以及多纳粮谷归还赊粜所欠粮款）、并籴（官员、富商低价套购平粜粮）、闭籴（限制粮食流出本地）、高利贷、重籴轻粜等在常平仓的运营中都暴露了出来。⑤ 这些弱化功能、侵刻百姓的弊端涉及常平仓从籴到粜的各利益主体，其间的冲突与矛盾在后代不断复制、重演甚至加剧。但毋庸置疑的是，于盛唐转正、定式的常平仓，已成为专项财政、粮政、仓政、荒政的交会点和经济调节的重要工具，"常平仓"自此成为中国古代经济社会管理的关键词。

二　常平新法

北宋太宗淳化三年（992）始设常平仓，但范围仅限于京城地区：
"时京畿大穰，物价至贱。"借此机会"分遣使臣于京城四门置场，增价

---

①　《新唐书》卷149《刘晏传》，中华书局，1975，第4798页。
②　司马光：《资治通鉴》卷226，德宗建中元年，中华书局，1956，第7285～7286页。
③　张弓：《唐朝仓廪制度初探》，中华书局，1986，第119～121页。
④　《旧唐书》卷49《食货下》，中华书局，1975，第2126页。
⑤　张弓：《唐朝仓廪制度初探》，中华书局，1986，第117～123页。

以籴，令有司虚近仓贮之，命曰常平，以常参官领之，俟岁饥，即减价粜与贫民，遂为永制。"① 真宗景德三年（1006）开始在全国范围内推行常平仓：

> 先是，言事者以为水旱灾沴，有备无患，古有常平仓，今可复置。请于京东西、河东、陕西、江淮、两浙计户口多少，量留上供钱，自千贯至二万贯，令转运使每州择清干官主之，专委司农寺总领，三司无得辄用。每岁夏秋，准市估加钱收籴，贵则减价出粜，俟十年有增羡，则以本钱还三司。诏三司集议，请如所奏，而缘边不增置。于是，司农官吏创廨舍，藏籍帐，度支别置常平仓案。②

此次推行常平仓涉及较多地区，对制度框架作出了规定，为两宋常平仓制度的发展奠定了基础。天禧二年（1018）、四年（1020），真宗进一步制定了各州的储备标准并将建置区域加以拓展，③ 常平仓遂渐成规模，至天禧五年（1021），常平仓"诸路总籴数十八万三千余斛，粜二十四万三千余斛。"④ 仁宗、英宗两朝继续推进常平仓建设，英宗治平三年（1066），"常平入五十万一千四十八石，出四十七万一千一百五十七石。"⑤ 这较之天禧五年的籴粜规模已有了极大的扩充。

神宗熙宁二年（1069），为解决北宋趋于尖锐的经济社会问题，王安石全面推行改革。青苗法，作为新法的重要组成部分，推动常平仓制发展出新形式。熙宁二年，制置三司条例司对青苗法有如下之说明：

> 今诸路常平、广惠仓略计千五百万以上贯石，敛散之法，未得其宜，故爱人利未溥，以致更出省仓赈贷。今欲以常平、广惠仓见

---

① 李焘：《续资治通鉴长编》卷 33，淳化三年六月庚申、辛卯，中华书局，2004，第 737 页。
② 李焘：《续资治通鉴长编》卷 62，景德三年正月辛未，中华书局，1995，第 1385 页。
③ 徐松辑《宋会要辑稿》，《食货》53 之 6、7，天禧二年正月、天禧四年八月六日，刘琳等点校，上海古籍出版社，2014，第 7198～7199 页。
④ 《宋史》卷 176《食货上四》，中华书局，1985，第 4276 页。
⑤ 《宋史》卷 176《食货上四》，中华书局，1985，第 4279 页。

在斛斗, 遇贵量减市价粜, 遇贱量增市价籴, 其可以计会转运司用苗税及钱斛就便转易者, 亦许兑换, 仍以见钱, 依陕西青苗钱例, 取民情愿预给, 令随税纳斛斗。内有愿给本色, 或纳时价贵, 愿纳钱者, 皆许从便; 如遇灾伤, 亦许于次料收熟日纳钱。非惟足以待凶荒之患, 又民既受贷, 则于田作之时, 不患厥食, 因可选官劝诱, 令兴水土之利, 则四方田事自加修益。人之困乏, 常在新陈不接之际, 兼并之家乘其急以邀倍息, 而贷者常苦于不得。常平、广惠之物收藏积滞, 必待年歉物贵, 然后出粜, 而所及者, 大抵游手之人而已。今通一路之有无, 贵发贱敛, 以广蓄积, 平物价, 使农人有以赴时趋事, 而兼并不得乘其急。凡此, 皆所以为民, 而公家无所利其入, 亦先王散惠兴利以为耕敛辅助, 裒多补寡而抑民豪夺之意也。①

"见在斛斗"仍执行粜籴操作, 故制置三司条例司解释说, "今新法之中兼存旧法", 但因"旧法广储蓄、抑兼并、赈贫弱之方尚为未备……故须约《周礼》赊贷, 增修新法"②。显然, 政策重点放在了利用常平广惠仓本钱的俵散取息上(青苗法因此又称为常平新法): 一年一次或两次放贷, 利息二分, 或纳钱或纳粮, 皆取自愿, 随夏秋两税收回。这一政策设计有两个基本出发点。其一, 于民而言, 官贷可扶弱济贫。"民间举债, 其息少者, 亦须五七分, 多者或倍。"③ 比较而言, 官贷二分之息确属较低水平, "昔之贫者, 举息之于豪民, 今之贫者, 举息之于官, 官薄其息, 而民救其乏"④。以此种"政策性"放贷遏制投机兼并的效果应是十分明显的。另外, 常平广惠仓粮谷储备有限, 若充分利用仓

---

① 徐松辑《宋会要辑稿》,《食货》4之16, 熙宁二年九月四日, 刘琳等点校, 上海古籍出版社, 2014, 第6041页。
② 徐松辑《宋会要辑稿》,《食货》4之25, 熙宁三年三月四日, 刘琳等点校, 上海古籍出版社, 2014, 第6051页。
③ 杨时:《龟山集》卷12《语录三》,《景印文渊阁四库全书》集部第1125册, 台湾商务印书馆, 1986, 第227页。
④ 王安石:《临川先生文集》卷41《上五事札子》, 载王水照主编《王安石全集》第6册, 侯体健、赵惠俊整理, 复旦大学出版社, 2017, 第794页。

本实施借贷，可惠及更多百姓。其二，于官而言，主动放贷可提高经营效率。旧法钱粮出入流转不畅，"诸路例多籴价贵斛斗，至有经数十年出粜不行，无补赈救。"① 加之仓本难保充足，常平广惠仓不易维持，"以致更出省仓赈贷"（省仓即县仓）。新法中，常平广惠仓本主动放贷，收取二分利息，开阖敛散，这样的安排既弥补了管理费用和正常损耗，又能有所增益，使资金形成循环之势，政策便可长久施行。王安石对此有明确解释："然二分不及一分，一分不及不利而贷之，贷之不若与之。然不与之而必至于二分者，何也？为其来日之不可继也。不可继则是惠而不知为政，非惠而不费之道也，故必贷。然而有官吏之俸、輦运之费、水旱之逋、鼠雀之耗，而必欲广之，以待其饥不足而直与之也，则无二分之息可乎？"②

青苗法作为常平旧制的一次重要创新，"立法之本意固未为不善也"③，从人事管理、操作程序、借贷对象、借贷额度到监管流程、信用保障等各环节均有具体安排，立法条例亦可谓十分周详。但若加以深究，青苗法还是隐藏着设计漏洞和缺陷的，④ 其要害便是新法的一个重要政策取向——货币化经营。在俞菁慧、雷博的分析中，这一问题从两方面得以揭示。站在政府的角度，据韩琦的上奏，虽然青苗法规定还纳钱、粮均属自愿，但粮谷不耐长久积蓄，储备成本高，容易造成耗损，同时丰熟之年粮价必贱，以粮还贷不利于官，加之以实物归还挤占仓本，影响货币周转和后续放贷，故政策在执行时，韩琦认为政府会诱导农民出售粮谷，以钱还贷。那么站在受贷一方来看，农民是愿纳钱还是纳粮呢？按青苗法的规定以及相应的解释，借贷过程中粮食与货币在换算时，粮食基准价格之确定应以一段时间内粮食的中间价格为准，但因不得亏蚀

① 徐松辑《宋会要辑稿》，《食货》4 之 25，熙宁三年三月四日，刘琳等点校，上海古籍出版社，2014，第 6051 页。
② 王安石：《临川先生文集》卷 73《答曾立公书》，载王水照主编《王安石全集》第 7 册，赵惠俊、侯体健整理，复旦大学出版社，2017，第 1306～1307 页。
③ 朱熹：《晦庵先生朱文公文集》卷 79《婺州金华县社仓记》，载朱杰人等主编《朱子全书》第 24 册，戴扬本、曾抗美点校，上海古籍出版社、安徽教育出版社，2002，第 3777 页。
④ 参见李金水《王安石经济变法研究》，福建人民出版社，2007，第 96～109 页。

官本,故在实际操作中很可能是按照神宗的意图即以十年内最低价为换算标准的。依此再来看以下三种选择。第一种选择是,如果借、还都是货币,若借青苗钱 1000 文,按两分计息,还 1200 文,这一情况比较简单。第二种选择是农民借钱还粮。借钱还粮就需要换算了,具体规定是,以十年内最低价折算出所借青苗钱的等值粮谷,以此计息还纳。设十年内粮谷最低价为 10 文/斗,那么借青苗钱 1000 文即等于借谷粮 100 斗,还纳 120 斗。若粮谷时价为 20 文/斗(正常情况下,时价应高于十年内最低粮价),那么农民借 1000 文,按"时价"换算,等于实际归还 2400文。第三种情况是借粮还粮。若农民根据实际需要预借粮谷 50 斗,那么政府是按照 20 文/斗的时价将现钱 1000 文出借,而还纳量则是将 1200文本息再次按照十年最低价(10 文/斗)换算,即借 50 斗还 120 斗。利用粮谷十年内最低价格与时价换算的方式虽然确保了官本不会有任何损失,可是对于农民而言,后两种选择中的实际利息远高于二分,这就意味着粮食与货币换算的基准价与时价差距越大,驱动借钱还钱的货币化趋向就越明显。[①]

事实上,即便是借钱还钱,实际负担也必然高于名义上的二分。我们知道,小农经济是脆弱的生存—温饱型经济,小农既是市场中的弱势群体,又是最期望市场稳定的群体。在旧制下,常平仓也向农民借贷,但借、偿的都是粮谷,这就避开了市场风险。然而,在青苗法中,农民借到的是货币,所以必须通过市场交易才能换得必需的生产、生活资料。当蜂拥交易时,市场显然被卖方主导(卖方市场),加之"货币供应量"短期大增,一时间货币购买力会明显下降,农民势必处于不利的地位。收获季节,农民再次涌向市场用谷米换取还贷所需货币,此时市场又因粮谷大量上市而反转为买方主导(买方市场),农民手中持有的粮食再遭贬值。值得注意的是,相对于"请青苗贷—以钱易物"导致的短期货币增加,"以物易钱—还青苗贷"造成的长期货币短缺给农民带来的损失更大,"今青苗……责民出钱。是以百物皆贱,而惟钱最贵"[②],北宋前期即已出现的"钱荒"问题在熙宁年间变得更为严重。青苗贷在借、

① 俞菁慧、雷博:《北宋熙宁青苗借贷及其经义论辩》,《历史研究》2016 年第 2 期。
② 苏辙:《苏辙集》卷 35《自齐州回论时事(画一状附)》,陈宏天、高秀芳点校,中华书局,1990,第 619 页。

还之间楔入的两个交易环节（以钱易物、以物易钱）大大增加了任由市场主导的交易成本，无形之间平添了损失，再加上规定所缴利息，农民承担的实际利率在不考虑其他因素的情况下已不是二分，而是更高，"盖名则二分之息，而实有八分之息。"[①] 其结果便是因无力偿还本息而被迫再次转向高利贷，"但见百姓终岁皇皇……常不免秋则贱粜而纳，春则贵籴而食，日陷于穷困而不自知……一日期限之逼，督责之严，则不免复哀求富家大族，增息而取之。名为抑兼并，乃所以助兼并也。"[②]

以此反观常平旧制便可以进一步认清它的保障功能了，即常平仓通过平粜平籴或借粮还粮"外生"地创造了一个可以直接获得实物的稳定市场。政府作为"做市商"，其目的就是在特殊时期将农民与不稳定的市场隔离开来，减小不确定性，让农民在另一个稳定的市场中得以缓冲。而青苗贷的经营模式恰恰违背了这一原则——不能直接得到实物的货币贷款再次将农民推向波涛汹涌的市场之中，任由市场宰割。脆弱的小农，一个浪头就有可能将其置于家破人亡的境地，"青苗之取息也无穷，或不能偿，则有追胥之扰，有棰楚之害，民不能堪，率破其家。"[③] 虽有论者认为青苗法的货币化取向符合中国传统社会后期商品经济发展的趋势，但若认清了小农经济在商品市场中的依附性和被动性地位，就能对青苗贷有一个更为深入的认识了。

如果说以货币化驱动的经营模式足以动摇青苗法的根基，那么管理中的人事之弊则是青苗法扶助百姓这一重要功能失效的催化剂。事实上，青苗贷包含着两层理解。第一层就是前面分析到的救百姓之急，遏制兼并以及提高常平广惠仓运营效率，从而实现公私两便的"政策设计解"；第二层则是各级官吏在层层压力下将周济贫苦放置一旁，将放贷获利视为政策核心的"政策执行解"。较之前者，后一种理解显然是更为普遍的存在，"青苗之法，内有大臣力主，事在必行；外有专差之官，唯以散

---

① 晁说之：《景迂生集》卷 1《朔问下》，《景印文渊阁四库全书》集部第 1118 册，台湾商务印书馆，1986，第 11 页。

② 李焘：《续资治通鉴长编》卷 376，元祐元年四月乙卯，中华书局，2004，第 9131 ~ 9132 页。

③ 《永乐大典》卷 7510《社仓》引袁燮《絜斋集》之《跋吴晦夫社仓》，北京图书馆出版社，2003。

钱数多为职办"①。"若此钱不放，则州县官吏不免责罚"②，于是，政府
与商业相结合，行政手段与市场行为相叠加，再加上政策设计本身存在
缺陷，青苗贷的执行必然引发各种冲突与矛盾，其中典型的就是抑配。
尽管朝廷规定青苗钱"不愿请者，不得抑配"③，然而"提举官欲以多散
为功，故不问民之贫富，各随户等抑配与之"④，"青苗不许抑配之说，
亦是空文"⑤。既抑配，青苗钱又不准拖欠。青苗法有上户连保下户的规
定，若下户无力还贷，便会连累全甲，"富者才二三，既榷其利，又责其
保任下户，下户逃则于富者取偿，是促富者使贫也。贫者既已贫矣，又
促富者使贫。"⑥ 本无信贷需求的上户也被强行摊派，这已然违背了扶弱
济贫的初衷，而进一步将抑配带来的信贷风险强加于富户又会造成更大
的社会矛盾。更为严重的是，朝廷还制定了计息推赏的考核制度，却对
官员监督绌责不利。⑦ 在此大环境下，抑配牟利之势愈演愈烈，地方行
政变成了围绕青苗贷运转的营利机构，"县令丞尉，不复以条教法令、词
讼刑狱为意，惟知散青苗而已。坐而签书者，青苗之行遣也；起而议者，
青苗之本息也；日中而授者，青苗之契券也；日暮而入者，青苗之管库
也；夜半而销算者，青苗之簿籍也；钱谷纵横，文书纷乱者，青苗出纳
之所也"⑧。政策执行至此已经与初始意愿彻底南辕北辙了。

青苗法推行过程中引发的问题也曾让神宗反思，熙宁七年（1074）
九月有质疑："天下常平仓，若以一半散钱取息，一半减价给粜，使二者

---

① 韩琦：《上神宗论条例司画一申明青苗事》，载赵汝愚编《宋朝诸臣奏议》卷112，北京大学中国中古史研究中心点校整理，上海古籍出版社，1999，第1222页。

② 苏轼：《上神宗论新法》，载赵汝愚编《宋朝诸臣奏议》卷112，北京大学中国中古史研究中心点校整理，上海古籍出版社，1999，第1218页。

③ 徐松辑《宋会要辑稿》，《食货》4之17，熙宁二年二月二十七日，刘琳等点校，上海古籍出版社，2014，第6042页。

④ 司马光：《上神宗乞罢条例司及常平使者》，载赵汝愚编《宋朝诸臣奏议》卷111，北京大学中国中古史研究中心点校整理，上海古籍出版社，1999，第1212页。

⑤ 苏轼：《上神宗论新法》，载赵汝愚编《宋朝诸臣奏议》卷110，北京大学中国中古史研究中心点校整理，上海古籍出版社，1999，第1197页。

⑥ 范镇：《上神宗论新法》，载赵汝愚编《宋朝诸臣奏议》卷111，北京大学中国中古史研究中心点校整理，上海古籍出版社，1999，第1207页。

⑦ 李金水：《王安石经济变法研究》，福建人民出版社，2007，第119～121页。

⑧ 毕仲游：《西台集》卷5《青苗议》，载山右历史文化研究院编《西台集（外三种）》，傅慧成点校，上海古籍出版社，2016，第63～64页。

如权衡相依，不得偏重，如此民必受赐。今有司务行新法，惟欲散钱，至于常平旧规，无人督责者。大凡前世法度有可行者，宜谨守之，今不问利害如何，一一变更，岂近理耶？"[1] 青苗法颁布之后，赈粜、赈贷的常平旧制仍在施行，[2] 但以货币敛散多寡考核官吏，常平旧制未得到足够重视，"散钱取息"与"减价给粜"没有实现所期望的"权衡相依"，以致一遇灾伤，动用省仓的情况反而更为严重。[3] 不过，结合农田水利法，动用常平仓钱谷推行的以工代赈倒是拓展了常平旧制的政策内涵，收到了一举多得的效果。[4]

伴随着新旧党争，青苗法的存废成了焦点，其间政策内容也有所调适，但以货币敛散取息的主导思想并未改变。元祐元年（1086），青苗法被罢，后来又进退往复；南宋高宗建炎二年（1128），青苗法的最终结果是"青苗敛散，永勿施行。"[5] 青苗法中的货币化经营是解决常平旧制可持续发展问题的一次政策尝试。但是，面对北宋政府的财政困难，这一常平新法很容易被利益所诱导，在权力的支配下纳入敛财的轨道之中，在扶危济困、稳定经济和充实财政之间，在政策的道义性、公共性和营利性之间产生了难以调和的矛盾，用带病的政策去治愈病症的社会还是以失败而告终。

进一步来分析，如果说立法初衷的官贷理论逻辑——"官薄其息，而民救其乏"为政府牟利留下了后门，那么实践逻辑——"青苗取息也无穷"，则说明青苗法已变成将"仓本"视为"资本"的经营模式，在

---

① 李焘：《续资治通鉴长编》卷 256，熙宁七年九月壬子，中华书局，2004，第 6256 页。
② 例如，熙宁三年（1070）"诏：闻长安、同华等州秋旱特甚，已有流民往京西就食。其令陕西，京西转运使速体量振恤，仍出常平粟，减价以利贫民。"（李焘：《续资治通鉴长编》卷 214，熙宁三年八月丙寅，中华书局，2004，第 5202 页）熙宁五年（1072）"诏陕西都转运司：应华州山谷催陷，地土涌裂处，见存人户地产……如阙种粮、牛具，以常平钱谷贷之，免出息，宽为输限"。（李焘：《续资治通鉴长编》卷 239，熙宁五年十月庚辰，中华书局，2004，第 5807 页）
③ 魏天安：《关于常平仓法的几个问题》，载姜锡东等《宋史研究论丛》第 8 辑，河北大学出版社，2007，第 58 页。
④ 关于以工代赈的讨论，参见第二章第二节内容。
⑤ 李心传：《建炎以来朝野杂记》甲集卷 15《财赋二》，徐规点校，中华书局，2000，第 315 页。

马克思的理路下，此即 $G-W-G'$。需要指出的是，这一经营模式是建立在小农经济与简单商品经济（$W-G-W$）基础之上的。$W-G-W$ 确是需要货币与市场，但在中国传统社会，其背后是基于家庭分工、简单再生产的实物经济和生存——温饱型经济，而 $G-W-G'$ 则是货币生产型经济，它指向市场分工和扩大再生产。两者的不相适应在根本上造成了青苗法理论逻辑、实践逻辑与历史逻辑的矛盾和对立，使改革丢掉了常平、广惠的政策要义。因此，王安石虽以《周礼》"泉府"的"赊贷"的经学传统为改革提供理论依据，[①] 但他忽视了"泉府"的职能在根本上是为 $W-G-W$ 而非 $G-W-G'$ 服务的。

王安石或许是超前的，陈焕章在《孔门理财学》中即谓王安石"生不逢时"[②]，但换个角度看，常平新法又未尝不是失败于当世却有益于后世的尝试，它为一百多年后朱熹的基层常平仓——"社仓"，以及近九百年后华莱士的美国农业常平提供了"近代史"和"中国史"的借鉴。[③]

三 朱子社仓

"社仓"之名最早见于隋朝，但实为"义仓"。义仓最早可溯至北齐之义租，[④] 而义仓之制则源于隋代，开皇五年（585），工部尚书长孙平认为赒赡之举、经国之理须存定式，"于是奏令诸州百姓及军人，劝课当社，共立义仓。收获之日，随其所得，劝课出粟及麦，于当社造仓窖贮之。即委社司，执帐检校，每年收积，勿使损败。若时或不熟，当社有饥馑者，即以此谷赈给。"[⑤] 从粮谷来源、建仓地点、管理方式和基本功能来看，义仓最初属于民间互助性质的粮食储备。由于义仓设置与管理皆在"社"中，故有人称其为"社仓"。开皇十五年（595）、十六年（596），义仓由社上移至州县，又将不定量的"劝课"改为按资产多寡，

---

① 参见俞菁慧《〈周礼·泉府〉与熙宁市易法——〈泉府〉职细读与王安石的经世理路》，《首都师范大学学报》（社会科学版）2014 年第 4 期；俞菁慧、雷博《北宋熙宁青苗借贷及其经义论辩》，《历史研究》2016 年第 2 期。
② 陈焕章：《孔门理财学》，韩华译，商务印书馆，2015，第 467 页。
③ 华莱士的美国农业常平仓见第三章。
④ 《隋书》卷 24《食货》，中华书局，1973，第 677~678 页。
⑤ 《隋书》卷 24《食货》，中华书局，1973，第 684 页。

分上、中、下三个等级缴纳义仓粮谷。① 唐因袭隋制，贞观二年（628）"户部尚书韩仲良奏：'王公已下垦田，亩纳二升。其粟麦粳稻之属，各依土地。贮之州县，以备凶年。'可之。自是天下州县，始置义仓，每有饥馑，则开仓赈给。"② 义仓在唐代的发展虽经三起三落，但形成了较为完备的制度和一定之规模，发挥了调节与稳定经济社会的功效。③

　　现在所说的社仓制度最早见于南宋绍兴二十年（1150），《宋史》载"诸乡社仓自拣之始"④，朱熹对此详有记述，⑤ 但社仓制度得以形成并在南宋加以推广还要归功于朱熹。乾道五年（1169），朱熹创设社仓于建宁府崇安县开耀乡，这缘起于乾道四年（1168）建宁府因水灾陷入饥馑，朱熹此时正乡居于此，受知县诸葛廷瑞委托，连同乡人刘如愚借出常平仓米六百石主持赈济。同年冬季，开耀乡百姓将所借粮米悉数归还。在此基础上，朱熹、刘如愚策划村社自行建设仓储，规定每年借贷一次，归还时收取谷息二分。起初，社仓谷米分散储备于民户，乾道七年（1171）朱熹又获得知府六万钱资助，历经数月正式建立崇安五夫社仓。⑥ 南宋淳熙八年（1181），浙东发生饥荒，朱熹作为提举两浙东路常平茶盐公事负责救灾事宜，借此机会详报社仓的成功经验，撰成《社仓事目》，经朝廷批准，社仓一转而为向全国推广的仓廪制度。⑦

　　朱子社仓的运作方式是，仓本所需粮米借于政府常平仓或由民户自愿捐纳，民户在正常年景借贷时收息二分之利，若遇较差年景则减半收

---

①　《隋书》卷 24《食货》，中华书局，1973，第 685 页。

②　《旧唐书》卷 49《食货下》，中华书局，1975，第 2123 页。

③　参见潘孝伟《唐代义仓研究》，《中国农史》1984 年第 4 期；《唐代义仓制度补议》，《中国农史》1998 年第 3 期。

④　《宋史》卷 459《魏掞之传》，中华书局，1985，第 13469 页。

⑤　朱熹：《晦庵先生朱文公文集》卷 79《建宁府建阳县长滩社仓记》，载朱杰人等主编《朱子全书》第 24 册，戴扬本、曾抗美点校，上海古籍出版社、安徽教育出版社，2002，第 3777～3779 页。

⑥　朱熹：《晦庵先生朱文公文集》卷 77《建宁府崇安县五夫社仓记》，载朱杰人等主编《朱子全书》第 24 册，戴扬本、曾抗美点校，上海古籍出版社、安徽教育出版社，2002，第 3720～3721 页。

⑦　朱熹：《晦庵先生朱文公文集》卷 99《社仓事目》，载朱杰人等主编《朱子全书》第 25 册，曾抗美、徐德明点校，上海古籍出版社、安徽教育出版社，2002，第 4596～4603 页。

取，遭遇大饥荒则全部免除。社仓将所收取的粮米利息逐年累积，在达到可以自我维持的规模后，归还最初从常平仓所借仓本，用所积累之粮米继续循环运转。在实践中，开耀乡社仓在运行十四年后，积储总量已达到三千七百石，偿还建宁府六百石的常平米后，所剩三千一百石继续出借。但从此不再收取二分息米，农户偿还时每石只以耗费之名加收三升之量。[①]

社仓运行之初要收取二分利息，这不由得让人们联想到青苗法，反对意见自然出现，"户部看详以为可行，而一时议者以为每石取息二斗，乃青苗法，纷然攻诋"[②]。朱熹生活的南宋时代距熙宁变法已有百年的距离，作为一个"近代史"的旁观者，他对青苗法有着深入的检讨与反思：

> 抑凡世俗之所以病乎此者，不过以王氏之青苗为说耳。以予观于前贤之论，而以今日之事验之，则青苗者其立法之本意固未为不善也，但其给之也以金而不以谷，其处之也以县而不以乡，其职之也以官吏而不以乡人士君子，其行之也以聚敛亟疾之意而不以惨怛忠利之心，是以王氏能以行于一邑而不能以行于天下。[③]

"以今日之事验之"指的就是社仓。青苗、社仓两相比较，后者是有优势的。首先，社仓设立之初虽是借贷经营，但以青苗法为鉴，给之以谷而不以金，这就免除了市场交易环节，降低了交易成本，隔离了市场风险，所收取的二分谷息也就是没有额外负担的实际利息，能真正起到抑制农村高利贷、平抑粮价的作用。其次，社仓置于乡村，借还两便，

① 朱熹：《晦庵先生朱文公文集》卷13《辛丑延和奏札四》、卷77《建宁府崇安县五夫社仓记》，载朱杰人等主编《朱子全书》第20、24册，刘永翔、朱幼文、戴扬本、曾抗美点校，上海古籍出版社、安徽教育出版社，2002，第649、3720~3721页。
② 施宿：《会稽志》卷13《社仓》，《景印文渊阁四库全书》集部第486册，台湾商务印书馆，1986，第275页。
③ 朱熹：《晦庵先生朱文公文集》卷79《婺州金华县社仓记》，载朱杰人等主编《朱子全书》第24册，戴扬本、曾抗美点校，上海古籍出版社、安徽教育出版社，2002，第3777页。

可以满足农户实际需求。值得注意的是，虽然青苗贷推行的一个重要理由也是旧制不能惠及广大农户："常平广惠之物……所及者大抵城市游手之人而已。"但政策在实际操作中并无明显改善，"自散青苗以来，非请即纳，非纳即请。农民憧憧往来于州县"①。不同于常平、青苗自上而下的制度设计，社仓自下而上，坐落基层，又可获得州县援助，具有建置布局上的优势。最后，社仓是官民协作、民营为主的互助组织，由民间好义事、有威望的士人和乡绅发起、组织。社仓的设立、扶持与监督虽与官府有各种关联，但民间可以因地、因时做出更为独立的规定和操作，避免了官吏的侵扰，乡里村户之间又能相互监督，经营管理更能贴近民户利益。

朱熹的设计与实践为社仓推广提供了一个可以效法的模式，但各地的社仓在后来的设置和发展过程中也有调整、变化，不一而足，刘宰是这样总结的："其本或出于官，或出于家，或出于众，其事已不同。或及于一乡，或及于一邑，或籴而不贷，或贷而不籴。吾邑贷于乡，籴于市，其事亦各异。"②刘宰讲到了社仓经营的两个要点，一是仓本筹集，二是敛散模式。

梁庚尧在《南宋的社仓》一文中列出南宋分布于各地的65座社仓建置情况，③王文书据此样本，统计出仓本筹集的方式和占比情况：官方出资34座（占总数52.3%）；私人出资15座（占总数23.1%）；民众集资8座（占总数12.3%），官、民合资4座（占总数6.2%）；出资情况不详4座（占总数6.2%）。其中，官方出资与官、民合资相加达到58.5%。④这组数据验证了刘宰所说的"其本或出于官，或出于家，或出于众"，同时也说明官方参与建设的社仓比例是很高的。至于官方资助的来源，朝廷在推广社仓时要求各地使用义仓粮谷，即正税之外的附加作为仓本，但地方官员担心遭到加赋的谴责，实际上基本仿照了朱熹的

① 毕仲游：《西台集》卷5《青苗议》，载山右历史文化研究院编《西台集（外三种）》，傅慧成点校，上海古籍出版社，2016，第63页。
② 刘宰：《漫塘集》卷22《南康胡氏社仓记》，《景印文渊阁四库全书》集部第1170册，台湾商务印书馆，1986，第587页。
③ 梁庚尧：《南宋的社仓》，载陈国栋等主编《经济脉动》，中国大百科全书出版社，2005，第149~153页。
④ 王文书：《宋代借贷业研究》，河北大学出版社，2014，第193页。

方式，以出借常平仓米或地方财政来充实仓本。①

前面已论及崇安五夫社仓的一个优势，即敛散实物较之货币化的青苗贷更能满足农户的实际需求。但赊贷毕竟也是有风险的，即使有同保填赔、连带负责的条例约束，违约的情况仍有发生。② 无法收回粮谷，社仓就会面临难以循环维持的困境，于是社仓推广不久便出现了仿照其他公益事业的做法，购置田产作为贷本，依靠田租免息经营，从而降低农户负担，以解决"积而不敢散"和"散而不可收"的问题。③ 可持续运作是社仓小规模经营中面临的核心问题，除了置田收租外，社仓还发展出平籴、平粜操作，这就是刘宰所说的"粜而不贷"。平粜是现货—现钱交易，散时即有敛，而后再适时籴谷，经营风险较之赊贷要小。较之于州县设置的常平仓，社仓实施籴粜操作是有条件和优势的。董煟认为，州县常平仓难以普惠乡村的一个重要原因就是"水脚之费，搬运之折无所从出"，以致"村不敢请于县"，然而"饥荒之年，人患无米，不患无钱。"④ 常平仓自州县向下延伸成本很高，这一缺陷正是社仓的优势，社仓坐落乡村，于经营而言，直面农户，无额外输运费用，省去了无谓的成本；于平粜而言，农户又有大量交易需求，现钱换现货，可谓农、仓两便。从平籴来看，州县常平仓在垂直管理体制下有误时低效之弊，"虽欲趁时收籴，而县申州，州申提点刑狱司，提点刑狱司申司农寺，取候指挥。比至回报，动涉累月，已是失时，谷价倍贵。"⑤ 反观社仓，平籴操作完全自主，就地收储，灵活又不失时，资金使用效率更高。如此看来，南宋多地出现的平粜式社仓便是在实践探索中的理性选择，

---

① 陈支平：《朱熹的社仓设计极其流变》，《中国经济史研究》2016年第6期。两宋义仓仓本主要来自正税之外的附加别输，往往与输纳税粮的州县仓混为一仓，多有支移它用之弊。（李华瑞：《宋代救荒仓储制度的发展与变化》，载马明达主编《暨南史学》第7辑，广西师范大学出版社，2012，第512~514页）这也是南宋在"增量"上发展出社仓的主要原因之一。

② 王文书：《宋代借贷业研究》，河北大学出版社，2014，第202~203页。

③ 梁庚尧：《南宋的社仓》，载陈国栋等主编《经济脉动》，中国大百科全书出版社，2005，第156~157页。

④ 董煟：《救荒活民书》卷中《常平》，中国书店，2018，第85页。

⑤ 司马光：《上哲宗乞趁时收籴常平斛斗》，载赵汝愚《宋朝诸臣奏议》卷107，北京大学中国中古史研究中心点校整理，上海古籍出版社，1999，第1156页。

这一模式似乎成为社仓后来居上的发展趋势。①

从以上分析可得出这样的认识：社仓在南宋的发展过程中逐步向常平仓靠拢。首先，近六成社仓（依梁庚尧样本、王文书统计）依靠地方常平仓或财政资助建立，而更多社仓的发起、经营离不开政府的支持和监督，它们可视为常平仓向基层延伸的"民办分支机构"。其次，常平仓以籴粜为主，赈贷为辅，亦有赈济；社仓经一段时间的发展，"或粜而不贷，或贷而不粜"，或视不同的救济对象而两者兼有，② 具备了常平仓的主要功能。据此两点，社仓作为常平仓的"支点"，实乃填补乡村地域空白的"基层常平仓"或"小微常平仓"。对此，袁燮讲得十分清楚：

> 自古制法固有不能独行者，常平之惠未博，精思熟讲，求可以相辅者，兼而行之，惠斯博矣。社仓之设，其常平之辅乎！有余则敛，不足则散，与常平无以异然。然常平衰聚于州县，而社仓分布于阡陌，官无远运之劳，民有近粜之便，足以推广常平赈穷之意，此所谓辅也已。③

南宋出现的社仓是面对田制不立、人口增加、基层治理主体多元化、理学兴起等经济、社会、文化变动趋势在仓廪制度方面作出的适应性调整，是借鉴常平旧制与青苗法的利弊得失对常平仓"扁平化"改造的一次重要实践。不过，在朝廷向全国推广后，地方对此反应并不积极，朱熹身后，经朱熹门人、理学同道上下大力提倡，社仓的发展才逐渐获得地方政府和民间的支持而有较大改观。④ 就像西汉的常平仓，社仓在南宋的地位亦不能估计过高，其建置正如陈支平所指出的未达到行政

---

① 梁庚尧：《南宋的社仓》，载陈国栋等主编《经济脉动》，中国大百科全书出版社，2005，第157~158页。

② 梁庚尧：《南宋的社仓》，载陈国栋等主编《经济脉动》，中国大百科全书出版社，2005，第158页。

③ 袁燮：《絜斋集》卷10《洪都府社仓记》，《景印文渊阁四库全书》集部第1157册，台湾商务印书馆，1986，第122页。

④ 梁庚尧：《南宋的社仓》，载陈国栋等主编《经济脉动》，中国大百科全书出版社，2005，第148、154页。

上广泛普及的状态"可能更为接近南宋社仓的基本事实"①。特别的，随着由内部人控制导致的侵占、强贷粮谷以及地方政府过度干预等弊端相继出现，社仓应有的功能也在不断衰减，朱熹再传弟子真德秀说："少时实亲睹其利，岁久法坏，每为之太息。"② 虽然如此，但有一点仍是确定不疑的，那就是朱子社仓在基层组织中植入了经济稳定器，在机制上弥补了常平仓在官僚科层管理体制下的缺陷，如果我们因此将朱熹视为对常平仓进行扁平化改造，以探索建立官民协调，社区信任、互助的"社会性经济组织"的先驱者，也应该是恰当的。朱子社仓开创了一个新传统，历经断续继承，终在清代获得长足发展。

四　明预备仓

预备仓"即前代常平之制"③，又是明代独有的仓廪制度。"洪武初，令天下县分各立预备四仓，官为籴谷收贮，以备赈济。"④ 对于明初究竟何时设立预备仓，学界存有不同看法，持"洪武元年"（1368）说者最多，也有"洪武三年"（1370）说，又有研究经比较、考辨提出"洪武二十一年"（1388）说。⑤ 验于多地方志记录，洪武初年设置预备仓之处并不多见，洪武二十一年后，情况则大有改观。⑥ 故可能的情况是，洪武元年明太祖即有在全国建立预备仓的计划，而真正大范围推行应晚至洪武二十一年。开朝之际，百事待举，有规划少行动，直至晚些才付诸实施实属正常，唐宋的常平仓建设亦大致如此。

与历代常平仓相比，明洪武年间定制的预备仓有两个显著的特色。

---

① 陈支平：《朱熹的社仓设计极其流变》，《中国经济史研究》2016 年第 6 期，第 25 页。
② 真德秀：《西山先生真文忠公文集》卷 10《奏置十二县社仓状》，商务印书馆，1937，第 176 页。
③ 龙文彬：《明会要》卷 56《食货四·预备仓》，中华书局，1998，第 1073 页。
④ 申时行等：《大明会典》卷 22《仓庾二》，《续修四库全书》编纂委员会编《续修四库全书》史部第 789 册，上海古籍出版社，1995，第 383 页。
⑤ 陈旭：《明代预备仓创立时间新论》，《农业考古》2010 年第 1 期。
⑥ 参见吴滔《明代苏松地区仓储制度初探》，《中国农史》1996 年第 3 期；陈旭《明代预备仓创立时间新论》，《农业考古》2010 年第 1 期；李菁《明代赈济仓初探——以南直隶地区为例》，《中国建筑史论汇刊》2015 年第 1 期。

其一，依托老人制，"就择本地年高笃实民人管理。"① 为加强基层治理，类似于汉三老之制，明政府多从富民大户中选拔年高有品行、有办事能力、为民所敬服之人参与乡政管理，他们被称为"里老"、"老人"、"耆民"、"耆宿"或"吏老人"，身份类似于职役，各地依据实际需要设有木铎老人、集市老人、店老人、仓老人、水利老人、浮桥老人、窑场老人、申明亭老人等。② 其中仓老人便是负责预备仓管理的，"太祖高皇帝各命各府州县多置仓廪，令老人守之，遇丰年收籴，歉年散贷"③。政府统筹规划，组织兴建，筹集籴本，熟悉乡里的仓老人予以协助，具体的督工、籴买、看管、放散以及粮食贮存、仓廒维护修缮等皆由看仓老人及其下设人员负责。④ 相应的，政府委派风宪官对预备仓实施督察，以防滋生各种弊端。⑤

其二，在布局上，与前代常平仓不同，预备仓"每县四境设仓"⑥，东西南北分散布局，"如一县则于境内定为四所，于居民丛集之处置仓"⑦。以常熟县为例，洪武二十三年（1390）设置预备仓四所："东仓在县开元乡，西仓在县归政乡，俱二十六都。南仓在县四十四都积善乡，北仓在县九都崇素乡。"⑧ 扩大到常熟所在南直隶，有学者列出 29 地预备仓的设置，从中可看出各处预备仓分所设立的具体情况（见表 1-3）。可以看出，四所布局的共有 22 处，加上 1 处五所布局，共占到样本总量的 79%。依此判断，建制之初地方政府较好地执行了朝廷的规划。

---

① 申时行等：《大明会典》卷 22《仓庾二》，《续修四库全书》编纂委员会编《续修四库全书》史部第 789 册，上海古籍出版社，1995，第 383 页。
② 王兴亚：《明代实施老人制度的利与弊》，《郑州大学学报》（哲学社会科学版）1993 年第 2 期，第 22~23 页。
③ 《明太宗实录》，永乐六年六月丁亥，"中央研究院"史语所，1962，第 1068 页。
④ 胡火今、张焕育：《明代乡里"老人"看管备荒粮仓》，《社会科学报》2012 年 1 月 18日，第 A05 版。
⑤ 正统四年，大学士杨士奇在上言预备仓之弊时说道："风宪官不行举正"，并建议"风宪巡检各务稽考。有欺弊怠废者，具奏罚之。"可知在预备仓的设计中，风宪官担负监督之责。正统六年，于谦又建议风宪官以离任审计制度强化监督，"州县吏秩满当迁，预备粮有未足，不听离任。仍令风宪官以时稽查。"龙文彬：《明会要》卷 56《食货四·预备仓》，中华书局，1998，第 1074 页。
⑥ 龙文彬：《明会要》卷 56《食货四·预备仓》，中华书局，1998，第 1073 页。
⑦ 徐学聚：《国朝典汇》卷 101《仓储》，书目文献出版社，1996，第 1315~1316 页。
⑧ 康熙《常熟县志》卷 3《官署》，江苏古籍出版社，1991，第 48 页。

表 1 - 3　南直隶预备仓的布局

布局地点	在乡布局			城乡皆有布局		在城布局
布局结构	2 所	4 所	5 所	乡 3 所城 1 所	乡 2 所城 2 所	1 所
设立地区数量	1 地	18 地	1 地	2 地	2 地	5 地

资料来源：据李菁《明代赈济仓初探——以南直隶地区为例》（《中国建筑史论汇刊》2015年第 1 期，第 331~332 页）内容整理。

　　老人制度加一仓四（多）所，预备仓这种不同于前代的设计，可谓用心良苦。一仓多地分布的设置避免了常平仓只立于州县治所、难以延伸至乡村惠及更多人口之弊。然而，如此一来，预备仓的运营成本以及官吏对乡村事务的干预都会大大增加，解决的手段便是在管理中充分利用社会基层力量，以老人制度行朱子社仓管理之法，牵制地方官吏，同时辅以政府监督，形成官民的相互配合。预备仓以国家财政、行政之力自上而下推动，继而借助社会资源自下而上实施管理，复又以自上而下的监督加以保障，形成了可以称作"常平仓＋社仓"的新模式。不过，这一设计对参与各方、运营各环节，特别是仓老人的品行提出了很高的要求。预备仓后来的发展表明，一旦择民管理出了问题，耆老大户形成势力，豪滑侵渔，欺瞒官民，加之监督不及时到位，预备仓的特色反倒成为朝廷负担和流弊之源。为了解决问题，经多次整饬，原本的分散布局走向归并集中设置，官民配合走向政府直接管理，预备仓似又退回到前朝的常平仓了。①

　　预备仓最初主要提供赈贷，后又实施平粜和赈济，②一仓承担起经济调节和临灾救助等多项功能。预备仓在明前期普遍运转良好，中期在起伏波动中曲折发展，后期因财政困难，预备仓功能逐渐弱化，走向衰落。③"隆庆时，剧郡无过六千石，小邑止千石。久之数益减，科罚亦益轻。万历中，上州郡至三千石止，而小邑或仅百石。有司沿为具文。屡下诏申饬，率以虚数欺罔而已。"④明末崇祯年间，陈龙正叹道："天下

---

① "永乐中，令天下府县多设仓储。预备仓之在四乡者，移置城内。""弘治三年三月……初，预备仓皆设仓官，至是革之，令州县官及管粮仓官领其事。"龙文彬：《明会要》卷 56《食货四·预备仓》，中华书局，1998，第 1073、1075~1076 页。
② 陈关龙：《论明代的备荒仓储制度》，《求索》1991 年第 5 期，第 118 页。
③ 参见王卫平、王宏旭《明代预备仓政的演变及特点》，《学术界》2017 年第 8 期。
④ 龙文彬：《明会要》卷 56《食货四·预备仓》，中华书局，1998，第 1077 页。

皆无复有预备仓。"①

第三节　常平调控的平衡关系

一　常平仓中的政府、市场与社会

中国传统社会后期，随着精耕细作农业和商品经济的稳步发展以及水陆通衢的更加便利，包括长途粮食贩运在内的跨地区贸易逐渐扩大。到了明清时期，全国范围的大规模粮食市场已经形成。据初步计算，北宋粮食的商品化率已达到17%，也就是说，平均每年约有258.02亿斤粮食进入流通。乾隆后期，两项数据分别为17.26%和536.6亿斤。② 较之北宋，清代粮食流通规模扩大了一倍多。当越来越多的商人乃至商帮加入粮食贩运队伍，成为整个粮食流通体系中一支不可忽视的重要力量时，市场价格、供求和竞争机制就会发挥出更为显著的作用——在利益驱动下，一地丰收造成粮价偏低，粮商逢低竞购就能发挥平籴功能；一地歉收或青黄不接造成粮价偏高，粮商逢高竞售又可起到平粜效果：

> 范文正治杭州，两浙阻饥，谷价方涌，斗钱百二十。公遂增至斗百八十，众不知所为。公仍命多出榜沿江，具述杭饥及米价所增之数。于是商贾闻之，晨夜争进，唯恐后，且虞后者继来。米既辐凑，遂减价还至百二十。③

范纯仁亦遵循其父之法，"为襄邑宰，因岁大旱度来年必歉，于是尽籍境内客舟，诱之运粟，许为主粜，明春客米大至而邑人遂赖以无饥。"④ 取得良效的政策若想让其发挥出更大作用，就需要谋划出有针对性的制度安排，苏轼便主张减免粮食交易税，以此鼓励市场流通，让市

---

① 陈龙正辑《救荒策会》卷5，夏明方点校，载李文海等主编《中国荒政书集成》第1册，天津古籍出版社，2010，第469页。
② 吴慧：《历史上粮食商品率商品量测估——以宋明清为例》，《中国经济史研究》1998年第4期。
③ 吴曾：《能改斋漫录》卷2《事始》，中华书局，1985，第19页。
④ 董煟：《救荒活民书》卷下《救荒杂记》，中国书店，2018，第183页。

场的力量平抑丰凶波动："是以法不税五谷，使丰孰之乡，商贾争籴，以起太贱之价；灾伤之地，舟车辐辏，以压太贵之直……则丰凶相济，农末皆利，纵有水旱，无大饥荒。"[①]

然而，这并不意味着政府可以全身而退了。事实上，市场越发展，政府调节反倒越有必要。南宋叶适注意到了一种现象："地之所产，米最盛而家中无储粮。臣尝细察其故矣。江湖连接，地无不通，一舟出门，万里惟意，靡为碍隔。民计每岁种食以外，余米近以贸易……其不耐小歉而无余蓄，势使之也。"[②] 交通便利促进了商品流通，百姓为得眼前之利尽出余粮，使小歉之年都难以自给，粮食缓冲储备依然不可或缺。然而，现实情况总是很复杂，司马光发现若官吏"不能察知在市斛斗实价"，缓冲操作就易被投机所利用："收成之初，农夫要钱急粜之时"，积蓄之家"故意小估价例，令官中收籴不得，尽入蓄积之家"，待过了农民挤粜之际，"蓄积之家仓廪盈满，方始顿添价例，中粜入官"，结果必然是"农夫粜谷止得贱价，官中籴谷常用贵价，厚利皆归积蓄之家。"[③] 市场机制要利用，但投机行为亦必须予以遏制，这就对政府掌握行情、相机行动和市场监管提出了更高的要求。随着商品经济的发展，常平调控不得不考虑政府和市场在具体情势下的复杂关系，而不能以简单的方式处理。董煟举例说，调节米价若是采取强制性手段是难以奏效的，"比年为政者不明立法之意，谓民间无钱须当籍定其价，不知官抑其价，则客米不来，若他处腾涌而比间之价独低，则谁肯兴贩？兴贩不至则境内乏食，上户之民有蓄积者愈不敢出矣，饥民手持其钱终日皇皇无告籴之所。"[④] 董煟在《救荒活民书》中主张常平调控要政府、市场调节双管齐下，甚至有时更强调后者的作用。他认为最佳的策略应是政府遵循市场规律，因势利导，与之相互配合。这样的认识适应了经济社会发展的新变化，呼应了中国近世重商思潮的兴起。

---

① 苏轼：《苏轼文集》卷35《乞免五谷力胜税钱札子》，孔凡礼点校，中华书局，1986，第990~991页。

② 叶适：《叶适集》卷1《上宁宗皇帝札子》，刘公纯等点校，中华书局，2010，第2~3页。

③ 司马光：《上哲宗乞趁时收籴常平斛斗》，载赵汝愚编《宋朝诸臣奏议》卷107，北京大学中国中古史研究中心点校整理，上海古籍出版社，1999，第1156页。

④ 董煟：《救荒活民书》卷中《不抑价》，中国书店，2018，第109~110页。

到了清代，粮食流通市场更为发达，重视市场调节的声音不断出现："平粜之道有二：谷贱增价而籴，使不伤农，谷贵减价而粜，使不伤民，此官籴于民也；丰熟之乡商贾交籴，以起太贱之价，灾歉之区舟车辐辏，以压太贵之直，此民籴于民也。"① 进一步的，"官之籴粜有限，民之兴贩无穷"②，"商不通，民不救；价不抑，客始来。此定理也。"③ 甚至认为"钱之所在，即谷之所在也"，"商之所在，即仓之所在也"。④ 在政策取向上，最高统治者也有反思，一个典型的例子就是乾隆初年的粮政。为施行仁政，乾隆继承康、雍对仓储建设的重视，将政策目标聚焦于对常平仓储的大幅扩充之上，要求各省制订新的储备数额和收购计划，以满足不时之需。然而在数年时间里，人为提高粮食储备，加之歉收造成市场供应短缺，导致粮价持续上涨，这不仅没有取得最初的施政效果，反而适得其反，朝野上下围绕着是否降低储备和是否更多地利用市场资源展开了一场大讨论，⑤ 乾隆本人也有反思：

　　　　乃体察各处情形，米价非惟不减，且日渐昂贵，不独歉收之省为然，即年谷顺成，并素称产米之地，亦无不倍增于前，以为生齿日繁耶？则十数年之间岂逐众多至此？若以为年岁不登，则康熙雍正年间，何尝无歉收之岁？细求其故，实系各省添补仓储，争先籴买之所致。⑥

各地争先收储而非"平粜"导致政府干预过度，人为造成供给短缺，这是给粮政和市场带来负面影响的重要原因，乾隆十三年（1748）

---

① 《清朝文献通考》卷 36《市籴五》，浙江古籍出版社，2000，第 5193 页。

② 陆曾禹：《钦定康济录》卷 3《临事之政计二十》，载李文海等主编《中国荒政书集成》第 3 册，赵丽、徐娜点校，天津古籍出版社，2010，第 1821 页。

③ 陆曾禹：《钦定康济录》卷 3《临事之政计二十》，载李文海等主编《中国荒政书集成》第 3 册，赵丽、徐娜点校，天津古籍出版社，2010，第 1826 页。

④ 袁枚：《小仓山房文集》卷 15《复两江制府策公间兴革事宜书》，载王英志主编《袁枚全集》第 2 册，王英志校点，江苏古籍出版社，1993，第 255 页。

⑤ 参见高王凌《活着的传统：十八世纪中国的经济发展和政府政策》，北京大学出版社，2005，第 114～123 页；邓海伦《乾隆十三年再检讨——常平仓政策改革和国家利益权衡》，《清史研究》2007 年第 2 期。

⑥ 《清实录·高宗纯皇帝实录》卷 189，乾隆八年四月己亥，中华书局，1985，第 429 页。

遂下令将常平仓储量削减至康雍时期的定额，"直省常平积谷之数应悉准康熙、雍正年间旧额。"① 但统治者对"商"还是保持警惕的，商人毕竟是要逐利的，垄断投机行为暴露出的正是市场的反面，"每年麦秋之际，地方有富商大贾挟持重资，赴各处大镇、水陆通衢，贩买新麦，专卖与造麹之家，盖成坵房，广收麦石，惟恐其不多。小民无知，但顾目前得价售卖，以图厚利，不思储蓄为终岁之计。而此辈奸商，惟以垄断为务，不念民食之艰难，此实闾阎之大蠹"②。乾隆初年甚至还出现了依靠典当业空手套取粮利的投机行为："近闻民间典当，竟有收当米谷一事……奸商刁贩遂恃有典铺通融，无不乘贱收买……随收随典，辗转翻腾，约计一分本银非买至四五分银数之米谷不止，迨至来春及夏末秋初青黄不接，米价势必昂贵……陆续取赎，陆续出粜。是以小民一岁之收，始则贱价归商，终乃贵价归民。"③ 再如，苏州米行采取"齐行"的做法，共谋散布气候方面的谣言，制造恐慌气氛，借以抬高粮价。这种做法并非个案，而行会又为各种欺行霸市提供了理想的组织形式。④

需要指出，从《管子》轻重论到后来的常平仓，审慎的理论与政策思考者对市场和政府两种力量并未采取非此即彼的态度，而是兼而用之，司马光讲得清楚：

> 每遇丰岁，斛斗价贱至下等之时，即比市价相度添钱开场收籴；凶年，斛斗价贵至上等之时，即比市价相度减钱开场出粜。若在市见价只在中等之内，即不籴粜。⑤

"市见价只在中等之内"，政府是不需要干预市场的，若超出合理的区间，才以"相度"的方式进行调节。"相度"就是相机抉择，这表明

---

① 《清朝文献通考》卷36《市籴五》，浙江古籍出版社，2000，第5194页。
② 《清实录·高宗纯皇帝实录》卷65，乾隆三年三月戊辰，中华书局，1985，第50页。
③ 汤聘：《请禁屯当米谷疏》，《皇清奏议》卷45，载《续修四库全书》编纂委员会编《续修四库全书》史部第473册，上海古籍出版社，1995，第388页。
④ 魏丕信：《18世纪中国的官僚制度与荒政》，徐建青译，江苏人民出版社，2002，第178页。
⑤ 司马光：《上哲宗乞趁时收籴常平斛斗》，载赵汝愚编《宋朝诸臣奏议》卷107，北京大学中国中古史研究中心点校整理，上海古籍出版社，1999，第1156页。

政府并非以钳制或排挤市场为目的，而是要设法使粮食的价格回归到合理的区间之内，"大抵减不可太减，增不可过增，皆不使越其元值。"①市场既要用之，又要限之，其中的关键就是要把握好政府行为的"度"。这个"度"既包括常平储备规模之适度（从而给市场留出调节空间），也包括如何拿捏平粜、平籴的时机、价格以及数量之适度。那么，"相度"之"度"到底该如何把握呢？如何更好地认识政府与市场的对立、统一关系，并利用干预手段来引导市场参与调控就成为高超的操作艺术了。清雍正年间，两广总督鄂弥达针对平粜策略提出了如下建议：

> 平粜之价，不宜顿减。盖小民较量锱铢，若平粜时官价与市价悬殊，则市侩必有藏以待价，而小民籍此举火着，必皆仰资官谷。仓储有限，商贩反得居奇，是欲平粜而粜仍未平也。从来货积价落，民间既有官谷可粜，不全赖铺户之米，铺户见官谷所减有限，亦必稍低其价以冀流通。请照市价止减十一，以次递减，期年而止，则铺户无所操其权，而官谷不至虞其匮。②

常平仓在平粜之时"平粜之价，不宜顿减"，其减价幅度要参照市场价格逐级调适，"请照市价止减十一，以此递减"，若平粜之价骤降，商家无利可图，粮食供应必然大减，待常平仓储备耗尽，商家主导了市场再伺机高价出售，市场由此走向了政府调控的对立面。但如果"铺户见官谷所减有限"，情况就变成"亦必稍低其价以冀流通"。因此，只有当政府能够有效引导市场时，常平机制才能更好地发挥出"铺户无所操其权，而官谷不至虞其匮"这样"四两拨千斤"的功效。在鄂弥达看来，政府在粮价的调控过程中必须正视和善用市场的力量，显示出进退有度的灵活性，而不应拘泥于某些呆板的定制。

综上所述，若政府排斥市场，只是一味地依靠常平仓且过分强调政府的作用，其结果很可能是"常平不平"。但若政府能够较好地利用市场，调动市场资源，则可起到政府、市场二者相用而不相为害且一加一

---

① 何淳之辑《荒政汇编》上卷《平粜第六》，载李文海等主编《中国荒政书集成》第 1 册，陈喆、罗兴连点校，天津古籍出版社，2010，第 133 页。
② 《清史稿》卷 120《食货二》，中华书局，1977，第 3557 页。

大于二的常平效果。当然，一旦遇到较大灾伤，粮食市场的无序和失控状态依然会出现。特别是随着清代粮食流通市场的发展，其影响范围远远超出实际受灾地区的范围。如果受灾地区是粮食产区，那么平时依靠这些产区供给粮食的地域的粮价就会上升，同时受灾地区周边的粮价也会相应上涨。特别的，商人在粮食流通、分配过程中作用的增强大大增加了粮食价格失控的危险性，如果商人不愿放弃这种获利的"良机"，粮价上扬就会很容易发展到难以控制的地步。[①]

对于如何平衡政府与市场之间的微妙关系，雍乾时期多地为官的陈宏谋有着丰富的实践经验，罗威廉的研究表明，陈宏谋是一位既重视地方特殊性，又尊重市场规律的官员，对常平仓的经营有着重要贡献。陈宏谋视常平仓为藏富于民与维持地方自给自足和社会稳定的基本手段，他因地制宜、随时应变，既让政府积极有为，又以市场因势利导，为常平仓政策引进了一个前所未有的省级集权化管理且又没有退回到强制命令的经济干预模式，从而使百姓能够渡过困难并保持持续的生产力。例如，陈宏谋将地方仓储资金集中调配，提高了资金使用效率；平籴采购时，他强调根据市场实际情况从宽计算购买价格，为了防止投机操控市场，他选择根据耕种面积用议价形式与农户签订购买合同；平粜操作过程中，他主张通过增加市场供给的权宜之计使价格依靠市场机制得以降低；为了达到更好的政策效果，他要求地方官员熟知本地价格历史，掌握长期趋势和每年的周期性变化。[②]

陈宏谋一方面积极探索、完善常平仓法，另一方面则不遗余力地推进社仓建设。他认为，社仓与常平仓是互补的关系，社仓必须覆盖常平仓不及的农户。罗威廉认为，在乾隆早期，或许没有人比陈宏谋更热衷于社仓事业。在任职的每个省份，陈宏谋都制定了一系列社仓制度，以此确保对社会的有效管理和对乡村经济的支持。按照他的规划，社仓应与地方社会组织紧密结合，空间上距离每个村庄不超过20里，即一天的往返路程。基于人口密度，社仓须储备400～1000石谷物，超过此数就

①　魏丕信：《18世纪中国的官僚制度与荒政》，徐建青译，江苏人民出版社，2002，第148～149页。
②　罗威廉：《救世：陈宏谋与十八世纪中国的精英意识》，中国人民大学出版社，2016，第332～358页。

须考虑小型化的分仓，让各仓得以充分利用。不同于常平仓，陈宏谋认为社仓是社区自有、自营的重要经济资源，虽然社仓的设立需要政府扶持，社仓的主要管理形式为民办官督，但其所有权在民不在官，社仓粮谷是地方集体公物或该社公物，除特殊时期外不应受政府任何干预。陈宏谋还特别强调，社仓是地方道德教化的有力工具，兴办社仓可以激发百姓慈善互助、自我约束、节俭消费的优良品质，起到移风易俗的作用。① 不难看出，在陈宏谋的规划中，社仓既是乡村经济的稳定器，又是乡村社会综合治理的有效抓手。

治世能臣陈宏谋师法宋明理学，人生实践既注重发扬道德主体意识，又崇尚积极改造世界的经世精神。作为雍乾时期的社会精英，陈宏谋为我们提供了一个利用仓储传统实现儒家理想社会的研究典案，从中可以观察到传统文化在经济领域的映射：在重农的背景下，陈宏谋努力借助仓储体系寻找稳定和发展的"均衡解"，从而谋求义利合一、藏富于民的治世目标。他将政府调控与市场调节有机相联，使常平仓成为地方经济稳定与发展的重要手段。在社仓推广实践中，他又借助政府的扶持和监督，以社仓为纽带把基层社会力量动员和组织起来，填补了常平仓难以延及之地。陈宏谋站在各方立场上利用资源、整合资源，构建出上下结合，政府、市场和社会三位一体的常平政策体系，他已自觉或不自觉地寻找到了一个简易的平衡关系：

$$经济常平 = 政府资源 + 市场资源 + 社会资源$$

在陈宏谋看来，政府在这一平衡关系中须扮演协调各方的关键性角色，只有政府设定合理的边界，充分尊重市场，审慎地保护社会所有权不受侵犯，政府、市场和社会资源才能形成合力。当然，陈宏谋也强调在经济社会受到较大冲击时，政府的积极干预仍然是最后保障。纵观常平仓的发展史，历代经济改革者无不结合具体的环境为这一关系的改进和完善不断地进行探索，无论成功还是失败，都为后来者提供了重要借

---

① 罗威廉：《救世：陈宏谋与十八世纪中国的精英意识》，中国人民大学出版社，2016，第358~372页。

鉴。而如果将清代的陈宏谋视为一位理论和实践的"总结者"，我们已可以在他那里清晰地得到一个完整的答案了。

二 大政府、经营困境与财政养仓

由国家主导的常平仓，作为关键时刻的"最后手段"有其存在之必要性，鄂弥达那种从容不迫的方式在发生严重供给冲击的情况下显然是无效的。对于这一点，统治者有着清醒的认识，雍正五年谕："常平仓谷，乃民命所关，实地方第一紧要之政。"① 康雍乾时期，清政府依靠渐增的经济实力逐步建立起完备的常平仓体系，其制度之严整，堪为历代之集大成者，在稳定经济社会方面发挥了积极的作用。

康雍乾时期，统治者非常重视常平积储，对州县以至不同区域的储备有逐步细化的规定。康熙四十三年（1704），各省常平仓储备初具规模，积储定额此时有了具体规定：大州县为一万石，中州县为八千石，小州县为六千石。由于存在区域差异，各地储量又有因地制宜的安排。② 常平仓在康熙时期已现亏空之弊，雍正一朝严格整饬，中央委派大臣赴各地监督盘查，以确保维持足额储备。③ 到了乾隆时期，全国常平仓储备总量不断增长，但由于政府买补数量过大，粮价上涨，遂于乾隆十三年（1748）按照旧制重新调整各省储备量。不过，直到乾隆中后期，全国常平仓的储量仍然保持在一个较高的水平之上。

清代常平仓由中央统一筹划，督抚总揽一方，司、道实施监督，府、州、县各级具体经办。常平仓的经营管理在清代经历了一个不断改进的过程。例如，为了解决地方政府执行不力的问题，康熙年间开始实施监粜，如派遣都察院官员监督地方常平仓平粜政策的实施情况。④ 又如，关于存一粜之间的比例关系，康熙时期始设存七粜三之制。但是，僵化地执行存七粜三的政策制约了常平功能的发挥，雍正朝开始因地制宜地作出变通，至乾隆七年（1742）："各省常平仓谷遇地方米少价贵之时，

---

① 席裕福、沈师徐：《皇朝政典类纂》卷 153《仓库十三·积储》，文海出版社，1974，第 2084 页。
② 《清朝文献通考》卷 34《市粜三》，浙江古籍出版社，2000，第 5173 页。
③ 《清朝文献通考》卷 35《市粜四》，浙江古籍出版社，2000，第 5181 页。
④ 《清朝文献通考》卷 35《市粜四》，浙江古籍出版社，2000，第 5174~5175 页。

当多粜以济民食，毋得拘泥成例。"[1] 再如，如何确定平粜时的减价标准是一个极难拿捏的问题，最初的规定是米贵之年降价幅度不能超过每石一钱，乾隆七年的上谕指出，在谷价较高之年，仅减价一钱显然是不够的，因而要求各省可以根据各地的具体情况，提出减价的标准。[2] 乾隆后期，经过多年的实践摸索和总结，逐步形成了一套标准规定（见表1－4）。历经几代统治者，常平仓在清代逐步形成了从选择仓址、筹款建仓、储谷种类到补充仓谷、存粜比例、籴粜价格，再到造册上报、管理考核、监督惩治，直至粮谷保存、晾晒、损耗处理等一套完整、严密的制度体系。

表1－4　常平仓平粜的减价规定

市价（两/石）	减价量（两）	市价（两/石）	减价量（两）
<0.9	不减	1.2～1.3	0.20
0.9～1.0	0.05	1.3～1.4	0.25
1.0～1.1	0.10	1.5～1.7	经户部讨论（最高在0.30）
1.1～1.2	0.15		

资料来源：魏丕信《18世纪中国的官僚制度与荒政》，徐建青译，江苏人民出版社，2002，第154页。

　　清代常平仓的主要功能是籴粜、赈贷和赈济。雍正三年（1725）依照年景设定了释放粮谷的三个标准："小歉平粜，中歉出借，大歉赈济。"[3] 但为了循环更新储备，每一年都会有籴粜和出贷操作，而丰穰之年更是加大补仓力度，以维持充足的储备。从表1－5可以看出，常平仓在全国的布局是经过特别安排的，不同的区域，常平仓的储备量会有针对性的差异。在距离粮食主产区较远的东南沿海，常平仓的人均占有量就比南方其他省份为多，这印证了相关研究的看法——广州、福州之地对粮食歉收和价格变动的反应较之江西、湖南等粮食主产区要强烈得多。[4] 直隶、山东、河南直接大运河或沿线邻近地区，对拱卫中央意义

---

① 《清朝文献通考》卷36《市籴五》，浙江古籍出版社，2000，第5192页。
② 《清朝文献通考》卷36《市籴五》，浙江古籍出版社，2000，第5191～5192页。
③ 《清朝文献通考》卷35《市籴四》，浙江古籍出版社，2000，第5178页。
④ 魏丕信：《18世纪中国的官僚制度与荒政》，徐建青译，江苏人民出版社，2002，第149页。

重大，常平仓的建设自然得到国家的重视。交通便利的区域如长江沿岸省份，由于市场流通体系发达，常平仓的人均占有量就可相应地调低。[①]至于西北地区的甘肃、陕西，以及西南的云南、贵州等，无论是从农业发展条件、地理偏远度（远离粮食贸易主干道）还是国防的重要性来看，提高常平仓积储标准都具有更为重要的意义。可以看出，在国力可及的范围之内，朝廷扮演了"大政府"的角色，因地制宜地构建起覆盖全国的常平仓体系，让其发挥出稳定器的功能。

表 1-5 清代常平仓储量最大时之情形（1789 年定额）

省份	常平仓储量（石）	每户平均（石）	每口平均（石）	省份	常平仓储量（石）	每户平均（石）	每口平均（石）
直隶	1881598	0.476	0.097	江西	1365712	0.312	0.058
山东	2945000	0.591	0.101	湖北	2091628	0.485	0.072
河南	2866499	0.606	0.121	湖南	1522682	0.471	0.082
山西	2110031	0.811	0.145	福建	2934620	0.869	0.158
陕西	3558504	—	0.297	广东	2835413	—	0.132
甘肃	6892250	2.37	0.488	广西	1294829	1.012	0.174
江苏	1538000	—	0.058	四川	3118004	0.439	0.111
安徽	1894000	—	0.056	云南	835246	0.802	0.138
浙江	2926561	0.578	0.107	贵州	2258496	1.932	0.422
各省储量总计	44769007			各省每口平均	0.124		

资料来源：刘翠溶《清代仓储制度稳定功能之检讨》，载陈国栋等主编《经济脉动》，中国大百科全书出版社，2005，第 340 页。

魏丕信的研究表明，1743～1744 年直隶大旱灾期间，足够的常平仓储备被运往灾区，使 200 多万人口维持了整整 8 个月，包括常平仓在内的调控体系的高效运作发挥了重要作用，而它也不仅仅是 18 世纪仅有的孤立事例。魏氏强调：

怀疑论的观点认为，赈济主要是存在于书面上的，经济上和技术上的严重制约使得当时的管理者只能表示出一点善行，零零散散

[①] 李汾阳：《清代仓储研究》，文海出版社，2006，第 181、187 页。

地存在于各地……如果我们看到那些关于赈济的资料，其中谈到通过发放成千上万石粮食而挽救了成千上万的人口，那么主要是因为它们的作者不得不假借这种说法，表示那些本不适用的章程已经被应用了，以便为那些确实出了银库的资金作出解释……但是，事实是，这一制度是经历了一个长期完善的过程的，同时吸取了古老传统中的精华，可以说已经达到了一个发明创造的高级阶段，构成了一个高度综合的体系，它的持久性也是一个不争的事实。这说明它可以，也的确运作得较好。[1]

不过，魏丕信也看到了另一面，常平仓的发展存在一个兴衰交替的演变过程，"其标志性特征是，每个时期都是从中央政府力图重新整顿并严格监管常平仓开始，然后从地方一级逐渐腐化衰败，直到下一个时期，再从中央政府抓紧控制开始"[2]。国家意志、政治清明程度以及政府治理能力是影响常平仓走向的重要因素，从忧患意识强烈到忧患意识淡漠，从施政廉洁到吏治败坏，作为善政良法的常平仓逐步演变为"仓廒废弛""侵盗挪移"的沉疴，这成了历代常平仓发展跳不出的规律。

除了这一代表性的看法，吴四伍在晚近的研究中还特别分析了另一层问题，即经营本身所面临的困境是常平仓兴衰转换过程中另一个不可忽视的因素。在制度设计上，除了财政拨款、捐纳、捐输外，常平仓主要利用粮食的价格波动（籴粜价差）获取利润以维持仓储的正常运转，即所谓以仓养仓模式。从清代仓储的实践来看，由于仓储损耗、市场买卖、管理开支等存在巨大的成本与风险，常平仓最多只有微乎其微的、象征性的盈利，它甚至不能满足一次籴买的资金需求。如果常平仓的运作被赋予赢利任务，便会造成政治意愿、经济效益同时需要满足的双重压力，以及官僚系统、市场机制之间相冲突的内在矛盾。因此，常平仓难以为继并最终走向衰落实属必然。吴四伍认为制度困境迫使清代仓储探索新的发展路径，这便是从以仓养仓向仓外养仓的近代转型。晚清爆

① 魏丕信：《18世纪中国的官僚制度与荒政》，徐建青译，江苏人民出版社，2002，第223~224页。
② 魏丕信：《18世纪中国的官僚制度与荒政》，徐建青译，江苏人民出版社，2002，第155~156页。

发的太平天国运动严重破坏了江南以常平仓、社仓为主的仓储体系。积谷仓在地方绅士参与江南重建的过程中拉开了帷幕，随即出现了一批经营、发展良好的新式积谷仓，其中长元吴丰备义仓是一个典型案例。作为苏州的地方仓种，长元吴丰备义仓在中国近代首次实现了粮食存储、赈救与盈利环节的脱钩，完成了从以仓养仓为主到仓外养仓主导的经营方式转变。在绅士主导、官方参与合作的管理模式下，长元吴丰备义仓类似于一个"双轨制"企业：一方面仓储实现了自我盈利，另一方面仓储有效发挥了社会救助功能。特别的，在自我赢利方面，长元吴丰备义仓借置田收租、发典收息、投资房产与证券等多种经营，实现了可持续发展。[①]

　　清代仓储制度的发展、困境与求解早在两宋就已有迹可寻。为了提高常平仓的自生能力，北宋青苗法改革便是以仓养仓的第一次大规模实践。南宋社仓已出现了以田产作贷本、依靠田租免息出贷的经营模式，这便是借扩大自营范围实现储备可持续发展的仓外养仓，可视为长元吴丰备义仓的先驱。晚清出现的以长元吴丰备义仓为代表的新式仓廪，为在商品经济较为发达的条件下运营粮食缓冲储备提供了成功的范例。但也需要认识到，长元吴丰备义仓属于地方仓种，仓外养仓的成功在很大程度上依赖于较为发达的地域经济和一定社会条件的支撑，将长元吴丰备义仓的"双轨制"模式移植到商品经济不发展、水陆交通不便之地，就会显得水土不服了。

　　整体而论，承担经济社会稳定与调节功能的粮食缓冲储备可运用三种经营模式，除了以仓养仓和仓外养仓之外，财政养仓是不能被忽视的。从理论和实践两方面考察，这三种模式各有其适用性，具体要视仓储类型而定。特别的，从中央到地方成体系的官营常平仓担负着稳定经济、调节分配、社会救助等重要的公共职责，因此财政养仓应是主导模式，以仓养仓在微利经营的情况下更多地属于一种辅助手段，而以仓养仓和仓外养仓若要实现较大盈利就很容易与市场、小农形成争利的局面，遂难以成为体量庞大的官营仓储的主要维持模式。

---

① 详参吴四伍《清代仓储的制度困境与救灾实践》，社会科学文献出版社，2018。清末广东出现的义仓也有明显的投资经营性质，参见陈春声《论清末广东义仓的兴起——清代广东粮食仓储研究之三》，《中国社会经济史研究》1994 年第 1 期。

　　转回北宋考察，前文所引高宗时期规划常平仓的材料中规定"量留上供钱"为常平本钱，"俟十年有增羡，则以本钱还三司"。但在实际操作过程中，常平仓除了以低于市价平粜之外，还要考虑以更低的价格出粜以至无偿赈济。[①] 照此经营，常平仓保持收支平衡已是最佳状态，若再让按时向中央财政归还本金，显然是难以实现的。加之常平仓本时有挪支，如没有财政支援，其持续运转势必难以为继，嘉祐四年（1069）诏曰："天下常平仓多所移用，而不足以支凶年。其令内藏库与三司共支钱一百万，下诸路助籴粜之。"[②] 然而，这种依靠中央直接拨付的方式来补充常平仓本的情况并非制度性的硬保障，"因州县缺常平本钱，虽遇丰岁，无钱收籴。"[③] 这就在很大程度上倒逼出了王安石的青苗法改革，青苗法的失败又进一步说明，当财政扶持趋弱之际，选择以仓养仓的经营模式很容易诱发各种弊端，致使常平仓基本功能被严重削弱。明代预备仓同样面临着财政养仓的难题。一个典型的事例就是，为了充实预备仓，政府以赎罪所得籴粮入仓，"（弘治十八年）令赎罪赃罚，皆籴谷入仓。正德中，令因纳纸者，以其八折米入仓。军官有犯者，纳谷准立功"[④]。明代法网甚密，中后期以罪犯赎罪所纳充作预备仓本，可见财政虚弱之一斑了。[⑤]

---

① 例如，皇祐三年（1051），"淮南、两浙路体量安抚陈升之等言：'灾伤州军，乞出粜常平仓斛斗。'诏：'逐仓初籴并当丰年价贱，如依元价出粜，缘置场差官收籴，积贮、铺衬、折耗费用不少，宜令淮南、两浙、江南东西、荆湖南北等路提刑司勘会，元籴价上每斗量添钱十文至十五文足出粜。'升之复言：'如添钱，即非恤民之意。'乃诏依原籴价出粜。"（《宋会要辑稿》，《食货》53之7、8，皇祐三年十月十八日，第7199～7200页）元丰二年（1079），"诏：'闻齐、兖、郓州谷价甚贵，斗直几二百，艰食，流转之民颇多。司农寺其谕州县，以所积常平仓谷，通比元入斗价不及十钱，即分场广粜。滨、棣、沧州亦然。'"（《宋会要辑稿》，《食货》57之8，元丰二年二月十三日，第7334页）元祐元年（1086），"诏淮南东、西路提举常平司体量饥歉，以义仓及常平仓斛斗依条例赈济讫闻奏。"又"诏：'府界并诸路提点刑狱司体访州县灾伤，即不限放税分数及有无披诉，以义仓及常平米斛速行赈济，无致流移'。"（《宋会要辑稿》，《食货》57之9，元祐元年二月四日、三月二十六日，第7335页）
② 徐松辑《宋会要辑稿》，《食货》53之8，嘉祐四年七月十日，刘琳等点校，上海古籍出版社，2014，第7200页。
③ 司马光：《上哲宗乞趁时收籴常平斛斗》，载赵汝愚编《宋朝诸臣奏议》卷107，北京大学中国中古史研究中心点校整理，上海古籍出版社，1999，第1156页。
④ 《明史》卷79《食货三》，中华书局，1974，第1925页。
⑤ 顾颖：《明代预备仓积粮问题初探》，《史学集刊》1993年第1期，第22～23页。

清代统治者较之以往各朝更为重视常平仓建设。然而，当朝廷更多地将常平仓出现的各种问题归于不能得人之时，或许没有充分认识到另一个方面的原因：循环籴粜在未得到持续的财政保障之时，具体操作层面的很多问题是难以解决的，此时片面强调经营管理者的道德高标准并不能切中要害。李汾阳分析，清代常平仓越是被赋予重要职责，中央越是制度严密、层层防治，地方在有限的人力编制和预算的情况下就越是难以胜任繁难的事务工作，加之知县平均任期极短，结果便是工作效率非但不能提升，反而日趋形式化、教条化。① "奉行而多所迟缓"，"拘文而少所权变"，② 这似乎成为一种普遍的状态。到了 18 世纪末，朝廷发现要求州县地方完成常平仓的足额储备已是困难越来越大。与此同时，地方政府面对灾伤也越来越依靠朝廷的直接拨款或截漕。③ 随着国势转入下行，常平仓实难获得中央和地方财政的持续支持，功能明显退化。嘉庆二十二年（1817），常平仓已是"废弛日久，积弊相沿"④。

如此看来，如果以储量为主要评价指标，官营常平仓的发展似乎难以走出"倒 U 形"周期律（见图 1 - 3）。刘翠溶利用地方志描绘出清代从康雍时期到同光时期直隶五州县、山西十州县、湖北五州县、湖南五州县以及广东五州县常平仓储量变化趋势图，⑤ 从中可以清晰地观察出这些趋势无一例外地符合倒 U 形。刘翠溶的统计具有一定代表性，若将地方储量加总，常平仓在宏观层面也应符合倒 U 形走向，这一点可以从李汾阳的研究中得到证实。⑥ 由此推展开去，其他朝代的情形大体亦是如此。进一步的，如果认为财政能力与国家经济实力高度相关，并且与中央、地方政府的治理能力相互影响，那么常平仓就成为国势由治而乱、由兴而衰的"预警装置"了。

---

① 李汾阳：《清代仓储研究》，文海出版社，2006，第 232 ~ 233 页。
② 那彦成编《赈记》卷 10《条议》，载李文海等主编《中国荒政书集成》第 4 册，郝秉键点校，天津古籍出版社，2010，第 2674 页。
③ 魏丕信：《18 世纪中国的官僚制度与荒政》，徐建青译，江苏人民出版社，2002，第 237、242、244 页。
④ 刘锦藻：《清朝续文献通考》卷 60《市籴五》，浙江古籍出版社，2000，第 8164 页。
⑤ 刘翠溶：《清代仓储制度稳定功能之检讨》，载陈国栋等主编《经济脉动》，中国大百科全书出版社，2005，第 321 ~ 325 页。
⑥ 李汾阳：《清代仓储研究》，文海出版社，2006，第 183 页。

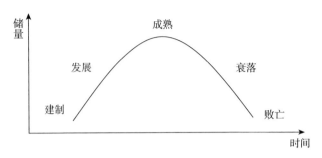

图1-3　官营常平仓倒U形周期律

当然，以上分析并不意味着政策否定，常平仓在中国历史中的漫长实践恰恰说明国家在努力承担宏观稳定之责，运用可行的调控手段来维持经济社会的常平发展。苏轼说："然臣在浙中二年，亲行荒政，只用出粜常平米一事，更不施行馀策，而米价不踊，卒免流殍。"① 苏轼以其亲身经历肯定常平仓的功能绩效，应不是虚语，而清代涌现出的一大批荒政书籍为如何更好地利用常平仓而出谋划策，也应予以正视。只要评价标准是"同情式"的而不是苛责的，从一个更广阔的世界史视野进行考察，清代政府构建的常平仓及其发挥的经济社会稳定功能可以说是绝无仅有的。尽管萧公权在《中国乡村：论19世纪的帝国控制》一书中揭示出19世纪包括常平仓在内的清代仓储体系的种种弊端，但他还是审慎地总结道：

> 我们并不认为存粮体系是个没用的机制……有一个令人不满意的饥荒控制体系，比完全没有要好些……但是，粮仓体系与其他任何帝国机制一样，并不是在历史真空中运作。它的运作受到自然、经济和政治的各种环境的影响。由于这一原因，当历史背景下其他主要因素会削弱整个帝国结构，或者当帝国体系中其他元素的运作不如人意时，粮仓体系就无法产生它理论上可能的产生的所有结果。②

① 苏轼：《苏轼文集》卷33《乞将上供封椿斛斗应副浙西诸郡接续粜米札子》，孔凡礼点校，中华书局，1986，第932页。
② 萧公权：《中国乡村：论19世纪的帝国控制》，张皓、张升译，联经出版事业股份有限公司，2014，第214页。

　　检视历朝历代围绕常平仓展开的反反复复的讨论，虽多有利弊之争，但少有存废之辩。常平仓内生于小农经济脆弱的简单再生产这一微观基础和一统国家寻求长治久安的宏观诉求。在"非真空"的现实之中，潜在和显现的弊病并未妨碍常平仓在各朝的建设与发展，它非但没有淡出历史舞台，反而在层层累积中演化为中国经济传统的一大特色，沿着倒U形的发展轨迹，与王朝命运相始终。

　　常平仓的内涵是丰富的，若拓宽视野，深入剖析，还会发现常平仓并不只是某一、二种仓，而是多种"仓"的相互协调，将它们统合起来会看到，中国古人灵活变通，将多种资源、要素纳入了一个广义的缓冲储备之中。

第二章 "广义常平仓"：政策拓展与政在养民

> 若岁凶旱水泆，民失本则，修宫室台榭，以前无狗、后无彘者为庸。故修宫室台榭，非丽其乐也，以平国筴也。
>
> ——《管子·乘马数》
>
> 古之善治其国而爱养斯民者，必立经常简易之法，使上爱物以养其下，下勉力以事其上，上足而下不困。
>
> ——《新唐书·食货志》

本章将常平仓扩展为广义内涵的缓冲储备，它包括：（1）常平仓以及作为其补充、替代的各类仓种，此即联为一个整体的"常平仓系统"；（2）将多种商品物资乃至货币纳入缓冲调控的"平准法"；（3）一种特殊的"劳动力常平仓"——"以工代赈"制度。本章之所以将它们统称为"广义常平仓"，是因为：《管子》最早阐述了粮食缓冲储备的理论内涵和政策价值；相较于"平准法"和"以工代赈"制度，常平仓法在中国历史之中施行最广、影响最大；"常平"一词能够更为形象地表达出经济政策谋求宏观稳定的目标取向。从缓冲储备粮食到缓冲储备人力，从有形之仓到无形之仓，中国古人在不断探寻基本经济原理的变通施用。其中，"劳动力常平仓"是一项重要的制度发明，宋代政府开始自觉地实施以工代赈政策说明在人口增加、田制不立的情况下，经济调节政策也在积极探索适应性转换的可能性。中国之所以能够在久远的历史中孕育出宏观经济稳定政策并发展出常平仓传统，至少是由以下几个因素决定的：气候无常变化导致的农业生产的不稳定性，广泛存在且脆弱的小农经济基础，大一统的国家治理结构以及与之相适应的"民本""仁政"的经济伦理与宏观福利诉求。

第一节　米谷平则他物自平

在各种农业经济类型中，小农经济的自给程度是最低的。以耕织生产为主体的中国传统小农经济对于盐、铁及其他生产和生活资料、缴纳赋税所需货币以及一些零散需求必须求诸市场交换。小农经济既是市场的重要创造者，同时又高度依赖于这个市场。但因生产的分散性和生存的脆弱性，面对市场的小农往往又是弱势群体，稳定的市场对于小农而言至关重要。

如果把中国传统社会的生产部门分为农业部门和非农业部门，那么毫无疑问，小农经济的主要产品——粮食与非农产品的交换就成为整个传统商品市场交换的最大节点，也是整个农业社会得以顺利实现再生产的关键环节。在西方古典政治经济学中，法国重农学派将农业之于再生产的重要地位以算术和曲折连接线的图式——"经济表"清晰地表达了出来。[①] 虽然"经济表"将农业及其产品流通置于经济系统的核心地位，但并没有给农业生产的"不确定性"安放一个合理的位置，重农学派相信在自由放任的状态下，经济系统会达到一个符合"自然秩序"的和谐状态。然而，粮食，若成为交换的商品，其供给弹性往往会大于需求弹性，价格不易收敛，粮食所面临的这一市场风险及其人为放大（商业操纵与投机）往往与生产条件——气候波动这一最大的不确定性因素紧密相连，故粮食价格中包含着多重不稳定因素。但粮食又是传统农业社会最重要的生产、生活资料，粮食的生产、交换、分配、消费在经济系统中居于支配性地位，其供求关系和价格稳定对于整个系统而言就极为重要了。以此判断，杰文斯（Jevons）提出的太阳黑子论（Sunspot Theory）——太阳黑子周期性地影响气候和农业，进而影响工商业，经济因此而出现周期性变动，[②] 是有一定道理的。

---

① 参见魁奈《魁奈〈经济表〉及著作选》，晏智杰译，华夏出版社，2006。

② 1875～1882 年，杰文斯撰写数篇论文讨论这一问题，这些论文后被收入 Jevons, W. S., *Investigations in Currency and Finance* (London：Macmillan, 1884). 另可参见 Jevons, W. S., *Papers on Political Economy*, in Black, R. D. Collison, eds., Vol. 7 of *Papers and Correspondence of William Stanley Jevons* (London：Macmillam, 1981).

因此，无论是丰穰之年供给充裕所导致的粮价大跌，还是凶歉之年
供给短缺所导致的粮价大涨，都会给市场交换带来不同程度的风险，这
不仅会阻碍小农经济的再生产，还会进一步波及、扩散、影响其他行业
乃至宏观经济。这样看来，粮食缓冲籴粜机制就具备了特殊的杠杆功能，
《管子》对此是有深刻认识的，也最早在轻重语境下作出了系统的阐释。
明人陈龙正继承了这一重要理论，在常平（仓）的语境下阐述道：

> 常平不惟能平米价，米价平，诸食货之价概不过昂……故常平
> 仓者，兼平百物者也……惟平米谷，则他物自平。[①]

在政策思想上，南宋董煟则完整地继承了李悝的平籴论，认为常平
仓的功能应覆盖从"上熟"到"大饥"的所有年份，让缓冲籴粜成为
"无岁"不用的调控工具：

> 常平法本无岁不籴，无岁不粜。上熟籴三而舍一，中熟籴二，
> 下熟籴一，此无岁不籴也。小饥则发小熟之敛，中饥则发中熟之敛，
> 大饥则发大熟之敛，此无岁不粜也。[②]

近来有研究定量分析了中国历史上气候变化与经济社会变动的对应
关系，指出农业丰歉是将气候变化引向纵深，影响经济、社会盛衰的重
要背景和基础，但研究者又特别说明这种影响往往是以各种调控能力失
效为前提的。国家若具备较强的调控能力，即便气候对农业造成不利影
响，经济社会也可能朝着良性的方向发展。在董煟看来，"无岁不粜"
"无岁不籴"的常平仓法便是这种调控能力的应有之义，而处于气候偏
冷期的康乾盛世则较好地实践了这一应有之义。[③] 常平仓在康雍乾之际
集前朝之大成，不断发展与成熟，既证实了上述研究结果，也进一步证

① 陈龙正：《救荒策会》卷4，载李文海等主编《中国荒政书集成》第1册，夏明方点
　校，天津古籍出版社，2010，第459页。
② 董煟：《救荒活民书》卷中《常平》，中国书店，2018，第83～84页。
③ 方修琦等：《历史气候变化对中国社会经济的影响》，科学出版社，2019，第206、
　208页。

明了缓冲籴粜机制在阻止或降低气候变动所带来的恶性传导影响方面能够发挥防火墙的作用。历史中，只要国家能力可及，建立粮食缓冲调节机制，向经济体系释放收敛波动和维持平衡的稳定力，就成为必然的政策选择。历代政府在这方面的努力证实了《管子》的先见之明："人君操谷币金衡而天下可定也。此守天下之数也。"①

还需要指出的是，由于粮食在中国古代国家赋税中占据了相当大的份额，所以粮食可被视为一种能够被广泛接受的特殊"货币"。"禄即谷"，梁启超在《管子传》中分析谷物"兼含两种性质。一曰为普通消费目的物之性质，二曰为货币之性质"，故当粮食充当一种特殊货币或资产之时，"其价格常能左右百物之价格。"② 这就是说，常平仓的籴粜机制还能够发挥稳定利率的功能。常平仓在季节性波动期或丰歉之年充当特殊的"粮食银行"籴粜谷米就等于调节了经济体系"谷币"的供应量，进而起到稳定利率水平、抑制高利盘剥的作用。梁启超的这一认识比前引陈龙正的分析更进一步，常平仓事实上兼具了"财政政策"和"货币政策"的双重角色。

常平仓的立制之本是为了稳定经济社会，保障再生产的顺利进行。相较于丰穰的年景，凶歉之年对于农业再生产和社会稳定的冲击要大得多，并且在传统农业社会生产力条件之下，物质匮乏，特别是粮食短缺是经济社会经常面临的问题，除了平籴、平粜，赈贷、赈济也逐步成为常平操作的主要内容。故虽然最初只为平籴、平粜所设，但常平仓在唐代已兼备籴粜、赈贷、赈济这三种功能。北宋贾黯说："常平之设，盖以准平谷价，使无甚贵甚贱之伤。或遇凶饥，发以赈救，则既已失其本意，而常平之费，又出公帑，方今国用颇乏，所蓄不厚。近岁非无常平，而小有水旱，辄流离饿殍，起为盗贼，则是常平果不足仰以赈给也。"③ 贾黯道出了常平仓的不堪重负，但面对流离饿殍，常平仓又是不可能不参与赈济的。如此一来，常平仓也就不可能仅仅依靠自身的循环籴粜而长久地维持下去，常平仓粮谷的实际来源也就不只是平籴所入，其中还包括政府的日常采买、税收、捐纳等。这就对政府提出了很高的要求，即

① 黎翔凤：《管子校注》卷22《山至数》，中华书局，2004，第1342页。
② 梁启超：《管子传》，《饮冰室合集·专集第二十八》，中华书局，1989，第59~60页。
③ 李焘：《续资治通鉴长编》卷175，皇祐五年十二月辛酉，中华书局，2004，第4243页。

只有通过持续的财政支撑保证足够的仓本和充裕的仓储，才能在小歉直至大歉之年尽可能地减小供给短缺给经济社会带来的冲击，较为平滑地渡过难关。而这一点，恰恰又是困扰历朝历代统治者的一个难题。北宋王安石推出的青苗法试图解决这一问题，期望以普遍的有偿货币借贷维系常平仓入可敷出的持续运转。常平仓的借贷功能至迟在唐代就已出现，借粮还粮的政策较之青苗法借钱还钱的政策更符合小农经济的特点与小农的需求。更为重要的是，通过农贷取利来以仓养仓背离了常平仓以仓养民的本意，青苗法难免失败的结局。

概观历史，常平仓法滥觞于先秦，汉为创设阶段，唐是建章立制和承前启后的发展期，其间常平仓不仅在制度上渐成体系，在规模上也获了极大的扩展。常平仓"至宋遂为定制"①，"常平之法遍天下"②。青苗法对常平仓制的改革虽以失败告终，但它为后人提供了重要的借鉴。南宋朱熹借检讨青苗法发展出对后世影响深远的社仓法，社仓弥补了常平仓在基层村社的空白，惠泽更多农户。借鉴前代的经验，明代将常平、社仓之法相整合，发展出独有的预备仓。沿承至清际，常平仓制已臻于成熟和完备，干预和调节经济的能力在清中期达到了前代未有的水平。以常平仓的储量为例，乾隆五十四年（1789）其总贮存量可供全国人口16.5 天的口粮。若将常平仓与社仓合而观之，总存量最大时可以维持全国人口半个月至二十天左右的口粮。虽然这还未能达到一个现代国家的标准，但就传统社会而言，这一成就仍不可忽视。③

第二节　从储粮到储人

明人丘濬将西汉以来的常平仓法作了扩展设计，胡寄窗先生将其总结为五点：一是扩大粮食收售的种类；二是常平粮仓可在各地间通融调剂；三是百姓购买常平粮谷可以用其他商品交换，不限于货币交易；四

---

① 蒋溥等编《御览经史讲义》卷 25《周礼》，《景印文渊阁四库全书》子部第 723 册，台湾商务印书馆，1986，第 620 页。

② 董煟云："汉之常平止立于北边，李唐之时亦不及于江淮以南，本朝常平之法遍天下，盖非汉唐之所能及也。"《救荒活民书》卷上，中国书店，2018，第 32 页。

③ 参见刘翠溶《清代仓储制度稳定功能之检讨》，载陈国栋等主编《经济脉动》，中国大百科全书出版社，2005，第 340~341 页。

是常平机构还应经营多种商品的收售业务；五是因地制宜，不同地区采取不同的管理方式。[①] 事实上，常平仓的功能在宋代就已呈现出多元化的特点——利用常平仓本和储粮兴修水利、修筑城寨、弭盗贼、助育儿、养乞丐成为常平仓新增的济世惠民事项。[②] 虽然传统农业社会经济系统远不如现代复杂，但经济调控依然是一项综合治理工程，常平一仓显然不能单独承担常平的重任。因此，将这一机制广泛施用，或补充、强化常平仓的功能，或拓展出新的常平调控领域，这些都使常平仓在历史的实践探索中发展出可称之为"广义常平仓"的政策体系。

一 广义常平仓一：常平仓系统

唐代，太仓、义仓参与常平仓平粜，常平仓亦参与义仓赈贷，这说明各仓种已开始协调互济以助常平了。北宋，发挥调节、稳定功能的仓储种类增多，除常平仓外，全国性仓种主要有惠民仓、广惠仓和义仓。最初常平仓主职平粜，广惠仓补充之（故两仓又合称"常平广惠仓"），义仓负责赈贷和赈济，而惠民仓则负责济贫。在后来的发展中，各仓种大都兼有了其他功能。[③] 北宋时期，各州府、县也广泛设置仓廪。在上述全国性仓种出现建置空缺、储备不足的情况下，州县仓储在平粜、赈贷、赈济过程中发挥了非常重要的作用。[④]

南宋全国性仓种有常平仓、广惠仓、惠民仓、丰储仓、义仓。它们的功能也多有交叉重叠，其中广惠仓、惠民仓和丰储仓都贯穿了"贵籴贱粜"的常平功能。[⑤] 社仓如前章所分析，在实际运用中扮演了基层常平仓的角色。除了社仓，南宋发挥经济调节和救助功能的地方性仓廪可谓名目繁多。据张文的研究，这类仓廪有二十余种，有籴纳仓、广济仓、丰本仓、赈粜仓、兼济仓、州济仓、循环通济仓、济粜仓、平籴仓、州储仓、平止仓、先备仓、均惠仓、续惠仓、通济仓、平粜仓、均济仓、

---

① 胡寄窗：《中国经济思想史》下册，上海财经大学出版社，1998，第365页。
② 孔祥军：《两宋常平仓研究》，《南京农业大学学报》（社会科学版）2009年第9期。
③ 张文：《宋朝社会救济研究》，西南师范大学出版社，2001，第57~58页。
④ 李华瑞：《宋代救荒仓储制度的发展与变化》，载马明达主编《暨南史学》第7辑，广西师范大学出版社，2012，第506~512页。
⑤ 李华瑞：《宋代救荒仓储制度的发展与变化》，载马明达主编《暨南史学》第7辑，广西师范大学出版社，2012，第521~522页。

端平仓（实备仓）、均枭仓、节爱仓、通惠仓、平济仓等。① 它们或因常平仓储备有限、功能衰退，或因常平仓不能惠及广大乡村，抑或为了避免常平仓的各种弊端，几乎清一色地承担起常平仓的功能，从而构成了一个在建置和功能上与常平仓合流的系统。②

从层级分布来看，包括常平仓在内的全国性仓种自上而下设置，但最多延伸到县级地区；包括社仓在内的地方性仓种自下而上设置，可遍及县乡。③ 由此可见，粮食缓冲储备在中央和地方的努力下至少在制度安排上实现了从顶层的都市到基层村社的全覆盖。李华瑞引清人之论"汉耿寿昌为常平仓，至宋遂为定制"分析道，如果这一看法仅是指常平仓的广泛建置，那还不够准确。但如果是针对"常平"功能在仓廪中得到普遍推广的事实，那么"至宋遂为定制"则是正确的。④

预备仓是明代所独有的"常平仓"。明中后期，面对预备仓弊端丛生、仓廪空虚、功能渐衰的困境，复设常平仓、社仓、义仓的提议纷起，"嘉靖八年，以连岁饥荒，条议纷纷，多献义仓、社仓法"⑤。但由于国家财力不济，各地方根据实际情况不同程度地恢复了常平仓、社仓和义仓设置，以填补预备仓力所不及的空缺，故在明代中后期出现了四仓并立的格局，其中预备仓和常平仓为官营，社仓和义仓则是在政府倡议下由民间自建、自营。除此四仓之外，江南地区还出现了地域特征明显的济农仓。济农仓为宣德年间周忱巡抚江南时所创，用以调节和稳定江南这一赋税极重地区的经济，后在发展沿革中与预备仓渐成合流之势，或复名为预备仓，或另命名为预备济农仓。⑥

清代的统治者在加强官营常平仓建设的同时，较历代更为重视仓储根植基层。按照康熙年间的仓储布局，州县设置常平仓，"乡村立社仓，

① 张文：《宋朝社会救济研究》，西南师范大学出版社，2001，第73~76页。
② 李华瑞：《宋代救荒仓储制度的发展与变化》，载马明达主编《暨南史学》第7辑，广西师范大学出版社，2012，第522~523页。
③ 张文：《宋朝社会救济研究》，西南师范大学出版社，2001，第81页。
④ 李华瑞：《宋代救荒仓储制度的发展与变化》，载马明达主编《暨南史学》第7辑，广西师范大学出版社，2012，第523页。
⑤ 沈德符：《万历野获编》卷12《户部》，中华书局，1959，第318页。
⑥ 崔赟：《明代的备荒仓储》，《北方论丛》2004年第5期。

市镇立义仓"①。"近民则莫便于社仓"②，社仓建设较之义仓更早得到重视，康雍时期社仓审慎、渐进推行，因地制宜，先试点再推广，为乾隆时期的大范围推行奠定了基础。③ 至乾隆中期，社仓得以普遍设置，形成了一定规模的储备量（见表2-1），有效地填补了常平仓地理覆盖的空白。

表2-1 乾隆三十一年（1766）各省奏报常平仓、社仓储量

地区	常平仓储量（石）	社仓储量（石）	社仓/常平仓（%）	地区	常平仓储量（石）	社仓储量（石）	社仓/常平仓（%）
直隶	1975275	396524	20%	山东	2563305	186048	7%
奉天	241618	93614	39%	山西	2303263	579643	25%
江苏	1271857	323751	25%	陕西	2156610	620870	29%
安徽	1235708	505285	41%	甘肃	1831711	31677	2%
江西	1341921	731768	55%	四川	1856437	900518	49%
浙江	407363	260481	64%	广东	2901576	422471	15%
福建	2289718	492657	22%	广西	1380121	258276	19%
湖北	763579	654003	86%	云南	844355	569896	67%
湖南	1438349	532537	37%	贵州	881848	30912	4%
河南	2391600	643110	27%	社仓储量/常平仓储量：27%			

注：直隶、奉天、江西、浙江、湖北、湖南、山西、四川、广西、贵州为乾隆三十一年数据；福建、河南、山东、陕西、广东为乾隆三十年数据；江苏、安徽、云南常平仓、社仓分别为乾隆二十九年、三十年数据；甘肃为乾隆二十八年数据。

资料来源：《清朝文献通考》卷37《市籴六》，浙江古籍出版社，2000，第5205~5206页。

社仓主要由政府倡导，乡民捐纳设立，基层社会组织管理，但若纳入政府的摊派与造册考核，不断增加的干预就会随之而来。在此种形势下，义仓的地位便凸显出来，乾隆十三年（1748）直隶总督方观承有谓："从前社仓一项，亦系民为典守，自入奏销册案，民间以为在公廪，而不在民社，缓急动用均须报部……今义仓之设，用以补常、设所不及。"④ 清代义仓早期的典型形态是雍正年间两淮盐商捐资设立的盐义

---

① 《清朝文献通考》卷34《市籴三》，浙江古籍出版社，2000，第5169页。
② 《清朝文献通考》卷35《市籴四》，浙江古籍出版社，2000，第5177页。
③ 白丽萍：《康熙帝与社仓建设——以直隶为中心的考察》，《北京社会科学》2013年第5期；常建华：《清康雍时期试行社仓新考》，《史学集刊》2018年第1期。
④ 方观承：《畿辅义仓图》，崔广社等整理，河北大学出版社，2017，第34~35页。

仓，乾隆前期直隶地区在方观承的规划下开始系统地建设义仓，至乾隆十八年（1753），"义谷共二十八万五千三百余石"，"村庄三万九千六百八十七，为仓一千有五。"① 嘉道时期，随着常平、社仓走向衰落，义仓后来居上，获得了长足发展，特别是在陶澍的积极推动下，江南地区在道光年间兴起了建设丰备义仓的热潮，晚清义仓在江南等一些地域的发展规模更大，远超前代。② 义仓更多地体现出急公慕义以备缓急的"公义"精神，富商、大户捐输更多，地方乡绅主要负责经营管理，较之社仓受地方政府干预为少。清代社仓主借贷，兼及赈济与平粜；义仓主赈济，兼及借贷与平粜。社仓近民，"义仓积谷与常平、社仓相辅而行"③，"远迩一体"④，清代常、社、义三仓在空间上互补，在时间上相继，在功能上相辅，构成了一个连续的整体。

综上所论，历经数代发展变迁的常平仓储不应被孤立地看待。一个演进的实践逻辑大致是这样的：当优先建置的常平仓因功能有限或因各种弊端影响其功能发挥时，上下各方往往会在仓种的增量上寻求解决主要矛盾的路径，遂逐步叠加，后来居上，形成了仓仓相依和政府、市场、社会诸资源互补的仓廪调节系统。即如：

阶段1：常平仓1
阶段2：常平仓1+（辅助）仓种2
阶段3：［常平仓1+（辅助）仓种2］+（辅助）仓种3
阶段4：｛［常平仓1+（辅助）仓种2］+（辅助）仓种3｝+（辅助）仓种4

这一进程似乎可以很好地解释为什么古今虽有人将社仓、义仓视为相同的仓廪制度，但将它们区别开来仍是更为普遍的看法。⑤ 不过，我

---

① 方观承：《义仓奏议》，载《畿辅义仓图》，崔广社等整理，河北大学出版社，2017，第6~7页。
② 参见吴四伍《清代仓储的制度困境与救灾实践》，社会科学文献出版社，2018。
③ 刘锦藻：《清朝续文献通考》卷60《市籴五》，浙江古籍出版社，2000，第8163页。
④ 《清朝文献通考》卷32《市籴一》，浙江古籍出版社，2000，第5143页。
⑤ 有关社仓、义仓之别的讨论可详参吴四伍《义仓、社仓概念之辨析》，《清史论丛》2018年第2期。

们还须认识到各仓种尽管在仓本来源、管理模式、建置地域上有所差异，调节经济的手段也有捐纳（以劝分的形式调节分配）、平籴、平粜、赈贷、赈济之侧重，但整体而论，各仓种都是试图充分调动各方力量参与到籴粜稳定机制之中。事实上，捐纳、赈贷、赈济都是为了稳定粮食供求与价格，可分别视为平籴或平粜之一种特殊方式，皆可归入广义上的籴粜机制。因此，常平仓与其他同具经济调节功能的仓种不能以辞害意地割裂开来，各仓种的制度设计皆是为了维持经济社会的常平发展，将它们从整体上视为常平仓系统应是较为全面与客观的认识，"所以村村有储，处处有仓，则民殷富，而水旱可无急迫之忧。"①

若能长久地维持各类粮食储备交错分布、相互补充的格局，中国传统农耕社会便可以编织出一张疏密相宜的"常平仓网"，在时间和空间上起到优化配置、强化调控的效果。清乾隆初年，晏斯盛在推广社仓时就意图构建以社仓、保甲互为经纬的网络系统，"社仓保甲原有相通之理，亦有兼及之势，彼此之间，一经一纬，大概规模似有可观"。但晏斯盛认为这样理想的规划"一时求备则甚难，简约试之则似易"，故建议以四堡一仓为一个节点搭建网络，"四堡之仓，轮甲递管，共相稽查，年清年款，视社长为尤易而累弊亦可尽除。"② 在方观承的《（乾隆）畿辅义仓图》中，"常平仓网"被更直观地呈现出来，按照方观承的设计，直隶各州县卫以五里为单位，绘制标准化的行政山川网格图，据此再因地制宜，依照区划大小和村落多少规划义仓，"每一十里"、"每十五里"、"每二十里"、"每二十五里"或"每三十里"内"建仓一区"，最终在直隶地区 39687 个村庄之间共建置义仓 1005 座，储粮 285300 余石。方观承按图稽仓，按仓稽粮，在常平仓系统中全面地设计和实践了网格化管理。③ 当然，这只是局部、特殊地域可实现的理想状态，在全国范围内建立起更为庞大、复杂的网络化常平仓系统需因地制宜且要满足人、财、物等各方面的条件，而将其长期维持下去更会遇到种种困难与挑战，

---

① 陆曾禹：《钦定康济录》卷 4《事后之政计有六》，载李文海等主编《中国荒政书集成》第 3 册，赵丽、徐娜点校，天津古籍出版社，2010，第 1859 页。

② 晏斯盛：《社仓保甲相经纬疏》，载《魏源全集》编辑委员会编《魏源全集》第 15 册，《皇朝经世文编》卷 40，岳麓书社，2004，第 286、287 页。

③ 详参方观承《畿辅义仓图》，崔广社等整理，河北大学出版社，2017。

这就需要多辟路径，进一步丰富和优化缓冲籴粜的内容与结构。

二　广义常平仓二：平准法

汉武帝时期桑弘羊实施的"平准法"是一项与"均输法"相配合的经济政策。《盐铁论·本议》将两者相提并论：

> 往者，郡国诸侯各以其方物贡输，往来烦杂，物多苦恶，或不偿其费。故郡国置输官以相给运，而便远方之贡，故曰均输。开委府于京师，以笼货物。贱即买，贵则卖。是以县官不失实，商贾无所贸利，故曰平准。①

"均输法"的内容是，中央在各郡国设置均输官，各郡国应上缴的贡纳，一般都按当地市场价格折合成丰饶而价廉的土特产品交与均输官，由其负责运到其他价高地区销售。这样，既可减少各郡国输送贡物入京的繁难，减轻农民的劳役负担，又可避免贡物在运输中损坏和变质，同时也增加了国家的财政收入。推行均输法后，在各郡国收购的货物仍有一部分需要运至京师出售，于是中央政府便可利用手中掌握的物资来调节商品的供求与价格。元封元年（前110），桑弘羊创立平准法，吞吐物资，稳定京师市场，这既防止了富商大贾囤积居奇、操控经济，又可获取收益，"大农之诸官尽笼天下之货物，贵即卖之，贱则买之。如此，富商大贾无所牟大利，则反本，而万物不得腾踊。"②西汉的平准法是将多种商品纳入缓冲籴粜的经济稳定制度，我们也可称其为"混合常平仓"或"多元储备常平仓"。新莽时期实行五均制度，它规定了调节的目标商品及其目标价格，在全国六个商业繁荣的大城市（长安、洛阳、邯郸、临淄、宛、成都）施行平准，拓展了桑弘羊平准法的地理范围。③受限于各种条件，在广大地域内对重要商品实施缓冲调节是难以实现的，所以历史中的平准法主要运用于交通便利和信息易得的城市，特别是城市商业区，如在唐长安城，作为国际贸易市场的西市就设有平准署。

---

① 王利器：《盐铁论校注》卷1《本议》，中华书局，2015，第4页。
② 《史记》卷30《平准书》，中华书局，1982，第1441页。
③ 《汉书》卷24下《食货志下》，中华书局，1962，第1180~1181页。

　　迨至中唐，"刘晏因平准法，斡山海，排商贾，制万物低昂，常操天下赢赀，以佐军兴……唐中倚而振，晏有劳焉"①。"制万物低昂"透露出的历史信息应该是刘晏极大地扩充了平准法调控的商品种类和区域。为此，刘晏建立了信息情报网络，"自诸道巡院距京师，重价募疾足，置递相望"，这样的效果是"四方物价之上下，虽极远不四五日知，故食货之重轻，尽权在掌握，朝廷获美利而天下无甚贵甚贱之忧。"② 史载，刘晏实施的"常平盐"是平准法中的一项特殊政策。刘晏对食盐政府专营制进行改革，将官产、官销的垄断变为官产、商销，在减少政府负担和食盐成本的同时提高了运销效率。在距离产盐地较近且盐商较活跃的地区，食盐价格通过盐商之间的竞争得以抑制，但距离食盐产区较远的地域就会出现缺少竞争的商业垄断和高价盐现象。针对这种情况，刘晏实施了常平盐政策，政府在一些地域配置食盐储备，若盐价高企，售盐机构即以较低价格出售食盐，以此稳定市场。"江、岭去盐远者，有常平盐，每商人不至，则减价以粜民，官收厚利而人不知贵。"③

　　北宋王安石推行的改革之中，市易法也本于平准制度。魏继宗最初建议"别置常平市易司……贱则少增价取之，令不至伤商；贵则少损价出之，令不至害民"④。市易法颁行后，朝廷设立市易司，诸路设立市易务，政府收买商旅滞留货物，而后再以赊贷的方式售卖出去，以此稳定市场，限制商业垄断。"朝廷设市易法，本要平准百货"⑤，但在政策施行过程中，政府强行抑价收购，又利用向商人赊销贷款之机敛财取利，市易司、市易务变成金融与商业相结合的垄断牟利组织，违背了"贵取贱予"的原则。当然，市易法的初衷是治理宋代城市中严重的私商垄断兼并问题，⑥ 这一点是不应被否认的。

---

① 《新唐书》卷149《刘晏传》，中华书局，1975，第4806页。
② 《旧唐书》卷123《刘晏传》，中华书局，1975，第3515页。
③ 《新唐书》卷54《食货志四》，中华书局，1975，第1378页。
④ 李焘：《续资治通鉴长编》卷231，神宗熙宁五年三月丙午，中华书局，2004，第5622页。
⑤ 徐松辑《宋会要辑稿补编》，元丰五年七月五日，陈智超整理，全国图书文献缩微复制中心，1988，第887页。
⑥ 宋代的市场存在严重的私商垄断问题，参见姜锡东《宋代商人的市场垄断与政府的反垄断》，《中国经济史研究》1996年第2期。

一般而言，平准法是利用缓冲籴粜调节"币"与"货"的关系。值得注意的是，在宋代还出现了一种以"币"调"币"的平准法，这便是货币领域的"称提"。明人丘濬曾就南宋戴埴的相关论述概括道："称提之说犹所谓平准也，平准以币权货之低昂，而称提则以钱权楮之通塞。"[①] 历史中围绕称提的讨论主要集中于南宋时期，涉及多种货币政策，[②] 其中一个重要的方面，如丘濬所述，就是以金属货币调节纸币，虽然完整地讲调节是收放双向的，即如南宋杨冠卿所指称提好比一个常平籴粜机制："贱则官出金以收之，而不使常贱。贵则官散之，以示其称提，使之势常平而无此重彼轻之弊。"[③] 不过，南宋时期楮币过度发行，称提主要用于回笼楮币，所以用金属货币收兑纸币（即平籴纸币）以稳定纸币的流通和价值是称提的一项重要政策操作。但这需要有充足的金属货币储备作保障，面对纸币滥发，金属货币显然是"仓本不足"的。在此情况下，南宋政府以良莠不齐的有价证券（如度牒、官诰、专卖凭证）作替代来"阴助称提"，这就好比常平仓用掺假的谷米平粜，称提的平准效果就大打折扣了。不过，将平准的思路运用于货币政策，无论于理论还是实践都丰富了历史中常平调控的政策菜单。

三　广义常平仓三：以工代赈

由前文的讨论可知，借助常平仓系统稳定粮食供求与价格在深层次上意味着农民被最大可能地稳定在土地上以维持农业再生产，这对于设法让百姓守住"本业""安于田亩"的国家而言显然是更为根本的经济稳定目标。粮食供求、价格超常波动导致农民无法稳定地进行再生产。农民破产、失地、脱籍，成为无法控制的"流民"，局部地域的经济紊乱就会传导至更广大的地域，引发盗匪、民变甚至起义等系统性危机，给国家统治造成致命的威胁，杜佑即谓"人流而国危者哉！"[④] 南宋时

---

① 丘濬：《大学衍义补》卷27，金良年整理，上海书店出版社，2012，第241页。
② 参见叶坦《宋代纸币理论考察》，《中国经济史研究》1990年第4期；邹进文、黄爱兰《中国古代的货币政策思想："称提"述论》，《华中师范大学学报》（人文社会科学版）2010年第5期。
③ 杨冠卿：《客亭类稿》卷9《重楮币说》，《景印文渊阁四库全书》集部第1165册，台湾商务印书馆，1986，第500页。
④ 杜佑：《通典》卷12《食货十二》，王文锦等点校，中华书局，1988，第296页。

期，董煟分析在土地不抑兼并的情况下，一遇水旱，百姓流离失所就成常态："自田制坏而兼并之法行，贫民下户极多，而中产之家赈贷之所不及。一遇水旱，狼狈无策，只有流离饿殍耳。"① 董煟继承了古者"禁微则易，救末者难"② 的认识，强调流民不可成势，否则极难控制，"流民如水之流，治其源则易为力，遏其末则难为功。"③ 如此看来，常平仓在农业生产波动年份，特别是灾荒之年释放谷米的背后还有着更深一层的政策取向，即政府在努力稳定因"失业"而"不知所往""危乡轻家"的劳动力。

因此，中国古代的"以工代赈"便可视为一种更具深意的"常平"稳定制度（见图2-1）——如同谷米籴粜机制，失去本业或无以谋食的贫民通过公共工程（如水利设施、市政、交通、造林）建设这一特殊的"常平仓"在灾荒年景被招募、收蓄起来，待到经济恢复期再从"仓"中释出，复业于田亩或其他生产活动。短期来看，以工代赈可起到平抑因灾荒而引起的经济波动之功效；着眼于长远，公共工程（如水利设施）建设则有助于预防灾伤，实现长治久安的目标。以工代赈这种事半功倍、一举多得、标本兼治的优势，正如清人杨景仁在《筹济编》中所言："浚河筑堤诸务，受其直，救目前之饥荒，籍其劳，救将来之水旱。"④"救荒之政，莫要于兴工筑以聚贫民。"⑤ 以工代赈事实上营建了一个以公共工程为"仓"、以"人"为缓冲对象的特殊储备——"劳动力常平仓"，它凸显了更为积极、主动的经济效率观和福利救助观，即便是"缮完寺观"这样"似非急务"的工赈，也会起到"用财者无虚靡之费，就佣者无素食之惭"的效果。⑥

较之籴粜重要商品物资的常平仓，收放劳动力的常平仓还有一个突出的特点：在前一种常平仓中，物资的贮藏是一种静态储备，它维护成

---

① 董煟：《救荒活民书》卷上，中国书店，2018，第52页。
② 《后汉书》卷37《桓荣丁鸿列传》，中华书局，1965，第1267页。
③ 董煟：《救荒活民书》卷中《存恤流民》，中国书店，2018，第134页。
④ 杨景仁编《筹济编》卷13《兴工》，载李文海等主编《中国荒政书集成》第5册，郝秉键点校，天津古籍出版社，2010，第3197页。
⑤ 《清实录·高宗纯皇帝实录》卷50，乾隆二年九月壬辰，中华书局，1985，第850页。
⑥ 杨景仁编《筹济编》卷13《兴工》，载李文海等主编《中国荒政书集成》第5册，郝秉键点校，天津古籍出版社，2010，第3197页。

本高且存在一定比例的损耗和贬值，但后者则会使储备的"活"劳动力在"仓"中获得"升值"。有研究指出，清代工赈增强了灾民自力更生的能力及自救意识，很多被收聚的贫民可能缺乏技能、技艺，"大兴工作"则使这些劳动力通过工程修造学习和掌握了以往没有机会接触的技能、技艺，从而提高他们未来的劳动与生存能力。[①]

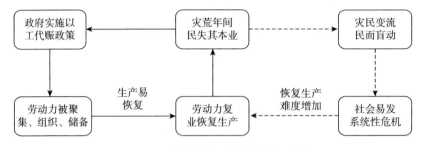

图 2 - 1　以工代赈："劳动力常平仓"

"为国之要，在于得民。"[②] 人是最重要的生产要素，《大学》谓："有人此有土；有土此有财；有财此有用。"朱熹注曰："有人，谓得众。有土，谓得国。有国则不患无财用矣。"[③] 经济稳定政策中的"以工代赈"把聚人、得人放在第一位，这与民本思想是相适应的。"以工代赈"的实践最早见于《晏子春秋》，[④] 其思想又被《管子》所阐发。[⑤] 大规模以工代赈的实践始于北宋。据沈括《梦溪笔谈》记载，皇祐二年（1050），范仲淹知任杭州，当时"吴中大饥"，范仲淹"召诸佛寺主首谕之曰：'饥岁工价至贱，可以大兴土木之役。'于是诸寺工作鼎兴。又新敖仓、吏舍，日役千夫"。监司不知政策之深意，弹劾范仲淹"不恤荒政……公私兴造，伤耗民力"，范仲淹认为这样做是为了"发有余之

① 周琼：《乾隆朝"以工代赈"制度研究》，《清华大学学报》（哲学社会科学版）2011年第 4 期，第 75～77 页。
② 叶适：《水心别集》卷 2《民事中》，《叶适集》，刘公纯等点校，中华书局，2010，第653 页。
③ 朱熹：《四书章句集注》，中华书局，2016，第 11 页。
④ "景公之时饥，晏子请为民发粟，公不许。当为路寝之台，晏子令吏重其赁，远其兆，徐其日而不趋。三年，台成而民振。故上说乎游，民足乎食。"张纯一：《晏子春秋校注》，《内篇杂上第五》，梁运华等点校，中华书局，2014，第 234 页。
⑤ "若岁凶旱水泆，民失本则，修宫室台榭，以前无狗、后无彘者为庸。故修宫室台榭，非丽其乐也，以平国策也。"黎翔凤：《管子校注》卷 21《乘马数》，中华书局，2004，第 1232～1233 页。以工代赈政策在第五章第二节、第六章第三节有进一步的讨论。

财，以惠贫者。贸易、饮食、工技服力之人，仰食于公私者日无虑数万人，荒政之施，莫此为大"。范仲淹的施策收到了明显的效果，"是岁两浙唯杭州晏然，民不流徙，皆文正之惠也。"①

在沈括的推动下，工赈在北宋转变成制度化的政府行为，② 特别是与王安石变法中的重要组成部分——农田水利法相结合，以工代赈一时达到了政策实施的高潮，各地均有相关的工程开展（见表 2 - 2）。值得注意的是，这些工程多从常平仓中拨备所需钱谷，这一方面凸显了以工代赈的常平功能，另一方面则丰富了常平仓的调控手段。为了更好地实施工赈，中央政府要求受灾地区对可能展开的公共工程进行调查统计，权衡利弊，以做好事前规划。熙宁六年（1073）五月正式诏颁工赈之法，"自今灾伤年分，除于法应赈济外，更当救恤者，并豫计合兴农田水利工役人夫数及募夫工直，当赐常平钱谷，募饥民兴修。如系灾伤，辄不依前后敕赈济者，委司农寺点检奏劾以闻。"③ 熙宁七年（1074）三月又做出进一步规划，"诏灾伤路委监司各分地检计，合兴农田水利及堤岸、沟河、道路栽种林木土功之类可以募夫者，并具利害以闻。"④

表 2 - 2 熙宁变法期间以工代赈举例

工程类别	史实	文献
农田水利	熙宁五年（1072）二月壬子：赐两浙转运司常平谷十万石，赈济浙西水灾州军，仍募贫民兴修水利。	《续资治通鉴长编》卷 230，第 5586 页
农田水利	熙宁五年九月壬子：诏司农寺出常平粟十万石，赐南京、宿亳泗州募饥人浚沟河。	《续资治通鉴长编》卷 238，第 5796 页
修城寨等工程	熙宁五年十二月壬寅：诏鄜延经略司："应缘边灾伤城寨，速体量赈济，乃相度乘人力未至饥乏，募阙食汉、蕃人修近便城寨及诸土役。如支常平钱、谷，无得过二万贯、石。"	《续资治通鉴长编》卷 241，第 5887 页
农田水利	熙宁六年（1073）九月戊申：淮南东路转运司言："真、扬州民逐熟于泗州，见赈救。"及两浙提点刑狱司言："润州旱甚，乞发省仓，或量给度僧牒及紫衣、师号敕，募人入粟，以备赈济。"诏各拨常平司粮三万石，募饥民兴修农田水利。	《续资治通鉴长编》卷 247，第 6011 页

---

① 沈括：《梦溪笔谈》卷 11《官政一》，金良年点校，中华书局，2015，第 114 页。
② 杨果、赵治乐：《宋代士大夫的饥荒对策刍议》，《武汉大学学报》（人文科学版）2014 年第 2 期，第 49 页。
③ 李焘：《续资治通鉴长编》卷 245，熙宁六年五月己卯，中华书局，2004，第 5966 页。
④ 李焘：《续资治通鉴长编》卷 251，熙宁七年三月壬寅，中华书局，2004，第 6111 页。

工程类别	史实	文献
农田水利	熙宁六年十二月癸未：赐淮南西路转运司常平米三万石，募饥民兴修水利。	《续资治通鉴长编》卷248，第6059页
修筑城寨	熙宁七年（1074）五月戊戌朔：诏募河北饥民修瀛州城。	《续资治通鉴长编》卷253，第6187页
修筑城寨	熙宁七年八月戊辰：诏募真定府、邢洺磁相赵州阙食流民修城壕，真定府委守臣孙固，余委转运判官李稷提举，仍半月一具已兴修次第及支钱粮数以闻。	《续资治通鉴长编》卷255，第6231页
综合工程	熙宁七年八月己丑：河北西路转运司请，灾伤路召募阙食或流民兴役，朝廷赐米外，其于农田、水利及修城壕者，悉给常平钱谷。从之。	《续资治通鉴长编》卷255，第6242页
灭蝗减灾	熙宁七年十月癸巳：诏赐淮南路常平米二万石下淮南西路提举司，易饥民所掘蝗种。	《续资治通鉴长编》卷257，第6282页
修筑城寨	熙宁八年（1075）正月甲寅：鄜延路经略司赵卨言，涉春以来，下户尚多阙食，今堡寨成堑未兴工者凡四十余万工，愿于常平省仓支钱、米二万贯石，募贫民以充役。从之。	《续资治通鉴长编》卷259，第6320页
修筑城寨	熙宁八年三月庚戌：赐京东常平米五万石，以上批"闻京东徐单沂州、淮阳军比岁灾伤，虽今夏丰熟，百姓尚饥，可赐米万石，责监司以时募民修水利及完浚城堑，庶人不乏食"故也。	《续资治通鉴长编》卷261，第6361~6362页

以工代赈制度在清代特别是乾隆年间发展至成熟期。为了未雨绸缪，中央政府承袭了宋以来的有益经验，要求地方政府预先规划工程项目，造册报备，使这一特殊的常平仓随时处于"待命"状态，以备不时之需：

> 年岁丰歉，难以悬定，而工程之应修理者，必先有成局，然后可以随时兴举。一省之中，工程之大者，莫如城郭，而地方以何处为最要，要地又以何处为当先，应令各省督抚，一一确查，分别缓急，预为估计，造册送部。将来如有水旱不齐之时，欲以工代赈者，即可按籍而稽，速为办理，不致迟滞，于民生殊有裨益。[①]

另据《荒政琐言》记载，预算经费在1000两银以上的工程应留待水

---

① 《清实录·高宗纯皇帝实录》卷46，乾隆二年七月戊子，中华书局，1985，第795页。

旱灾害之年兴办，"工程一千两以上者，俟水旱不齐之年，动帑兴修，以工代赈。"① 而在各类工程中，又以水利工程为优先，因为它们在抵御自然灾害时能发挥关键作用，这些工程包括修筑堤坝、疏浚河道沟渠和修筑灌溉工程。这类工程还有一个好处，即工多料少，这样既可利用大量无特殊技能的劳动力，又可节省开支。政府有时也会兴办一些与农业基础设施无关的专项工程，如修建城墙、官署等。以工代赈在清代并非临时应对的政策，国家已经发展出较为成熟的长效机制，以便能够从容应对不期而降的灾伤。整个工赈实施的过程中，政府在工赈费用、施工对象、工程要求、管理人员择选等方面均有具体的规定。正因如此，清代实施以工代赈措施的区域较为广泛，设置府州县治所的地方，几乎都在灾后采取过不同程度的工赈措施。②

从储粮到储人，通过以上讨论可以得出这样的认识：为了有效平抑市场和经济波动，常平仓籴粜之"物"并不仅仅局限于粮食，其他商品物资、货币乃至劳动力皆可成为缓冲籴粜对象。饶有意味的是，《宋史·刘涣传》还有可称之为"常平牛"的记述：

> 治平中，河北地震，民乏粟，率贱卖耕牛以苟朝夕。涣在澶，尽发公钱买之。明年，民无牛耕，价增十倍，涣复出所市牛，以元直与民，澶民赖不失业。③

这样的做法并非孤例，将缓冲调节进一步与"以工代赈"巧妙结合，更会收到官民俱利的效果：

> 明道末，天下蝗旱，知通州吴遵路乘民未饥，募富者，得钱万贯，分遣衙校航海籴米于苏、秀，使物价不增。又使民采薪刍，官为收买，以其直籴官米。至冬，大雪寒，即以元价易薪刍与民，官

---

① 万维翰：《荒政琐言》，《以工代赈》，载李文海等主编《中国荒政书集成》第3册，李文海点校，天津古籍出版社，2010，第1906页。

② 周琼：《乾隆朝"以工代赈"制度研究》，《清华大学学报》（哲学社会科学版）2011年第4期。

③ 《宋史》卷324《刘涣传》，中华书局，1985，第10494页。

不伤财，民且蒙利。①

　　灾伤年景，百姓迫于生存而低价变卖重要的生产、生活资料是常有的事。据此，清人魏禧建议将籴粜操作运用于农民生产、生活所需的工具及器用之上，以确保百姓生计和农业再生产的顺利进行。② 如此看来，如果事关民生的重要生产、生活资料皆可相机抉择地纳入籴粜机制之中，那么中国历史中的常平仓就有了"狭义"与"广义"之分——狭义常平仓只以粮食为籴粜对象，而广义常平仓（见表 2 - 3）则是一个拓展的多元缓冲储备。从缓冲储备粮食到缓冲储备人力，从有形之仓到无形之仓，中国古人在不断地探寻基本经济原理的变通施用，其中"劳动力常平仓"是一项重要的制度发明。宋代政府开始自觉地实施以工代赈政策，这说明在人口增加、田制不立的情况下，稳定经济的难度同时增加，调节政策也在积极探索适应性转换的可能性。③

表 2 - 3　广义常平仓：政策与籴粜对象

政策名称	常平仓（系统）	平准法	称提之术	以工代赈	"常平器用"
籴粜对象	粮食	重要商品	货币	劳动力	生产生活资料

　　桑弘羊在京师设委府推行平准法要先于耿寿昌于边地筑常平仓，但《管子》最早系统地阐发了常平仓的理论内涵与政策价值，而重农贵粟的传统又让常平仓在历史中的地位更突出，影响也更深远，故此我们用"广义常平仓"一词指代这类政策内涵的扩展，它更能形象地说明常平政策的稳定取向和宏观特色——抑制市场和经济波动，打击垄断兼并，

---

① 王辟之：《渑水燕谈录》卷 4《才识》，吕友仁点校，中华书局，1981，第 41 页。
② 魏禧：《救荒策》，《当事之策》，载李文海等主编《中国荒政书集成》第 2 册，李文海点校，天津古籍出版社，2010，第 933 页。
③ 杨景仁论曰："《家语》：孔子对齐景公曰：凶年则力役不兴。后世以工代赈，事若相反，而古人恤民之精意存焉。何也？古者井田之制行，人有百亩，耕三可以余一。又有委积恤艰厄待凶荒，加以荒政之散利，足以相赡，故宜弛力以与民休息。后世井田废，生齿繁，一遇荒歉，虽多放赈救，而常恐不能接济。是以复兴土功，俾穷黎就拥受值，则食力者免于阻饥，程工者修其废坠，一举两得，洵合古人恤民之精意，而不泥其迹者也。"《筹济编》卷 13《兴工》，载李文海等主编《中国荒政书集成》第 5 册，郝秉键点校，天津古籍出版社，2010，第 3196 页。

调节财富分配；保护劳动力，修复生产力，发展生产力，确保社会再生产顺利进行；维系社会治理，预防因经济波动引致的社会动荡。当然，这并不意味着政策菜单的丰富就会取得更显著的正面效果。如果处理不好诸如官（政府）与商（市场）、官（政府）与民（社会）之类的重大关系，常平的结果反倒是常平不平，北宋政府在市易法中越俎代庖，破坏了基本平衡，终与青苗法一样以失败而告终。

第三节 敬天养民与宏观福利

张弓认为，从中、外比较的视角考察，常平仓是颇具中国特色的经济政策。在欧洲封建社会典型的领主分治模式下，如法兰克王国，封建领主的领地范围决定了他们的统治范围，国王不过是众多领主中较大的一个领主。各领地的行政权、司法权、财政权、军事权都掌握在领主手里，王权无权干预。王室、贵族、官吏和骑士都主要依赖于各自领地上农奴的地租和劳役，他们相互之间处于分立的状态，没有统一的权利、义务关系。除了教会征收什一税外，法兰克王国并没有统一的赋税，也就不需要仓廪系统。[1] 王国斌指出，即便在中央集权推动国家形成的过程中，欧洲国家也没有建立起哪怕规模不大的粮食储备网络以减轻粮食歉收和市场变化所导致的冲击。[2] 广泛考察世界史，不同文化背景、不同地域的国家即便出现过粮食仓储系统，也都存在功能较弱、难以持久、只供军队、忽视基层（只设在大城市）等问题，与以清代为代表的庞大的常平仓体系不能相提并论。[3]

在中国古代，伴随着对国家职能认识的深化，政治思想呈现出这样一种鲜明的特色，即把维护和提高百姓福利置于首要的地位。从经济基础来看，自郡县制设立之始，中国传统农业社会逐渐地发展出从中央到地方的垂直管理结构，国家有统一的赋税和货币，并且扎根于每一个小

---

① 参见张弓《唐朝仓廪制度初探》，中华书局，1986，第4页。
② 王国斌：《转变的中国——历史变迁与欧洲经验的局限》，李伯重等译，江苏人民出版社，1998，第106页。
③ Will, Pierre-Etienne, Wong, R. Bin. *Nourish the People*: *the State Civilian Granary System in China*, *1650 – 1850*, Michigan Monographs in Chinese Studies, Ann Arbor: Center for Chinese Studies, University of Michigan, 1991, pp. 507 – 525.

农经济单位。这一结构的中枢系统便是官僚科层制度以及与之相适应的各级行政组织。借此，分散的小农经济被有效地整合、组织起来，构成了一个跨越广阔疆域、拥有庞大人口资源的统一的国民经济体系。毫不夸张地说，这一体系既有整体上的"宏观经济"之实，更有内在的"宏观调控"之需。现实中，一旦经济出现较大波动，如难以预料的灾荒造成粮食大幅减产，脆弱的小农经济将被逼入破产和生存的绝境。若统治者为政不德，治理不善，其统治最重要的经济根基、赋税之源将被动摇、破坏，以至王朝为新朝所取代。

从上层建筑来看，西周留给后世的天命观为国家实施积极有效的社会治理提供了重要的伦理基础。以周公为代表的周人汲取殷亡教训，不再像殷人那样把天命理解为永久的赐予，而是发展出天命无常、天命唯德、天意在民的思想，它淡化了天的神格信仰和情欲需求——人不应再盲目地向上天顶礼膜拜或祭祀献媚以求好运。相反，天被赋予了伦理之格，明德保民、敬慎克勤成为"天命"的确定内涵。既然天是理性的，便也是由人的行为可察的，那么万民的统治者就必须对其行为和权命负责。① 这就进一步规定了：统治者的权威性与合法性依赖于民众的欲求这一"天命"：

> "天"将"命"托付于一个新王朝之后，并不从此袖手不问，相反的，"天"随时随地都注视着"民"的动向。如果受"命"王朝努力工作，建立起一个"民"满意的"礼"治秩序，这便证明它"敬德"，因而可以继续保有"天命"。反之，它将失去"天命"，即所谓"惟不敬厥德，乃早坠厥命"（《召诰》）。②

"天命"以"民"为本，"民之所欲，天必从之。"③ "天视自我民视，天听自我民听。"④ 既如此，一朝一代授之于"天"的长治久安在经

---

① 陈来：《古代宗教与伦理：儒家思想的根源》（增订本），北京大学出版社，2017，第 222～223、230 页。
② 余英时：《论天人之际：中国古代思想起源试探》，中华书局，2014，第 96 页。
③ 《左传·襄公三十一年》引《泰誓》，《春秋左传正义》卷 40，载阮元校刻《十三经注疏》，中华书局，2009，第 4373 页。
④ 《孟子·万章》引《泰誓》，《孟子注疏》卷 9，载阮元校刻《十三经注疏》，中华书局，2009，第 5954 页。

济层面必然要建立在百姓能够稳定地生产、生活的物质基础之上。"天"则持续关注着"民"的福利以及"民"对于王朝的态度，以决定"天命"的长短和转移。"无常"的天命要求统治者和官僚组织持续地在人事方面做出"有常"（敬德保民）的努力，以攸关"养民"的仁政昭示其统治的合法性。当国家治理失当甚至犯下严重错误而不能保民之时，天会降以"丧乱"予以警示，如水旱等各种自然灾害以及由此引发的严重饥荒和社会动荡，若国家处置不当，天命将被收回，王朝因此而发生更迭。

以今人眼光观之，天命思想包含着一重极为重要的"委托—代理"关系，其最高委托者质以言之乃是代表民意的神圣之天，而统治者和官僚科层体系则是承担使命和责任的一级级代理人。以天命思想为特色的委托—代理模式与小农生产这一经济基础相结合，中国传统社会既孕育出深厚的重农、民本传统与宏观福利思想，又发展出与之相适应的经济管理政策——为保障百姓福利，避免"丧乱"或阻止"丧乱"转化为丧失天下，国家须有效地调配资源，积极、主动地干预经济。"知天之天者，王事可成；不知天之天者，王事不可成。王者以民人为天，而民人以食为天。"① 中国传统的政治理念基本遵循并不断地强化着这样的认知，即国家要为小农经济提供良好的生存和发展条件，对经济实施有效的管理与调控，避免经济波动的风浪摧毁脆弱的小农经济进而危及统治。由是观之，常平仓法的真实效果虽然会因不同历史时期国家实力之强弱、治理效率之高低而有所差异，但从其总体演进趋势可以看出，国家一直在努力探索并发展出了一套有效的、广义的常平仓政策体系以确保百姓的基本物质福利。②

当传统农业社会的中央和各级政府对经济社会负有公共领域的责任时，其在历史中发展而出的常平仓体系事实上已经具有了"现代性"，从经济学的视角考察，这样的政策容含着浓厚的宏观经济学味道——国家在努力建立一个有效的干预系统以及与之相适应的制度结构，通过缓

---

① 《史记》卷97《郦生陆贾列传》，中华书局，1982，第2694页。
② 在微观层面，对于士人而言，与国家相呼应，参与公共事务，促进百姓福利，是实现其儒家理想、完善自身道德的有效途径。像朱子社仓这类自下而上的基层常平仓就是此种实践的典型表现。

冲籴粜等操作"熨平"因气候变动（若不考虑其他因素）而引发的经济波动。虽然此种波动与现代经济体系波动的原因不尽相同，但其相机行事、逆周期调控的基本政策取向与现代宏观经济学在本质上并无区别。在欧洲，类似的思想与政策即便是在改变欧洲中世纪支离破碎局面的民族国家逐步形成过程中也并未伴随出现，只是到了17～18世纪西欧国家为打破封建割据开始大力推进国内经济一体化和国际贸易时，才产生了国家对经济生活的政策干预体系（典型的如"重商主义"）。1601年，英国有了近代意义上的《济贫法》，这同中国古代的宏观福利思想与政策实践已相隔甚远。资本主义制度在欧美逐步确立后，古典市场经济模式长期占据主导地位，20世纪20～30年代，西方社会爆发空前大危机，国家逆周期干预经济的理念和宏观福利思想才以系统的理论形式出现在以"凯恩斯革命"为代表的宏观经济学体系之中。

　　现代西方宏观经济学诞生于一个风云际会的时代，当时提出国家积极介入经济生活，影响百姓物质福利主张的并非孑孓凯恩斯一人。事实上，"凯恩斯革命"背后是一个前后相继的群体和新思潮绵延发展的历史过程。耐人寻味的是，这一群体所主张的宏观干预思想竟与中国古代常平仓法有着紧密的联系。历史呈现的图景是，中国的经济传统与西方经济理论、政策在20世纪20～30年代成功地实现了一次"握手"，并对后者产生了深远的影响。

第三章　常平仓的现代转身：从陈焕章到格雷厄姆

> 在人类思想史上，最有成果的发展常常发生在两条不同的思想路线的交叉点上，这一般讲来或许是真实的。这些思想路线可能发源于人类文化的完全不同的部分、不同的时间、不同的文化环境或不同的宗教传统。
>
> ——〔德〕海森堡
>
> 从国家利益、消费者利益和农业利益的不同角度考察，常平仓带来的供给和价格稳定至关重要。
>
> ——〔美〕华莱士

20世纪20～30年代西方资本主义世界面临的经济大危局和宏观干预思潮的兴起使中国古老的常平仓法在历史的风云际会中获得新生。这一历史机缘源自陈焕章向西方介绍中国经济传统的重要著作——《孔门理财学》，该书对常平仓法以及王安石青苗法的讨论启发了美国农业部部长华莱士，他主张以有效的政府干预缓冲波动，终结农业领域的自由放任政策给美国经济带来的损害。结合美国资本主义农业发展的特点，华莱士在20世纪30年代推动了两部"农业调整法"的颁布以及相关改革措施的实行。30年代的农业常平仓改革标志着美国农业经济从成长走向成熟，即以政府和市场两只手扶助农业常平发展。受到华莱士的启发，美国金融投资家格雷厄姆构建了一个庞大的"现代常平仓"（Modern Ever-Normal Granary）方案，它将包括农产品在内的一篮子重要商品纳入更大规模的缓冲储备体系之中，借此创造出与金本位并存的商品储备本位货币制度。格雷厄姆的"现代常平仓"是中国传统农业社会"广义常平仓"中"平准法"（多元缓冲储备）的工业版。格雷厄姆将其推广至世界范围，"现代常平仓"又升级为"世界常平仓"（World Ever-Normal

Granary）。中国古老的常平仓法在美国的复活与发展揭开了对其进行创造性转换的历史新篇章。

<h2 style="text-align:center">第一节　"东学西渐"：陈焕章与华莱士</h2>

一　陈焕章与《孔门理财学》

陈焕章，在中国经济思想史乃至西方经济思想史上占据着特殊的地位。在西学东渐的中国近代思想潮流下，其英文著作《孔门理财学》所承载的东学传统"逆流"西渐，所留下的风景不但体现为西方知识界对其学术价值的充分肯定，而且在实践中，该书所蕴含的"现代性"竟在不长的时间内影响了美国的农业经济政策，促成了中国古代常平仓思想的现代转换。

陈焕章，清末民初思想家，社会活动家。他十五岁进入"万木草堂"学习，成为康有为的受业弟子。光绪三十年（1904），陈焕章中进士，1907 年被选派赴美，就学于哥伦比亚大学经济系，1911 年获得博士学位，并于次年回国。陈焕章回国后发起国教运动，他模仿基督教在上海创立了"孔教会"，任总干事（康有为任会长）。1913 年，陈焕章任《孔教会》杂志总编，同年被聘为袁世凯总统府顾问，与严复、梁启超等人联名致书国会，请定孔教为国教。正如研究所指出的：也许正是因为卷入了被新文化人士视为与袁世凯复辟有关的国教运动这一政治"失误"，陈焕章的思想及其本人被历史所湮没。[①] 现在看来，陈焕章最大的"失误"或许是他没有适时地将其出版的博士学位论文——《孔门理财学》翻译成中文。1913 年，陈焕章在《孔教会杂志》创刊号上说："吾国人多劝余译为华文，余有志而未逮，以精力已疲而日力不足也。"[②] 陈氏讲出此言，竟未想到近一百年之后，他的著作才被国人完整地翻译、出版。相较而言，严复有"严译八种"、梁启超著作等身，这本孤悬海外的《孔门理财学》连同其著者被后人所忽视乃至遗忘也就不足为怪

---

① 韩华：《论陈焕章对孔子"理财"思想的现代诠释》，《社会科学研究》1999 年第 1 期，第 88 页。
② 陈焕章：《孔门理财学 国用》，《孔教会杂志》"政术"，第 1 卷第 1 期，1913，第 1 页。

了。但是，作为同一个时代的知识精英，他们又有着特殊且相似的知识结构和学养背景，"这代人的教育背景应是中国历史上仅见的——传统与近代新式教育参半，新旧学问兼备，中外思想的影响集于一身……在接受传统学问同时，也比较系统地学习外语和西学。近代中国留学潮也开始于 1900 年以后，他们也是其中的先行者，有亲履目睹异国的机会，不少受过完整的近代大学或更高学位的教育。由于这样的历史条件和机会，他们是历史上罕有的新旧学问、中外知识相对均衡集于一身的一代知识分子。"① 照此判断，获得中西"双博士"头衔的陈焕章所著《孔门理财学》可视为中西文明相交会的思想成果典范。

《孔门理财学》讨论了孔子及其儒家学派的一般经济学说及其在消费、生产、公共财产方面的思想。陈焕章在"自序"中指出，这本著作"在材料安排上遵循西方著者的写作惯例"，但又是"在人类所有语言中首次以一种语言系统地介绍孔子及其学派的理财之道的尝试"，是对"独立于西方而发展的中国思想与制度的全面观察"，与此同时"避免以现代西方经济学家的视角去曲解中国古代思想"。书中的分析不可能不受到西方经济学的影响，而陈焕章研究的基本方法亦在于以其儒学根底融会经史，并以西方经济学原理为工具之一发挥儒家经济思想之大义，在中西之间实现"交融互释"。在他看来，儒家思想是"蕴藏着丰富矿藏的巍峨高山"，作为采矿者的他要将其"贡献给世界生产"。②

《孔门理财学》出版后，以其独有的价值和魅力引起了西方学术界的注意，③ 而我们的关注点则是该书有关常平仓的论述与美国 20 世纪 30～40 年代农业经济政策调整之间的微妙关联——常平仓的现代转换正寓于其间，它的推动者就是 1933 年开始担任美国农业部部长的华莱士。出版史家钱存训先生在《美国对亚洲研究的启蒙》一文中写道："我们这代人所亲身经历，完全经由学术途径传播的最有利而重要的实例，就是美国采用了中国古代的所谓的'平粜'制度……这项中国古代的经济理论，最早是由哥伦比亚大学的陈焕章在其 1911 年的博士论文中加以讨

---

① 陈万雄：《五四新文化的源流》，生活·读书·新知三联书店，1997，第 183 页。
② 陈焕章：《孔门理财学》，"作者自序"，韩华译，商务印书馆，2015，第 3～4 页。
③ 参见韩华《陈焕章与〈孔门理财学〉》，载陈焕章《孔门理财学》，韩华译，商务印书馆，2015，第 603～605 页。

论。1918 年，华勒斯（Henry Wallace）先生主编一份周报，这篇研究论文正巧落在他手里，自此他对这一项中国古代制度极为赞赏。当华勒斯于 1933 年出任农业部部长时，这个中国的理想终于为美国所采纳……1933 年第一次颁布的农业调整法（*The Agriculture Adjustment Act of 1933*），乃是罗斯福实施新政的主要措施，也就是'平粜法'这个中国制度在美国具体化的一个案例。"[①] 作为美籍华裔学者，钱先生并非刻意将美国农业政策改革归功于中国古典经济制度，宾夕法尼亚大学博德教授曾写信向华莱士求证此事，所得答复（1945 年 8 月 24 日）十分明确：

> 我最早是通过阅读哥伦比亚大学的一位中国学者陈焕章的博士论文获知常平仓的，这篇博士论文的标题是《孔门理财学》。后来，我于 1920 年代在《华莱士农民》上撰写了数篇标题为《常平仓》的文章。[②]

在真实反映个人思想的日记中，华莱士对此已有记述：

> 蒋夫人告诉我她对农业极感兴趣。罗斯福总统向她表明，美国一部分农业计划依据的正是中国人的智慧。我于是接着告诉她，我是如何从一本名叫《孔门理财学》的书中得到"常平仓"这一名词的……蒋夫人说她热切地邀请我去中国研究那里的农业。[③]

华莱士在日记中详细地记录了 1943 年 2 月 25 日宋美龄和他本人的谈话（当时宋美龄正代表国民政府在美筹款），从中可以看到罗斯福和华莱士都坦言美国的农业政策受启于中国传统思想，而这一思想的"美

---

① 韩华：《陈焕章与〈孔门理财学〉》，载陈焕章《孔门理财学》，韩华译，商务印书馆，2015，第 604~605 页。

② Bodde, D., "Henry A. Wallace and the Ever-Normal Granary," *The Far Eastern Quarterly* 5 (4)（1946）：412. 需要说明的是，陈焕章在《孔门理财学》中将常平仓翻译为 "Constantly Normal Granary"，而华莱士按照美国的表达习惯将其转换为 "Ever-Normal Granary"。

③ Blum, J. M., eds., *The Price of Vision: The Diary of Henry A. Wallace 1942-1946*, （Boston: Houghton Mifflin Company, 1973）, p. 196.

国化"正是始于陈焕章。陈氏在《孔门理财学》"部丙·第八篇社会政策"之 29"调剂供求"、30"谷政"、31"借贷和赈恤"中对平准法和常平仓的起源、演变与功能展开了分析，并探讨了王安石青苗法对常平仓制度的改革与发展，陈焕章虽对王安石有所批评，但仍认为"王安石确实是一个伟大的政治家，但他生不逢时。如果王安石的全部计划得以贯彻施行，那么，中国早在一千年前就应该是一个现代国家了。"[①]

二　美国的常平仓需求

那么，美国化的常平仓制度到底是怎样提出的呢？这首先需要了解当时美国农业发展的大背景。20 世纪前 20 年美国经济处于高速发展期，主要经济部门都取得了前所未有的成就。作为国民经济基础部门的农业在这一阶段的发展亦经历了一个所谓"黄金时期"：农业技术革命持续推进，农业投资持续增加，农业机械化达到相当高的水平，1915 年美国农场拖拉机存量为 25000 台，到了 1919 年已猛增到 158000 台。[②] 另外，伴随着农产品商品化率的不断提高，专业生产同步深化，"农业带"在这一时期逐步形成。然而，农业繁荣的背后潜藏着巨大的危机，在经历和享受了黄金时期之后，美国的农业在 20 世纪 20 年代陷入持续低迷和萧条的状态。

在结构方面，美国农产品的生产没有随着消费变化而做出适时的调整。美国工业化和城市化的发展使经济社会对农产品的需求趋于多样化，农业技术革命虽然在不断提高美国的农业生产力，但并未促进 20 年代的农业产品结构的显著优化，主要农产品的产量增幅一直大于消费量的增幅。第一次世界大战虽然将黄金时期推向顶峰，但又为农业萧条埋下了隐患。一战期间，国际需求的急剧膨胀使美国农产品的产量、价格和出口量达到了前所未有的水平。粮食及一部分经济作物生产能力的大幅增长导致美国农业因战后国际需求减少而出现了严重过剩，农产品价格在 20 年代持续低迷。美国工业时代的来临让农业问题变得更加复杂，19 世纪末美国农业就已不是国民经济的第一大生产部门，然而产业政策并没

---

① 陈焕章：《孔门理财学》，韩华译，商务印书馆，2015，第 467 页。
② 施莱贝克尔：《美国农业史（1607—1972）》，高田等译，农业出版社，1981，第 234 页表 19.4。

有进行相应的调适，在过低的农工业产品比价和因社会化生产而不断提高的农业投入面前，农业部门成为工业发展的牺牲品。

由于政府对被边缘化的农业与持续的农业萧条缺乏深刻的认识和正确的判断，整个 20 年代鲜有主动的、有针对性的农业政策出台。农业团体积极推动的提高农产品价格的麦克纳里·毫根法案（*The McNary-Haugen Bills*）在 1927 年、1928 年两次被柯立芝总统否决，[①] 而 1929 年国会通过的"1929 年农产品销售法"（*Agriculture Marketing Act of 1929*）面对 1929~1933 年的大萧条也无济于农业的困境。[②] 美国资本主义农业生产在制度层面仍主要依赖市场自发调节，社会化大生产同分散的市场、农场决策之间的矛盾没有通过政府统一的政策协调得到有效解决。因此，"价格下降时，农民们为了保持总收入，倾向于更加辛勤地劳动，去增加产量。但这样一来只能使供过于求的情况更加严重。"[③] 这一现象成为当时美国农业困境的真实写照，并成为美国经济全面陷入大萧条的"序曲"和深层次的原因之一。美国玉米、小麦库存量与价格（1927~1933）见表 3-1。

表 3-1　美国玉米、小麦库存量与价格（1927~1933）

年份	总库存（百万蒲式耳）		价格（前销售年度，美分/蒲式耳）	
	玉米（10 月 1 日）	小麦（7 月 1 日）	玉米	小麦
1927	217	109	75	122
1928	92	113	85	119
1929	148	227	84	100
1930	136	291	80	104
1931	168	313	60	67
1932	270	375	32	39
1933	386	378	32	38

资料来源：*Agriculture Statistics 1940*, pp. 10, 23, 46 and 54. 转引自 Johnson, D. G., "The Nature of the Supply Function for Agricultural Products," *The American Economic Review* 40 (4) (1950): 553.

[①] 沙伊贝等：《近百年美国经济史》，彭建松等译，中国社会科学出版社，1983，第 345 页。
[②] 徐更生：《美国农业政策》，经济管理出版社，2007，第 98 页。
[③] 沙伊贝等：《近百年美国经济史》，彭建松等译，中国社会科学出版社，1983，第 341 页。

对于美国农业长期累积的矛盾，华莱士的认识十分深入。华莱士出身于美国玉米带世代为农的家庭，祖父和父亲都致力于美国农业发展，这对他产生了极大的影响。华莱士从了解了中国农业史、王安石青苗法改革和中国古代的常平仓思想后，就试图从中寻找美国农业生产过剩以及由此引起的一系列经济社会问题的出路。① 从华莱士留下的文献来看，这是一个逐步深入的过程，我们可从华莱士在其主编的《华莱士农民》发表的文章中窥见一斑。1918 年 12 月，他在《华莱士农民》上发表了《食品储备》（Storage of Food）一文，指出政府应在调节农产品供求关系环节扮演重要角色：

　　　　经销鸡蛋、黄油和其他过剩食品的商人为制造商和消费者提供了一种特殊的服务，即当这些产品过剩时购买并将其储存起来，以备短缺时所用。毫无疑问，这些人将从中获得比他们应得更多的利润，但他们的经营却平抑了食品的价格，使它们在供给短缺的季节变得较为便宜。

　　　　如果任何一个政府能够针对食品问题做到真正值得做的事情，它将是一个完美的计划，而它已经被三千年前的中国人尝试过。那就是，建立仓储，在丰裕之年将粮食储备起来，以备歉收年份之用。②

1926 年 10 月，华莱士又在《华莱士农民》发表了题为"常平仓"（The Ever-Normal Granary）的文章，认为"相较于美国有关挽救农业的绝大多数计划而言，常平仓思想显示出更多的治国才能"，但他指出"常平仓"应与美国的具体国情相结合而进行必要的改进。虽然政府在一定程度上干预农业生产已是必然的选择，但华莱士认为美国人还没有做好这样的思想准备，故而强调：

---

① 参见李超民《王安石变法与美国 20 世纪 30 年代的新政》，《西安交通大学学报》（社会科学版）2001 年第 2 期；《论美国新政"常平仓计划"受王安石经济思想的影响——兼与卜德先生商榷》，《西南师范大学学报》（人文社会科学版）2002 年第 6 期。

② Wallace, H. A., "Storage of Food," *Wallace's Farmer* 43.49，［December 6，1918］，p. 1772. 转引自 Bodde，D.，"Henry A. Wallace and the Ever-Normal Granary," *The Far Eastern Quarterly* 5（4）（1946）：415 – 416.

　　必须认识到政府需要持续地对农业进行干预，这在很大程度上是为了解决现在农产品的过剩问题……政府应停止刺激农业生产或是制定一套农业方案旨在保障国家未来的福利。[①]

　　为了进一步凸显常平仓对美国农业政策的重要性，1927 年 1 月华莱士再次以"常平仓"为题在《华莱士农民》上发表文章。他以一个不知其名的加利福尼亚人的建议说明了"棉花常平仓"的基本原理：让联邦政府每年确定前五年棉花的平均价格，以平均价格的上下百分之十为限，政府在棉价涨跌超过平均价格百分之十以上后实施卖出和买入的操作，与此同时，政府还应承担棉花的仓储费用和利息支出。这里值得注意的是华莱士对这位无名人士"常平仓"原理的两句评论：

　　这一思想的价值在于它能够稳定价格，但我们也能看出其中的缺陷，即它将 1922～1926 年的农产品批发价格视为正常和合理的。会有一天，"常平仓"思想将在适用于现代社会的条件之下付诸实施。[②]

　　在华莱士看来，由于美国农业陷入萧条，1922～1926 年的市场已不能反映出农产品的真实价格水平，而这又促使他相信这种价格扭曲的状况迟早需要用常平仓政策扭转过来。华莱士的预言强化了他希望改变美国农业现状的决心——经济大萧条时期，甫一出任农业部部长，华莱士就开始了他雄心勃勃的常平仓改革。

第二节　华莱士与格雷厄姆的常平仓

　　在华莱士积极推动的美国农业常平仓改革中，缓冲储备只是一个必

---

① Wallace, H. A., "The Ever Normal Granary," *Wallace's Farmer* 51.41, [October 8, 1926], p.1314. 转引自 Bodde, D., "Henry A. Wallace and the Ever-Normal Granary," *The Far Eastern Quarterly* 5 (4) (1946): 416.

② Wallace, H. A., "The Ever Normal Granary," *Wallace's Farmer* 52.3, [January 21, 1927], p.85. 转引自 Bodde, D., "Henry A. Wallace and the Ever-Normal Granary," *The Far Eastern Quarterly* 5 (4) (1946): 416–417.

要的组成部分。对美国农业常平仓的准确理解应该是，不同于自由放任的一套系统的农业调控政策，它用以缓冲、平抑市场波动对农业部门以及生产、消费带来的冲击。格雷厄姆的现代常平仓则不止于农业领域，他的政策构想是将工业社会各类大宗商品纳入缓冲储备机制中来，借助平籴、平粜操作以稳定宏观经济，因此，格雷厄姆所谓"现代常平仓"更类似于中国古代的平准法，它的新颖之处在于利用多元商品准备创造出更加稳定的货币制度，从而形成一套财政、金融货币政策相联系的现代平准法。

一　农业经济成熟的标志：20 世纪 30 年代美国农业常平仓

华莱士积极推动的美国第一部农业法案《1933 年农业调整法》于 1933 年 5 月 12 日正式生效，这是罗斯福新政初始阶段为了应对农业经济危机而紧急出台的一部法律，其内容重在解决农产品过剩问题，对农产品价格和农民收入予以支持，正如该法案开篇所言：

> 当前严峻的经济危急情势部分地源于农产品与其他商品越来越不平等的价差。它已经毁掉了农场主对工业品的购买力，损害了商品交易秩序，严重地削弱了支撑国家信贷结构的农业资产……并已影响到国家公共利益。[①]

按照《1933 年农业调整法》的规定，农场主与政府签订协议，对基本农产品的产量以面积配额和销售配额的方式加以限制，[②] 凡是签订协议的农场主都可以得到政府的补贴。该政策的目的是在维护生产和消费平衡的基础上重新为农产品确立一个新的价格水平，让工业品、农产品的比价和农民的购买力恢复到 1909～1914 年基期有

---

① *Agriculture Adjustment Act of 1933*，参见美国国家农业法律中心网站：http://www.national-aglawcenter.org/farmbills/.

② 这些基本农产品包括小麦、棉花、玉米、生猪、大米、烟草和牛奶，后又在 1934 年、1935 年将种类扩充，还包括了黑麦、亚麻、大麦、高粱、生牛、花生、甜菜和马铃薯。参见施莱贝克尔《美国农业史（1607—1972）》，高田等译，农业出版社，1981，第 251 页。

利于农场主的平价。[①] 按照农业部的计划，为了实现农产品的价格上升，1934 年的农业产量应较 1932 年有较大幅度的下降（见表 3 - 2）。

表 3 - 2　农业产量调整计划

	1932 年	1934 年
40 种作物收获英亩数	363606000	295933000
17 种主要作物英亩数	344486000	276070000
仔猪存栏数	82526000	56766000
牛存栏数（截至 12 月 31 日）	70280000	68846000
生猪存栏数（截至 12 月 31 日）	62127000	39066000

资料来源：Peterson, W. H., *The Great Farm Problem*（Chicago：Henry Regnery Company, 1959），p. 101.

与《1933 年农业调整法》相配合，同年 10 月 4 日美国政府成立了联邦剩余救济公司（后改名为联邦剩余商品公司），负责收购多余的农产品并分发给城市居民，满足贫困人口的食品需求，以此保证过剩农产品通过管理和再分配的方式不再放任自流地涌向市场压低价格。10 月 17 日，美国政府设立了农产品信贷公司，向参加产量限制计划的农场主发放无追索贷款。无追索贷款的目的是让农场主在收获后可以相机决定销售行为，具体的操作是，商品信贷公司设定贷款率，即政府基于农产品平价提供给农场主的贷款数额。农产品收获后，若市场价格较低，农场主可将农产品抵押给农产品信贷公司推迟出售，并获得 10 个月的短期贷款，以待合适的时机出售。如果市场出现高于贷款率加利息的价格，农场主可选择出售农产品以偿还贷款。若市场价格一直处于较低水平，农场主可选择把抵押农产品交给商品信贷公司而无须偿还贷款，此时农产品信贷公司无权要求农场主还贷，故而此种贷款称为无追索贷款。[②] 无

①　这里的平价是指农场主出售一定数量的农产品所换回的工业品，应该等于 1909 ~ 1914 年出售同样数量的农产品所能换回的工业品。这种计算方法忽视了劳动生产率提高对价格的影响，因此，1949 年农业法案规定从 1950 年开始使用新的平价概念。参见徐更生《美国农业政策》，经济管理出版社，2007，第 100 页脚注①。还须说明的是，华莱士的平价政策并不一定是十足的平价，这要取决于国会拨给农业部部长支配的资金量。参见沙伊贝等《近百年美国经济史》，彭建松等译，中国社会科学出版社，1983，第 252 页。

②　徐更生：《美国农业政策》，经济管理出版社，2007，第 100 页。

追索贷款是农场主可以得到的最低价格和收入，这就通过政策支持的方式确保了他们的基本收益。由于受贷方在信贷过程中总是处于被保障的有利地位，农产品信贷公司事实上充当了政策性银行的角色。

联邦剩余救济公司收购过剩农产品并分发给城市贫民，执行了类似常平仓赈济的功能，而无追索贷款则类似于王安石青苗法的一些内容。陈焕章在《孔门理财学》有关中国古代"政府借贷"这一部分是这样描述青苗法的：

> 孔子纪元 1620 年（公元 1069 年）推行"青苗法"。如果民众希望在收获之前预先获得现金，允许他们从政府处借贷现金，而当他们缴税时，他们偿还谷米折合所借贷现金。如果民众希望借贷谷米而非现金，或如果民众在偿还时，因粮食价格居高，民众此时希望偿还现金而非谷米，政府允许他们进行兑换，并偿还现金。正月为夏粮借贷现金；五月为秋粮借贷现金；如遇荒年歉收，"许展至次料丰熟日纳"，如此，"青苗法""使农人有以赴时趋事，而兼并不得承其急"。①

这部分内容对华莱士设计无追索贷款应是大有启发的。按青苗法的政策设计，农民还贷时"愿给本色，或纳时价贵，愿纳钱者，皆许从便"②。如果选择纳粮，就存在粮食与货币的换算问题，条例司的建议是"约逐处收成时酌中物价，立定预支每斗价"③。"酌中物价"是一段时期内不高不低的粮食价格。照此，青苗贷应能保证农民获得按平年粮价计算的所得。《孔门理财学》对这些细节并未加以介绍，但华莱士的常平仓政策似乎与此达成了"默契"：无追索贷款率的设定依据——农产品"平价"，便是青苗法的"酌中物价"。但需要注意的是，为保证官不受损，神宗诏令"取当年以前十年内逐色斛斗一年丰熟时最低实直价例，

---

① 陈焕章：《孔门理财学》，韩华译，商务印书馆，2015，第 461 ~ 462 页。
② 徐松辑《宋会要辑稿》，《食货》4 之 16，熙宁二年九月四日，刘琳点校，上海古籍出版社，2014，第 6041 页。
③ 徐松辑《宋会要辑稿》，《食货》4 之 17，熙宁二年九月四日，刘琳点校，上海古籍出版社，2014，第 6042 页。

立定预支"①，这就在实际操作中迫使农民借币还币，农民因此被置于更大的市场交易风险之中而无最低保障（见第一章第二节的讨论）。比较而言，商品信贷公司发放的贷款具有无追索性质，用价格和收入兜底的金融支持确保了农场主的最低收益，同时又将政府干预与市场调节（赋予农民依据市场价格相机决定的权利）结合了起来。另外，农场主抵押给商品信贷公司的农产品构成了国家的缓冲储备，可用于平抑丰歉年份之间的市场波动。

《1933年农业调整法》及相关政策实施后，农场主的境况得到了显著改善。1933～1935年，农场现金收入均超过1932年，而1935年农场收入较1932年提高了50%。② 农产品价格与农民所购买的工业品价格之比，以1909～1914年平价期100计算，1932年为58，1935年已恢复到88。③ 不过，新政策推出后也招致了批评，因为在千百万人处于饥饿关头的时候减少粮食生产，简直就是神经错乱。④ 同时，向食品加工商征收特别税以支持农业补贴的政策也招致了激烈反对。1936年，在"美国政府对巴特勒诉讼案"中，最高法院裁决：加工税并非为公共福利而征收，因此不可再执行。同时，法院认为只有各州才能管理农业，农场主和农业部部长之间订立的合同被宣布违反了宪法。⑤

《1933年农业调整法》是试验性的法律，被裁决违宪后，1936年2月29日农业部又紧急出台了《土壤保护和作物调整法》（*Soil Conservation and Domestic Allotment Act*）。该法律把农产品分为"消耗地力"和"增强地力"两大类。前者基本属于生产过剩的主要农产品，即谷物、棉花和烟草等；后者主要包括豆科作物和牧草。法律规定，凡是把种植消耗地力作物的土地转种为增强地力作物的农场主，政府将给予每英亩10美元的奖励，这就将土壤保护与生产调控结合了

① 徐松辑《宋会要辑稿》，《食货》4之17，熙宁二年九月四日，刘琳点校，上海古籍出版社，2014，第6042页。
② Rasmussen, W. D., Baker G. L., and Ward J. S., "A Short History of Agricultural Adjustment, 1933–75," National Economic Analysis Division, Economic Service, U. S. Department of Agriculture, Agriculture Information Bulletin No. 391, 1976, p. 4.
③ 刘绪贻：《罗斯福"新政"的农业政策》，《史学月刊》2001年第3期，第105页。
④ 沙伊贝等：《近百年美国经济史》，彭建松等译，中国社会科学出版社，1983，第392页。
⑤ 施莱贝克尔：《美国农业史（1607—1972）》，高田等译，农业出版社，1981，第254页。

起来。① 《土壤保护和作物调整法》可被理解为具有特殊功能的常平仓，其特殊性在于储备的不是粮食，而是土地，正如华莱士所说："将谷物储存于土壤中"而不是"储存于容器中"。②"土地常平仓"既节约了因粮食生产过剩而产生的巨大仓储成本，又涵养了土地，提高了潜在的供给能力。

不过，《土壤保护和作物调整法》仍是一个不完备的法律。1934年和1936年的干旱天气，消耗掉了以往积累的剩余甚至出现了农产品短缺，而1937年的风调雨顺又带来了新的过剩，丰歉的无常转换客观上要求制定一个完整的"全天候"方案。1937年2月8日，全国各地的农场主代表聚集于华盛顿商讨形势，他们听取了华莱士的常平仓建议，并在第二天一致同意制定新的常平仓法律。一年之后的1938年2月16日，罗斯福总统正式签署了新的农业调整法，2月17日《纽约时报》援引了华莱士的表述："该法案……各类条款将有助于直接或间接地构建常平仓计划。"③《1938年农业调整法》（*Agricultural Adjustment Act of 1938*）及相关的配套法律政策有效地整合并完善了由华莱士主导的常平仓计划，④ 它不是只为建立缓冲储备，而是多管齐下，多策并举，美国农业部是这样概括的：

> 常平仓计划就广义而言，包括多种针对农产品供给的调控。其政策设计旨在通过实物储备和土壤储备保障不同年份以及未来有充足的供给。它涉及生产效率提升、生产调控、农业环境保护、平衡市场供给以及为作物提供保险等各个方面。⑤

---

① 参见 Rasmussen, W. D., Baker G. L., and Ward J. S., "A Short History of Agriculture Adjustment, 1933 – 75," National Economic Analysis Devision, Economic Service, U. S. Department of Agriculture, Agriculture Information Bulletin No. 391, 1976；李超民《常平仓：美国制度中的中国思想》，上海远东出版社，2002；徐更生：《美国农业政策》，经济管理出版社，2007。

② 转引自 Davis, J. S., "The Economics of the Ever-Normal Granary," *Journal of Farm Economics* 20 (1) Proceedings Number (1938)：10.

③ 转引自 Bodde, D., "Henry A. Wallace and the Ever-Normal Granary," *The Far Eastern Quarterly* 5 (4) (1946)：420.

④ *Agricultural Adjustment Act of 1938*，详参美国国家农业法律中心网站：http://www.national-aglawcenter.org/farmbills/；李超民：《常平仓：美国制度中的中国思想》，上海远东出版社，2002；徐更生：《美国农业政策》，经济管理出版社，2007。

⑤ *Achieving a balanced agriculture*, p. 23. 转引自 Bodde, D., "Henry A. Wallace and the Ever-Normal Granary," *The Far Eastern Quarterly* 5 (4) (1946)：420.

首先，继续执行土壤保护计划，建立起第一层土地储备，这对于涵养农业资源、调节农业供给可以发挥基础性作用。其次，根据供求关系变化继续实施对作物种植面积和产量的配额调节，政府对休耕土地和限额销售的农产品予以补贴，保障农民收入。再次，用包括无追索贷款在内的金融政策支持农业，一方面保证对农产品基于历史平价的价格支持，另一方面支持建设国家和农场主双重储备体系，在土地储备基础之上形成第二层农产品实物储备。与此相配合，联邦剩余商品公司在财政支持下，收购、储备各类农产品，发挥平抑丰歉波动和救济、扶助特定人群的功能。① 再次，推行农作物保险计划，农业部通过联邦农产品保险公司对因农业灾害而遭受的产量损失，在一定范围内予以保险补偿。最后，建立研究实验室，开发农产品特别是过剩农产品的新用途。农业部参与并资助品种选育、耕种方法改进、化学肥料研制等方面的研发与推广工作，促进农业生产效率的提高。

围绕《1938 年农业调整法》形成的法律政策体系涉及农业生产、消费领域的各个环节，凸显了美国农业常平仓的多功能性，对农业调控的制度化、系统化需求让政府全面地走到了前台。20 世纪二三十年代美国经济全面陷入大萧条与农业部门更早出现的衰退密不可分：农产品价格低落，农业收入显著下降，农业资金、信贷循环不畅，农场主破产，农业危机导致工业品找不到销场，这一因果链导致整个经济体系不可避免地陷入危机之中。面对困局，自由放任之路显然已无法继续走下去，政府对农业实施干预已成为必然的选择，其政策目标，简要而言，就是解决农业领域周期性出现的"谷贱伤农""谷贵伤民"问题。历史上，中国人在应对"谷贵"—"谷贱"波动方面早已发展出一套成熟的制度：通过常平仓的缓冲籴粜实现对粮食的价格支持。中国古老的经济思想与经济政策借助陈焕章在英语世界的传播启发了华莱士，并让他坚信政府扮演积极的角色是解决美国农业问题和保障农民利益的关键。因此，在

---

① 如全国范围的学校午餐计划、低价牛奶计划、食品券计划。1941 年，全国加入学校午餐计划的学校有 66783 所，食品券计划惠及 400 万人口。参见 Rasmussen, W. D., Baker G. L., and Ward J. S., "A Short History of Agricultural Adjustment, 1933 - 75," National Economic Analysis Division, Economic Service, U. S. Department of Agriculture, Agriculture Information Bulletin No. 391, 1976, p. 8.

考察 20 世纪 30 年代美国的农业常平仓计划时，不应只看到"仓"，还要注意到美国农业政策的重大历史转型，即从市场自发调节转向有政府调控的新体系，让农业经济由无常波动走向常平新态。对此，沈文辅于 20 世纪 40 年代总结的四个要点在今天看来依然是十分恰当的："（一）保障农民所得及其购买力；（二）计划农业生产，保证地方维持之永久农业；（三）强化农业中各阶层之健全团结（Farm Solidarity）和谐农工商业之互惠平等；（四）基于平衡农业达到整个国家经济与社会福利之安全稳健……谋全民之丰衣足食与足兵，免于'威胁'与'匮乏'之恐惧，获得自由安全之保障。"① 政府向农场主支付的补助和租金见表 3-3。

表 3-3　政府向农场主支付的补助和租金

年份	金额（美元）
1933	131000000
1934	446000000
1935	573000000
1936	287000000
1937	367000000
1938	482000000
1939	807000000
1940	766000000

资料来源：Peterson, W. H., *The Great Farm Problem* (Chicago: Henry Regnery Company, 1959), p. 106.

华莱士推动的农业新政可以说是罗斯福新政的关键一招。如果将新政视为西方世界在工业时代系统干预经济的先行实践，那么常平仓计划就是这一先行实践在农业领域的探路者。② 从这层意义来看，华莱士乃

① 沈文辅：《论华莱士所倡议之美国常平仓政策》，《经济论衡》第 2 卷第 7、8 期合刊，1944 年 8 月。
② 需要指出的是，新政背后还有一个为人所忽视的推手，那就是由凡勃伦奠定基础并在 20 世纪 20~30 年代兴起的制度主义运动。该运动营造了国家干预经济的氛围，通过学理表达、参与新政决策和政策实施，制度主义者对新政产生了重要的影响。例如，作为制度主义者的农业部经济学家伊奇基尔（Ezekiel）既是新政初期罗斯福身边的主要经济学家，也是《1933 年农业调整法》的重要起草人。详参张林、毕治《制度主义者对"新政"的影响》，《外国经济学说与中国研究报告》2010。

是美国经济史中影响深远的农业经济学家,[①] 他致力于构建的常平仓的重大意义在于，美国农业部门自此从"成长"走向"成熟"，开始用市场和政府"两只手"扶助、保护农业走常平之路。尽管常平仓计划在 20 世纪 30 年代引发了争论,[②] 但我们观察到的事实是，农业常平仓立法奠定了美国现代农业政策的基础，虽然 20 世纪 40 年代之后的农业立法不断地进行修订和调整（见表 3 - 4），但都是基于常平仓框架的补充与完善。若进一步结合不同时期农业所面临的问题，我们可以清楚地观察到美国现代农业政策的基本思路：在不放弃"两只手"中任何一只的情况下，动态地调整两者在农业发展中的轻重缓急，使它们相互补充的关系随着形势的变化而不断调整和完善，从而确保在促进美国农业生产力提高的同时，农业发展常平无虞。

表 3 - 4　美国农业立法的里程碑

年份	农业立法主要调整内容
1933	《农业调整法》：新政时期美国第一部关于特定农产品价格和收入支持计划的农业立法。
1936	《土壤保护和作物调整法》：首次将土壤保护和农产品调控计划直接联系起来。
1949	《农业法》：制定高固定价格支持和种植面积调配政策，并将其作为长期的农业政策。
1954	《农业法》：将灵活的价格支持政策引入农产品调控计划中。
1956	《农业法》：建立土壤银行，即供给管理中在耕地面积控制的基础上引入了土壤保护储备计划。该计划两年后被终止。
1965	《粮食与农业法》：与减少价格支持和继续执行供给控制政策相结合，引入了新的收入支持政策。
1970	《农业法》：第一次在农业立法中加入以"农村开发"为标题的内容。
1973	《农业与消费者保护法》：引入目标价格和差额补贴以替代价格支持政策，该政策与农产品低贷款利率结合，以加强生产者与市场的联系，允许农产品在国际价格下自由流动。

[①] Ezekiel M., "Henry A. Wallace, Agricultural Economist," *Journal of Farm Economics* 48 (4) (1966): 789 - 802.

[②] 参见 Davis, J. S., "The Economics of the Ever-Normal Granary," *Journal of Farm Economics* 20 (1) Proceedings Number (1938): 8 - 21. 沈文辅在 1945 年对该文已有评论，参见沈文辅《论古今中外之常平仓政策》，《东方杂志》第 41 卷第 6 期，1945 年 3 月。对当时各方争论更为全面的评价参见李超民《常平仓：美国制度中的中国思想》，上海远东出版社，2002，第 135 ~ 160 页。

续表

年份	农业立法主要调整内容
1977	《粮食与农业法》：在农业立法中第一次加入以"食品券和其他农产品分配计划"为标题的内容。
1985	《粮食保障法》：通过允许市场价格下跌时以较低利率还贷的方式，将销售信贷条款引入农产品信贷计划以减少农产品抵押，从而降低政府持有的过剩谷物。重新建立了土壤保护储备计划。
1996	《联邦农业促进与改革法》：根据历史产量用直接支付计划替代价格支持和供给控制计划。引入了近于完全灵活的种植政策。
2002	《农场保障与农村投资法》：引入了在价格下跌至目标水平以下时，启动基于历史产量的逆周期交付计划。通过储备保障计划引入在耕土地储备支付政策。继续执行灵活种植和基于历史产量的直接支付计划，允许更新基于历史数据的种植面积，增加基于历史数据的大豆种植面积。

资料来源：Dimitri C. , Effland A. , and Conklin N. , "The 20th Century Transformation of U. S. Agriculture and Farm Policy," United States Department of Agriculture, Economic Information Bulletin No. 3, June 2005, p. 10. 研究报告获取网址：https://www. ers. usda. gov/publications/pub-details/? pubid = 44198.

　　尤其不能忽视的是，20 世纪 30 年代的农业立法不仅改变了美国的农业发展道路，更在反法西斯战争中发挥了关键作用。二战期间，美国农产品储备源源不断地运往盟国，有力地支持了反法西斯战争。就连批评华莱士农业政策的自由放任派也不情愿地承认："当然，战争对农产品的巨大需求挽救了形势——因此，对过剩农产品的大规模储备竟成为华莱士远见卓识的明证！"[1] 所谓"常平"即针对"非常"之各种情势，人们岂能对自由市场经济乐观到对天灾人祸都视而不见的地步？

　　当然，以上讨论并不意味着放大了中国常平仓制度的世界影响。需要认识到，美国化的常平仓是基于美国农业特点发展而出的，华莱士顺应美国资本主义农业发展趋势，提出了一套全新的农业改革计划，中国古代常平仓法作为其中的"催化剂"，其作用恰当地讲或许在于托古喻今地"接引"出一个不同于自由放任的思想政策体系。由于这套体系在中国素有历史传统，面对 20 世纪 20 ~ 30 年代资本主义经济社会前所未有的大困局，常平仓的"现代性"——以政府调节之手段"熨平"经济

————————

[1]　Macdonald, D. , *Henry Wallace: the Man And the Myth* (New York: The Vanguard Press, Inc. , 1948), p. 62.

波动——恰得以彰显出来。当然，这并非历史的"巧合"，东西方两条文明大河在各自发展历程中原本就是用"活水"相互补给的关系，而两种文明在何时、何地交会就要看世运潜移之中的历史际遇了。

从经济思想与政策的变迁大势来看，20 世纪 20～30 年代的西方世界是一个大转型时代。在美国，不仅是华莱士、罗斯福注意到了常平仓，格雷厄姆，一个著名的投资家也敏锐地洞察到了常平仓的价值。

二　工业社会多元缓冲储备：格雷厄姆的现代平准法

格雷厄姆，美国投资家，被称为"现代证券分析之父"，在华尔街可谓无人不知，他的金融分析思想在投资领域影响了几代人，其学生沃伦·巴菲特仍是当今投资业界的翘楚。如果将这样一个在涨落波动中寻求商机与利润的华尔街人物与常平仓联系起来，会给人一种风马牛不相及的感觉。但是，在他撰写的经济学文献中，竟有相当大一部分与常平仓相关。①

1937 年，格雷厄姆的著作《储备与稳定》（*Storage and Stability*）出版，他在该书的"前言"中写道：

> "常平仓"本是个中国说法，但如今却变成了美国经济政策的核心议题。下届国会的当务之急就是通过一项全面的农田救济法案。通过这项立法，政府将给予农民实质性的补偿，以实现"常平仓"，保障消费人口的利益。"常平仓"，简言之，就是丰年储备物资以供灾年使用。

格雷厄姆显然因此受到了重要启发，他希望将农业常平仓进一步发展为更具一般意义的、更有助于宏观经济稳定的经济方案。他接下来说道：

---

① 其中代表性的有两本著作：Graham，B.，*Storage and Stability*：*A Modern Ever-Normal Granary*（New York and London：McGraw-Hill Book Company，Inc.，1937）；*The World Commodities and World Currency*（New York and London：McGraw-Hill Book Company，Inc.，1944）. 中译本参见《储备与稳定》，译科、张卓飞译，法律出版社，2011；《世界商品与世界货币》，译科、杨崇献译，法律出版社，2011。

　　我们不仅要讨论现在国会中众多具体的"常平仓"提案，还将更广泛地讨论储备基本商品以稳定和改进美国经济的一般可能性。多数对经济学萧条的批评可分为两类：一类认为是所谓的生产过剩问题，另一类则认为是由于金融和信用体系的缺陷所致。储备的理念之所以独到，是因为它正处于这两大问题的交点上，为综合解决两者提供了方案。①

　　格雷厄姆认为，储备是生产与消费的中间环节，功能在于稳定波动，平衡供需。在宏观层面，它能够治理产出和有效需求之间的失调。大宗商品的储备好比一个蓄水库，蓄水库能提供稳定的收成和电力，而储备则可以防止市场投机和经济的周期性波动。格雷厄姆进一步指出，在货币领域，基本商品储备意味着它能够为货币提供稳定、充足的准备。黄金的匮乏使金本位货币体系被严重削弱，银本位则会带来更多的问题，而管理货币所面临的风险和困难尚不为人所了解，因此以真实的、可转换的基本商品储备作支撑，货币将具有比黄金和不可兑换纸币更高的稳定性和优越性，② 因为它是以一个商品组合而不是单一商品（如黄金）做准备发行货币。因此，如果储备机制能够被很好地利用，将会为货币问题提供一个解决方案。格雷厄姆强调，价格稳定和宏观稳定是一种孪生关系，价格调控政策的一个重要目标就是长期地稳定住基本原材料价格并以此稳定住整体价格结构，而储备制度可在其中发挥关键性作用。格雷厄姆借常平仓的籴粜机制发展出一整套治理宏观经济的储备体系，如埃尔文在该书的"序言"中所说，格雷厄姆的想法可谓"一箭数雕"。③

---

① 格雷厄姆：《储备与稳定》"前言"，译科、张卓飞译，法律出版社，2011，第1页。

② 按照凯恩斯的理解，货币具有三种形式：商品货币、不兑换纸币和管理货币。管理货币存在一个基于客观本位的"决定性价值"（Determinant Value），是一种最普遍的货币形式。如果货币发行当局需要持有百分之百的客观本位（如黄金），管理货币就转化为商品货币（如金本位货币制度）。如果不需要任何客观本位，管理货币就转化为不兑换货（纸）币。［参见凯恩斯《货币论》（上卷），何瑞英译，商务印书馆，1986，第8~10页］格雷厄姆在这里担心的是当时不稳定的货币制度：一方面，商品货币已不能提供足够的货币供给；另一方面，不兑换纸币又不能提供可靠的客观本位。在格雷厄姆看来，货币应回复到有客观本位作支撑的制度，而商品储备恰好提供了一种稳定、充足的准备。

③ 格雷厄姆：《储备与稳定》"序言"，译科、张卓飞译，法律出版社，2011，第2页。

正是基于这样的考虑，格雷厄姆才将其储备计划称为"现代常平仓"，而该计划的核心内容并不复杂。

第一，选择若干种重要商品组合即一篮子商品，使其能够反映总体价格水平。在此基础上，建立组合商品缓冲储备，让过剩产出流入储备库，避免其对市场造成冲击。如果需求增加，储备商品则可以相应地投放、回流到市场中。

第二，确定一篮子商品组合中各种商品的权重，在此基础上设立商品单元（the Commodity Unit）及其单位价格，价格的基期选择为1921～1930年，每一商品单元（见表3－5）价格与美元挂钩，赋予其在金本位制度下与黄金同等的地位，由此便可创造以基本商品储备为准备的货币系统，从而有助于建立具有"恒定购买力的美元"。

表 3 － 5　商品单元

商品	单位	1921～1930年均产量或消费量（百万）	1921～1930年加权均价（美元）	1921～1930年生产或消费均值（百万美元）	1000美元单元商品数量	1921～1930年1000商品单元中商品均值（美元）	1937年6月价格水平（美分）	1937年6月1000商品单元的商品价值（美元）
小麦	蒲式耳	824	1.240	1022	84.4	104.9	123	103.8
大麦	蒲式耳	212	0.666	141	21.7	14.4	81	17.0
可可	磅	394	0.102	40	40.4	4.2	7.4	3.0
咖啡	磅	1421	0.172	244	145.5	25.1	10.9	15.8
玉米	蒲式耳	2618	0.816	2139	268.0	218.9	120	322.0
棉籽油	磅	1258	0.100	125	128.8	12.8	10	12.9
燕麦	蒲式耳	1220	0.443	540	125.0	55.6	48	60.0
黑麦	蒲式耳	52	0.908	47	5.3	4.8	99	5.3
糖	磅	12670	0.061	771	1297.2	78.9	4.6	59.7
棉花	磅	6588	0.205	1349	674.8	138.2	12.7	85.6
丝绸	磅	74	5.890	437	7.6	44.8	183	13.9
羊毛	磅	263	1.156	304	26.9	31.2	100	26.9
铜	磅	1485	0.143	211	152.2	21.6	13.8	21.0
铅	磅	1370	0.070	96	140.4	9.8	6.0	8.4
锡	磅	154	0.484	75	15.8	7.7	55.8	8.7

续表

商品	单位	1921~1930年均产量或消费量（百万）	1921~1930年加权均价（美元）	1921~1930年生产或消费均值（百万美元）	1000美元单元商品数量	1921~1930年1000商品单元中商品均值（美元）	1937年6月价格水平（美分）	1937年6月1000商品单元的商品价值（美元）
锌	磅	1003	0.063	63	102.7	6.5	6.8	7.0
棉籽粉	磅	4064	0.018	71	416.0	7.3	1.6	6.7
亚麻籽	蒲式耳	37	2.460	91	3.8	9.3	192	7.3
皮革	磅	949	0.168	160	97.2	16.4	16.8	16.3
石油	桶	772	1.640	1265	79.1	129.5	36	107.5
橡胶	磅	824	0.308	253	84.4	25.9	19.3	16.3
动物脂	磅	510	0.078	40	52.2	4.2	8.0	4.2
烟草	磅	1346	0.210	283	137.9	29.0	25（估算）	34.5
合计				9767		1000		964.4

资料来源：格雷厄姆《储备与稳定》，译科、张卓飞译，法律出版社，2011，第34~35页。表头据1937年英文原版第57页内容有所调整。

　　基于以上安排，缓冲储备转化为经济系统的稳定器。需求疲软，商品价格下降，储备收购商品，以此为准备，商品单元货币相应地投放到市场中。需求旺盛，商品价格上升，储备抛售商品，商品单元货币相应地回笼。这样，缓冲储备将财政政策与货币政策结合了起来，形成可称之为产品市场与货币市场相互配合的双兑换、双稳定机制。

　　在缓冲储备方案中，储备商品的选择是一个关键，格雷厄姆选取了4大类共23种重要商品构成一篮子组合，其中包括食品：玉米、小麦、糖、燕麦、咖啡、大麦、黑麦、可可、棉籽油；纺织物：棉花、羊毛、丝绸；金属：铜、铅、锡、锌；其他：石油、皮革、橡胶、棉籽粉、亚麻籽、烟草、动物脂。[1] 格雷厄姆认为，该商品组合中个别商品价格的波动对于组合形成的整体价格水平影响甚微，因为个别商品价格变化可被其他商品价格的调整所吸收。[2] 当然，这一变化也通过储备的吞吐机制被限定在一个区间之内。在23种商品价格总水平相对稳定的状态下，

----

① 格雷厄姆：《储备与稳定》，译科、张卓飞译，法律出版社，2011，第32页。

② 格雷厄姆：《储备与稳定》，译科、张卓飞译，法律出版社，2011，第41页。

通过确定每种商品的权重，便可以构建包含一篮子商品的商品单元。进一步的，以基期价格为标准就能确立商品单元与美元的比价关系。这样，依靠这一篮子"商品准备"便可发行与美元挂钩的货币，这就等于扩展了金本位货币制度。格雷厄姆认为，以商品储备为基础的货币制度可与金本位货币制度并存，它们可以相互配合，共同促进货币的稳定，进而稳定经济。①

格雷厄姆的现代常平仓构想是中国古代平准法在工业社会的拓展运用，亦可视为农业常平仓的工业版，其中的新颖之处就在于他将平准法与货币制度联系了起来，一篮子商品组合被赋予了像黄金一样的地位。②如果说建立农产品常平仓解决美国农业问题是华莱士的最大贡献，那么，拓展古代常平仓思想建立重要商品缓冲储备以稳定经济和货币体系，格雷厄姆在理论上的认识则更进一步。格雷厄姆认为，在实践中，现代常平仓较之农业常平仓应是一个更优的政策选择。因为：第一，现代常平仓稳定的是综合价格水平而不是单一的农产品价格水平；第二，现代常平仓不像农业常平仓那样以产量限制政策为调控手段之一；第三，农业常平仓需要支付巨额的财政补贴，而现代常平仓则以商品单元为货币准备投放和回笼货币，因此一篮子商品缓冲储备的运作通过货币—商品的双向兑换实现了自融资和自流动（self-financing and self-liquidating），当然储备成本除外；第四，与农业常平仓政府操作的复杂性相比，现代常平仓的实施则更为简易，后者的核心只是确定商品单元及其美元价值，以及储备、投放以商品单元为准备的货币和一篮子商品。

敏锐的格雷厄姆总能与时俱进。在美国讨论农业常平仓时，他提出现代常平仓设想；当国际社会讨论战后经济秩序时，他又推出新方案——在1944年出版的《世界商品与世界货币》（*World Commodities and World Currency*）一书中将"现代常平仓"升级为"世界常平仓"。他认为，由于各国经济的相互影响逐步加深，只有各国共同建立世界范围的

---

① 参见格雷厄姆《储备与稳定》，译科、张卓飞译，法律出版社，2011，第 89～93 页。普林斯顿大学的弗兰克·格雷厄姆教授在 1943 年出版的《社会目标与经济制度》一书中再次讨论了格雷厄姆的这一思想，参见 Graham F. D., *Social Goals and Economic Institutions*（Princeton：Princeton University Press，1942），pp. 94 – 103.

② 格雷厄姆认为杰文斯最早提出了商品本位的货币思想，参见格雷厄姆《世界商品与世界货币》，译科、杨崇献译，法律出版社，2011，第 51 页。

常平仓，才能在战后时代更好地稳定世界经济。格雷厄姆的方案是，成立一个可称之为国际商品组织（International Commodity Corporation，ICC）的国际机构，该组织以基准价格的 95% 和 105% 为操作目标，收购、储备、销售 15 种初级产品组合。[①] 在此基础上创造出与黄金、国际货币基金组织（IMF）货币（如"凯恩斯计划"中的班科或怀特计划中的尤尼塔）并行的另一种国际货币——商品组合货币，该货币可以在 IMF 框架内与国际信贷机制相辅相成，共同稳定世界货币体系。这样，世界常平仓除了稳定价格、防患于未然、平衡地扩大世界产品的产量和消费量这三个基本功能外，又增加了稳定汇率这一重要功能。

格雷厄姆预见战后世界经济可能出现的问题，认为世界常平仓和商品组合货币是平衡各国（包括各种重要原材料商品的出口国和进口国）经济发展的有效机制，世界常平仓方案与凯恩斯提出的"国际清算联盟"（即"凯恩斯计划"）或"怀特计划"具有同等地位，至少它们可以相互补充。因为，商品组合货币是类似于金本位的货币，是黄金清算理念的泛化，它以坚实、可靠的物质储备（准备）为基础。格雷厄姆设计的世界货币其实是一种"超主权货币"，即一种不与任何国家主权挂钩，进而不与任何主权信用货币挂钩的"世界货币"，在他看来，该货币将摆脱政治因素的影响。然而，这种"世界主义"的经济方案不符合战后政治、经济新格局，历史的真实演进是世界货币体系在怀特计划基础之上形成了以美元为中心的新结构——布雷顿森林体系。[②]

格雷厄姆《世界商品与世界货币》一书出版之前，已有多人提出了

---

① 包括小麦、玉米、棉花、羊毛、橡胶、咖啡、茶叶、蔗糖、烟草、石油、煤炭、木浆、生铁、铜、锡。参见格雷厄姆《世界商品与世界货币》，译科、杨崇献译，法律出版社，2011，第 32～34 页。

② 在凯恩斯计划中，从表面上看国际清算同盟创造发行的世界货币"班科"（Bancor）是以黄金计价的超主权货币。但是，货币的分配份额按照二战前三年的进出口贸易平均值计算。这样，英国和英联邦国家便可占据较高的份额。凯恩斯计划中世界货币的分配有利于英国在耗尽黄金储备的条件下继续维持英镑的国际地位，同时亦可削弱美元和美国黄金储备的影响力。怀特计划的核心是以基金制为基础建立国际货币平准基金，基金由会员按规定份额缴纳，基金使用的货币单位为"尤尼塔"（Unita），每单位尤尼塔与美元或黄金挂钩，而会员货币则都要与尤尼塔保持固定比率。由于基金认缴份额由会员的黄金储备、国际收支以及国民收入等因素决定，所以怀特计划显然又是一个有利于美国的货币方案。

建设世界常平仓的构想。华莱士在 1942 年 1 月发表的文章中希望"在世界范围内针对一系列商品建立可称之为'常平仓原则'的制度。"[①] 1944年 5 月，汉森在《纽约时报》撰文建议"建立一个能购买、储存以及销售原料并在原料市场发挥缓冲作用的 ICC（即国际商品组织）"[②]。同一时期的大西洋彼岸，凯恩斯在重建战后经济秩序的思考中也系统地提出了缓冲储备思想。耐人寻味的是，在这股常平仓思潮中，凯恩斯的主张竟与他革命性的经济理论有着紧密的关联。

---

① Henry A. Wallce, "Foundations of Peace," *Atlantic Monthly* (January 1942)：37. 转引自 Bodde, D., "Henry A. Wallace and the Ever-Normal Granary," *The Far Eastern Quarterly* 5 (4)（1946）：423.

② 在此基础上，汉森认为该组织的运作机制和功能是"当市场力量没有把每种商品的价格抛出上限或下限时，ICC（国际商品组织）不必介入。一旦价格突破了下限，ICC 就开始收购；一旦价格涨过上限，ICC 就着手出售。ICC 要持续研究价格上限和下限的设定值，这个设定值要根据正常供需的基本趋势而时常调整。ICC 的一个重要职能是为基本原料寻找新的用武之地，并与多个国家政府合作以促使资源从无收益的领域转移出来，从而把供需调整至正常的平衡。"转引自格雷厄姆《世界商品与世界货币》，译科、杨崇献译，法律出版社，2011，第 42 页。

第四章　"常平仓方程式"与缓冲储备：
被忽视的凯恩斯经济思想

> 自由竞争市场厌恶缓冲储备的存在，就像自然界厌恶真空一样，虽然储备可以稳定需求的上下波动，但存货创造其自身的负收益。
>
> ——〔英〕凯恩斯
>
> 凯恩斯不唯是伟大的理论家，他总是明白具体的事务需要什么样的理论，他的目标是提供实用的理论，并不断让他的理论方法适应政府关注的政策。
>
> ——〔英〕斯基德尔斯基

凯恩斯使"常平仓"获得了现代宏观经济学的全新阐释。《货币论》中凯恩斯提出的短期价格理论及其方程表达式 $pq = xy$ 揭示了依靠市场机制出清过剩产品对价格和产出施加的重大影响，而如果把政府引入方程式中并以缓冲储备政策影响相关变量，一个稳定的经济状态就会出现。在中国语境下，短期价格理论的表达式可称之为"常平仓方程式"。基于丰富的投资实践，凯恩斯早在 20 世纪 20 年代就提出利用缓冲储备应对商业周期的建议，时至 20 世纪 40 年代他更是详细地制订了战后在世界范围内实施缓冲储备的基础商品调控计划。凯恩斯的缓冲储备思想被他的学生卡恩进一步发展，在卡恩的设计中，政府的缓冲购销行为应更加灵活、主动以防被市场投机利用。凯恩斯的短期价格理论、缓冲储备思想与《通论》是内在贯通的。《通论》的政策要义是政府根据"长期资本边际效率"进行有组织的投资，其本质就是利用缓冲枭枭机制稳定宏观经济。萧条时期的宏观政策可被解读为，当市场主体因悲观预期（资本边际效率崩溃）放弃各种经济资源，转而持有货币规避风险时，政府应依托缓冲储备或公共工程实施"平籴"政策，或储备、或"雇用"包括劳动力在内的被市场弃之一旁的经济资源。政府以投资弥补投资，以投资稳定投资、以投资诱导投资的方式构建了常平稳定机制，其中充分就业是重要的组成部分，后凯恩斯学派沿此理路将宏观经济学的"常平仓"进一步引向深入。

第一节　市场波动与短期价格理论

一　市场的熟知者

在现代经济理论史中，"凯恩斯"、《通论》、"凯恩斯革命"是人们再熟悉不过的名词了。虽然后世的经济学家们对凯恩斯经济学的不同解读与发展已使其具有革命性的宏观经济理论分蘖出多个流派，但凯恩斯对经济学的贡献仍有为人所忽视和被遗忘的"角落"——缓冲储备思想便是其一，而若将它与凯恩斯的经济实践、理论与政策前后贯通起来，会发现这一隐微之处从一个相当独特的视角更为简明地阐释了他的宏观经济理论。

自 20 世纪初开始，除了服务于政府、从事学术研究之外，凯恩斯还有一个重要身份——市场投资者。从投资记录来看，凯恩斯至少从 1905 年就开始投资活动了，1919 年后凯恩斯在金融市场的投资已达到相当大的规模。[①] 在早期的交易中，凯恩斯主要参与股票和汇率市场（尤其是美元、马克、法郎和里拉）的投资活动，20 世纪 20 年代后，他不断增加对商品期货市场的投资，大量的交易涉及铅、锡、铜、橡胶、棉花、小麦、糖等原材料和主要农产品。凯恩斯在投资生涯中还积极参与金融投资机构的经营管理活动，在担任剑桥大学国王学院的财务副主管期间（1919 ~ 1924），学院受其影响在 1920 年 6 月创立了切斯特基金（Chest Fund），投资于普通股票和商品期货；在他升任财务主管后（1924 年任职直至去世），切斯特基金的投资活动更加活跃，除了传统和对冲性交易外，基金涉及更多的投资活动。二战爆发后，由于英国相关市场被关闭

---

① Keynes, J. M., *Economic Articles and Correspondence: Investment and Editorial*, in Moggridge, D., eds., Vol. XII (12) of *The Collected Writings of John Maynard Keynes* (London: Macmillan, 1983), pp. 1 - 6.

并对外国市场实施交易管制，凯恩斯的商品期货业务被迫终止。[①]

凯恩斯谙熟实务，投资经历让他深刻地体会到商品投资需要辛苦地工作、不断地更新知识和信息以做出正确的决断。一个典型的例子就是1923～1930年凯恩斯收集了大量原材料商品的市场信息并将其进一步系统化，编制成"大宗商品之贮存"（Stocks of Staple Commodities）系列统计与分析资料。这些资料均被收入《伦敦－剑桥经济研究所特种备忘录》（London and Cambridge Economics Service, Special Memorandum）。[②]

凯恩斯在投资业务中切身体会到价格大幅波动对市场造成的巨大影响，这使他获得了可观的收益，但也蒙受了一定的损失（见表4-1）。[③]与此同时，凯恩斯对市场也形成了深刻的认识，1923年在《曼彻斯特商业卫报》（Manchester Guardian Commercial）发表的《商品市场的若干问题》（Some Aspects of Commodity Market）一文中，凯恩斯分析了原材料价格与产量大幅波动的整个过程：（1）经济高涨期高价格过度刺激了产量并最终达到一个高点，同时消费增长减缓；（2）由于生产是一个连续的过程，价格回落并不会立即减少商品的供应量；（3）由于正常存货一般只占年产量的一小部分，对于大多数商品而言，三个月的存货量已经很大，所以消费增长慢于产出增长不断地累积起超过正常状态的存货；（4）"超量供给"使商品价格不仅低于被高估的价格，还会跌至基于合理预期的生产成本之下，其结果是新的生产被极大地阻滞，在一些情况下还会使生产完全停顿；（5）这样，在衰退阶段消费的下降水平即便没有超过10%～20%，生产的下降水平至少也会达到30%～50%；（6）其结果是，存货被逐渐消耗掉，而生产在被严重挫伤的情况下，除了出现某种高价预期状态，其恢复将经历一个缓慢的过程；在此之后，人们又

---

① Fantacci, L., Marcuzzo, M. C., and Sanfilippo, E., "Speculation in Commodities: Keynes' 'Practical Acquaintance' with Future Markets," *Journal of the History of Economic Thought* 32 (3) (2010): 398 – 399.

② 参见 Keynes, J. M., Economic Articles and Correspondence: Investment and Editorial, in Moggridge, D., eds., Vol. XII (12) of The Collected Writings of John Maynard Keynes (London: Macmillan, 1983), pp. 267 – 647.

③ 参见 Chua, J. H., Woodward R. S., "J. M. Keynes' Investment Performance: A Note," *The Journal of Finance* 38 (1) (1983): 232 – 235.

发现存货被耗尽，而消费量又大大超过生产水平；（7）即便在高价格刺激下，产出的恢复也需要一个过程，这样消费者又会面临原材料商品极度短缺的状态。①

表 4 - 1　凯恩斯的投资收入（1920 ~ 1945）

年份	英镑红利（总额）	美元红利（总额）	英镑资本收益	美元资本收益	货币投机（英镑）	商品投机（英镑）	其他各种投机（英镑）[a]	其他（英镑）[b]
1920	815	—	- 602	—	- 10632	—	—	—
1921	885	—	- 1638	—	9677	2155	—	—
1922	346	—	- 1180	—	3335	6729	13	—
1923	654	—	3618	594	4946	13702	299	65
1924	1581	—	1038	—	4817	15245	610	103
1925	2649	250	- 356	—	- 335	- 5627	- 2298	142
1926	1804	400	- 3333	—	419	6570	—	124
1927	2119	500	850	—	188	10525	—	146
1928	2791	100	4325	3250	—	- 23267	—	252
1929	1517	—	3440	—	—	- 70	—	78
1930	2190	—	- 973	—	—	- 3009	—	48
1931	2470	—	1583	—	—	1550	—	35
1932	1078	—[c]	- 4044	- 443	—	404	—	20
1933	1805	—[c]	33	11142	83	2364	—	25
1934	3056	8251	20559	- 799	- 466	8820	—	151
1935	6191	11039	22404	5600	- 2092	- 4304	682	204
1936	11795	19217	30169	92432	12362	36009	407	373
1937	17353	37884	54884	234097	1056	- 8141	- 2299	546
1938	5961	13997	- 18572	- 140819	- 1844	- 3612	- 315	504
1939	3209	5555	- 3548	30900	- 1668	- 3138	- 554	544
1940	8189	8241	1005	3517	—	—	—	797
1941	12729	1527	- 58	- 62923	—	—	—	748

---

① Keynes, J. M., *Economic Articles and Correspondence*: *Investment and Editorial*, in Moggridge, D., eds., Vol. XⅢ (12) of *The Collected Writings of John Maynard Keynes* (London: Macmillan, 1983), p. 264.

续表

年份	英镑红利（总额）	美元红利（总额）	英镑资本收益	美元资本收益	货币投机（英镑）	商品投机（英镑）	其他各种投机（英镑）[a]	其他（英镑）[b]
1942	11074	1112	11432	—	—	—	—	978
1943	8657	879	7925	12183	—	—	—	863
1944	11402	548	-838	—	—	—	—	1152
1945	5156	2277	9052	56766	—	—	—	863
总计			£137175	$245497	£19846	£52905	-£3455	

注：a 期权，股票短期投资，等；b 未上市证券等的收入；c 少量以英镑计价的美元分红。

资料来源：Keynes, J. M., *Economic Articles and Correspondence: Investment and Editorial*, in Moggridge, D., eds., Vol. XII (12) of *The Collected Writings of John Maynard Keynes* (London: Macmillan, 1983), p. 12.

凯恩斯的这一分析后来被卡尔多等经济学家发展为蛛网理论。不过，"大宗商品贮存量"的统计资料表明凯恩斯的"前蛛网理论"并不只限于对特定产品（如农产品）的分析。在凯恩斯看来，价格对供求失衡的迅速反应与生产相对缓慢调整之间的矛盾，以及由此导致产出相对于消费的更大波动所涉及产品范围很广，如此便会引致商业周期。[1] 那么，在市场起伏中，作为一种"平衡"机制，投机行为能否对大起大落的市场起到平抑的作用呢？凯恩斯认为：

关于这一问题，绝大多数文章中非常强调一点，即专业投机者以刺激和迟滞的方式对供求进行**时间优化**匹配，从而给短期和长期的供求带来稳定。这也许是事实，但相比于生产与消费者，投机者若被视为更为明智之人，那么一般说来这是一个值得怀疑的认识。投机者在组织发达的"期货"市场上的最重要功能，我的看法不尽相同，与其说他们是先知先觉者……毋宁说是**风险承担者**。[2]（强调

① Keynes, J. M., *Economic Articles and Correspondence: Investment and Editorial*, in Moggridge, D., eds., Vol. XII (12) of *The Collected Writings of John Maynard Keynes* (London: Macmillan, 1983), pp. 268–270.

② Keynes, J. M., *Economic Articles and Correspondence: Investment and Editorial*, in Moggridge, D., eds., Vol. XII (12) of *The Collected Writings of John Maynard Keynes* (London: Macmillan, 1983), p. 260.

为原文所加）

　　将投机行为视为一种"保险"机制说明凯恩斯并不认为投机活动能平抑市场波动，因为投机者不但会有损失，而且损失会很大。事实是，只有能够精准无误地预测市场走势并相应地采取行动，投机行为才具有稳定功能。然而，凯恩斯通过观察发现，即便投机者先知先觉，这些情况也不太可能发生，行情下跌时更是如此，原因是，政治上的不确定性会让投机者在价格下跌时止步不前，其财务状况同样会因经济衰退而表现不佳，而以往的衰退经历更会让他们期望价格在回升之前持续地跌至生产成本以下。正因如此，市场投机者即便心知价格已跌过均衡水平，也仍然会继续观望，直至市场出现大面积萧条。[①] 在凯恩斯看来，价格下跌时，投机者并没有足够的激励买入并持有某种商品，这不仅是因为他们必须预期该商品价格会上涨，其上涨幅度也必须足以补偿高昂的持有成本、机会成本以及未来不可预期的价格下跌。[②] 照此分析，市场投机行为不仅难以起到稳定的效果，反而会强化蛛网效应。

　　在《货币论》中，凯恩斯通过对期货市场的分析进一步阐述了以上认识。首先，如果市场上没有多余的存货，现货价格就会超过期货价格，凯恩斯将其称作"现货贴水"（Backwardation），认为如果不足的供应量可以在未来的生产中补足但不能在当下马上补足，那么"现货价格可能比期货价格高出许多，其程度只受购买者不愿付出较高的现货价格而宁愿延缓其购买日期的限制"。凯恩斯进一步举例说明了市场紧俏时的情形："一个购买者如果由于事先对于供应状态估计错误而订立了期货合同，他就可能被迫支付很大一笔贴水。三个月的现货贴水上涨到年率30%的事情是屡见不鲜的。"[③] 其次，如果出现剩余贮存品，那么期货市场就不可能仍然有现货贴水，因为若是这样，有利的选择就是一直卖现

① Keynes, J. M., *Economic Articles and Correspondence*: *Investment and Editorial*, in Moggridge, D., eds., Vol. XII (12) of *The Collected Writings of John Maynard Keynes* (London: Macmillan, 1983), p. 265、270.

② Keynes, J. M., *Activities 1922 - 1929, the Return to Gold and Industrial Policy*, in Moggridge, D., eds., Vol. XIX (19) Part II of *The Collected Writings of John Maynard Keynes* (London: Macmillan, 1981), p. 549.

③ 凯恩斯：《货币论》下卷，蔡谦等译，商务印书馆，1986，第121页。

货、买期货而不负担货物的仓储费用和利息开支。真实的情况是，出现剩余库存一定会促使期货价格上涨到现货价格之上，即期货价格中需要提出一笔"期货贴水"（Contango），它等于贮存这批货物所需的仓储费用、折旧和利息的总和。但凯恩斯认为期货贴水并不意味着买现货卖期货而无须支付价格波动的保险费。事实是，由于存在不确定因素以及它要求人们承担额外的风险，期货投机所付出的保险费必须比正常的数额大得多，也就是说，"期货价格的牌价虽然是在目前的现货价格之上，却必须比将来的预期现货价格为低，其差额至少要等于正常的现货贴水。"对于现货价格而言，"由于比期货价格的牌价低，所以便应该比预期的未来的现货价格更低得多。"[1] 这就会对现货市场形成极大的压力，即便是在一个大而稳定的市场上，要让一个囤积居奇的投机者在商情疲软的时候做交易，预期利润率少于每年10%也是办不到的，某些商品甚至还需要高得多的报酬率。假如考虑会有高达10%的贮存费用，那么如果有一宗两年吸收不完的剩余贮存品存在，就必然会把售价压低到预期正常价格之下30%的程度。[2]

基于以上分析，凯恩斯认为即便存在期货市场，现货价格在供求稍许不平衡之间也仍无法避免明显的波动：

> 这样，就有一个重大的不稳定因素进入到我们的经济生活中来了。工业对于准备回供到生产过程中去的可用产品之流的任何过剩或不足都非常敏感，哪怕是微量的也一样。[3]

得出这样的认识与凯恩斯参与期货投机活动是密不可分的，有人指出："投机买卖改善了他的经济学，而经济学又改善了他的投机能力。"[4]那么，作为市场的熟知者和投资交易的内行人，凯恩斯将他的观察与实践转化为怎样的经济学理论呢？

---

① 凯恩斯：《货币论》下卷，蔡谦等译，商务印书馆，1986，第122页。
② 凯恩斯：《货币论》下卷，蔡谦等译，商务印书馆，1986，第116页。
③ 凯恩斯：《货币论》下卷，蔡谦等译，商务印书馆，1986，第123页。
④ 参见斯基德尔斯基《凯恩斯传》，相蓝欣、储英译，生活·读书·新知三联书店，2006，第313页。

二　市场机制的方程式

为了准确地描述市场价格的波动，凯恩斯在《货币论》中提出了一个至今尚未引起足够重视的"短期价格理论"，这一理论以方程式的简洁形式呈现出市场出清过剩产品及其对价格和产出造成的重大影响。

设 x 为单位商品仓储成本所占正常价格中的份额，y 表示多余贮存量相对于正常年消费量的比例，p 表示价格跌到正常水平以下的最大幅度，q 表示由于价格下降新产量低到正常产量以下的比例。现假定：价格从低位稳步地回升到正常价格；由于价格低于正常值而引起的消费增量和因相同原因而引起的生产减少量相等。凯恩斯由此得到了以下方程式：

$$pq = xy$$

该方程式推导如下：①

令 C 表示为正常年消费量，A 表示经济恢复正常状态所需年份，若产出下降至 0，那么多余贮存量将在 $y = S/C$ 年内消费完。但一般而言，产出为正，即 $A > y$，那么在调整阶段内的消费量为 $C - (1 - q)Q$，其中 Q 为正常年产出。但由假定 2 可知，价格下降的同时引致消费同比例地上升，那么在调整阶段内的消费量将为 $(1 + c)C - (1 - q)Q$，其中 c 为因价格下降，消费成比例地上升的幅度。

令 $Q = C$，$q = c$，代入上式：

$$(1 + c)C - (1 - q)Q = (1 + q)Q - (1 - q)Q = Q(2q) \tag{1}$$

则有：

$$A = S/Q(2q) \tag{2}$$

在调整期之初，多余贮存量的减少率为 $2q$，调整期结束时贮存量减

---

① 凯恩斯只是在《货币论》下卷第 119 页的脚注中对此方程作出了一些简单的说明。另可参见 Kregel, J. A., "Keynesian Stabilization Policy and Post-War Economic Performance," in Szimai, E. et al. eds., *Explaining Economic Growth: Essays in Honour of Angus Maddison* (Amsterdam: Elsevier Science Publishers B. V., 1993), pp. 432 – 433.

少率为 0，那么，整个调整期的平均多余贮存减少量就为 $2q/2$，将 $y = S/C$ 代入（2）式，则有：

$$A = y/(2q/2) = y/q \tag{3}$$

令 $p = (P_2 - P_1)/P_2$，其中 P_2 为商品的正常价格，P_1 为商品的最低价格。由于商品价格恢复到正常值后，对于贱买贵卖的市场投机者而言囤存费用至少要等于利用价差所获收益，令 X 为单位商品的年囤存费用，则 $p = A \cdot X/P_2$，即

$$p = A \cdot x \tag{4}$$

将（3）式代入（4）式，得：

$$pq = xy \tag{5}$$

从这一方程可以看出，如果仅仅依靠市场机制自发调节，那么，决定于利率、保险和仓储成本的 x 越大，决定于多余贮存量与正常消费量之比的 y 越大（即市场出清时间越长），用 p、q 表示的产出和价格的波动就越大。在 $x \cdot y$ 较大的情况下，如果决定于产出变动率的 q 较小，那么价格变动率 p 就会以更大幅度波动；若价格变动率 p 不大，那么产出变动率 q 就会以更大幅度波动。

以上分析可以从凯恩斯所列举的美国棉花市场的例子得到进一步说明，1920～1921 年，美国棉花的剩余贮存量达 700 万包左右，约相当于六个月的市场供应量（这意味着 x 和 y 都很大）。当时棉花市场正常的价格是每磅二角四分，由于供给过剩，价格跌到一角六分左右，即便如此，剩余量三年之久仍未全部销完。凯恩斯分析，在这三年中，棉花的平均收获量比正常的需求量约低 20%，如果棉价没有跌到二角以下，那么收获量也许更大，这就可能需要四年的时间才能把剩余量清理完毕。[①]

由此不难理解，在市场出现过剩的情况下，若价格降幅有限且仅使产量出现小幅下跌，那么将会累积更多的过剩商品，并在下一个时期使 x、y 变得更大，这不仅拉长了该商品价格和产出的下调时间，还会为更为剧烈的波动埋下隐患。在现实中，如果过剩商品施加给价格

---

① 凯恩斯：《货币论》下卷，蔡谦等译，商务印书馆，1986，第 116～117 页。

下调的压力不断放大，那么市场就会愈加排斥耗费贮存成本而继续持有商品的行为。① 如此持续下去，在价格持续下跌至某个低点又会出现因存货匮乏使正常需求无法被满足的情况。在价格恢复阶段，供给亦将因为生产的大幅下调而无法迅速恢复正常。因此，如果市场上一些大宗商品出现供给过剩，经济体系出现大范围的、深度的波动将在所难免。

凯恩斯认为，这是在自由竞争市场条件下经济体系不可避免的调整压力："短期结构的机制，就目前的情况来看，必然会使多余的贮存量对价格、从而对新的产量，发生过分的影响：这种贮存量对市场产生非常大的压力，使自身尽快被吸收。"② 他进一步解释道：

> 由于有这种或那种高昂的固存费用存在，所以我们目前的经济安排中对于处理剩余的流动资本并没有常规的办法。如果由于从前的估计错误而产生了剩余的贮存品，那么这种货品的价格就会继续下跌，一直到消费量增加或生产量削减足以把它消纳下去为止。在任何情况下，剩余贮存品都无法和正常的生产并存。一般说来，在贮存品没有全部消纳以前，经济复苏是不可能开始的，其结果是，复苏的过程不能因为有贮存品的存在而得到多大帮助。③

因此，作为一种经济生活中重大的不稳定因素，"我们的现行制度最怕流动品的存货。这种存货一经出现，许多强大的力量马上就被驱动起来消灭它。"④ 在凯恩斯看来，由于持有成本高昂，市场机制缺乏为生产（消费）连续性创造防患于未然的贮存商品的激励，在此状况下价格波动是难以避免的。

凯恩斯的短期价格理论揭示出价格和产出周期性波动的深幅和宽

---

① 由此便可理解将牛奶白白倒掉这一现象。只用这种极端的处理过剩商品、压缩产量、减少仓储成本的方式，才能使价格在短时间内恢复到正常状态。然而，这种方式反过来更加剧了市场萧条。
② 凯恩斯：《货币论》下卷，蔡谦等译，商务印书馆，1986，第118页。
③ 凯恩斯：《货币论》下卷，蔡谦等译，商务印书馆，1986，第122页。
④ 凯恩斯：《货币论》下卷，蔡谦等译，商务印书馆，1986，第123页。

幅,[1] 可以说是对蛛网理论的另一种深入阐释，事实上这为《通论》作了铺垫——凯恩斯认识到，在供给过剩（亦或消费不足）的状态下，哪怕是微量的过剩，都不可能实现充分就业。[2] 然而，凯恩斯发现人们对此似乎并没有足够的认识：

> 短期物价理论一向被大大地忽视了，以至据我所知道，（人们）连这个有助于解释主要商品相对价格变动的剧烈程度的简单方程式，都很陌生。[3]

在《货币论》中，凯恩斯并没有基于短期价格理论有针对性地提出平抑价格波动和商业周期的政策建议。但如果从经济理论体系与政策的产生、发展和完善的演变过程来看，短期价格理论为凯恩斯后来提出的"缓冲储备计划"铺垫了理论基础。从方程式 $pq = xy$ 可以看出，如果等式两边都是"市场机制"，那么从生产的大量过剩转换到市场出清将是一个令人十分"痛苦"的过程，凯恩斯说道：

> 市场随时准备不带任何怜悯地将生产体系撕成碎片并竭力将它们清除，而不是包容它们，由此人们不会感到惊讶的是，在典型状态下，尽管是短期的，但竞争性市场体系仍会以它完美的机制保证供给或需求以最快的速度、最无情的方式做出任意调整。[4]

不过，这种无情的调整并不是不可改变和不可避免的。如果在方程式 $pq = xy$ 中引入某种干预机制去主动地影响相关变量，从而建立起一个新的均衡关系，就不难获得重要的启示。例如，通过有组织地减少仓储

---

① Kregel, J. A., "The Theory of Value, Expectation and Chapter 17 of the General Theory," in Harcourt, G. C., Riach, P., eds., *A Second Edition of the General Theory* (London: Routledge, 1996), p. 265.

② 凯恩斯：《货币论》下卷，蔡谦等译，商务印书馆，1986，第123页。

③ 凯恩斯：《货币论》下卷，蔡谦等译，商务印书馆，1986，第119页。

④ Keynes, J. M., *Activities 1940–1946: Shaping the Post-war World: Employment and Commodities*, in Moggridge, D., eds., Vol. XXVII (27) of *The Collected Writings of John Maynard Keynes* (London: Macmillan, 1980), p. 131.

成本（如下调利率、降低保险费率和贮藏成本）的方式降低 x 值以及通过增加消费量的方式降低 y 值，就可以减小生产过剩之际 p、q 的波动幅度。进一步来看，政府作为一个中间环节持有过剩产品（特别是重要商品）或创造购买力，从而降低 x、y 值并由此影响市场预期，就可以有效地稳定产品过剩造成的市场波动。反过来，当市场面临短缺局面时，政府又可向市场释放产品，从而抑制高企的价格。显而易见，短期价格理论的一个重要政策工具就是建立商品缓冲储备。

第二节　凯恩斯的缓冲储备计划

一　20 世纪 20～30 年代的缓冲储备思想

凯恩斯经济思想中，对价格稳定机制的分析一直未被后来的学者视为一个重要的主题。[①] 然而，从存世的文献来看，20 世纪 20 年代以后凯恩斯持续地关注着这一问题，他分析了主要商品价格大幅波动的原因，并提出应对之策，其主要的手段就是政府对重要商品实施缓冲储备计划。这一计划从逐步形成到凯恩斯的学生卡恩（Kahn）进一步发展之，前前后后历经了三十余年的时间。

凯恩斯通过观察各类商品库存统计变化，认识到库存量可视为生产相对于消费是否过剩以及价格波动的重要指标。这一决定因素与商业周期有着紧密的关联，如果出现过剩的库存商品，产出将被迫进行调整，由于市场本身并没有稳定产出波动的直接办法，因此相对于消费的连续性，生产则会出现大幅波动。1923 年 4 月，凯恩斯在"主要商品贮存量"特种备忘录第 1 期中指出，如果坚持对商品库存统计进行长期观察，就能够了解它与商业周期的内在关系。因此，掌握大宗商品库存量的准确信息对于商人和经济学家而言非常重要。[②] 1924 年 6 月，凯恩斯在

① Kregel, J. A., "Keynes's Influence on Modern Economics: Some Overlooked Contributions of Keynes's Theory of Finance and Economics Policy," in Bateman, B., et al., eds., *The Return to Keynes* (Harvard: Harvard University Press, 2010), pp. 245 – 248.

② Keynes, J. M., *Economic Articles and Correspondence: Investment and Editorial*, in Moggridge, D., eds., Vol. XII (12) of *The Collected Writings of John Maynard Keynes* (London: Macmillan, 1983), pp. 267 – 268.

"主要商品贮存量"特种备忘录第 6 期中进一步分析道："许多商品产量和消费量之间相对很小的失调都会使短期价格变得十分敏感。"他由此提出通过增强储备功能以应对商品价格波动的政策："如果有关组织能够对大规模的储备支付适当的仓储成本，那么相对价格似乎可以保持得更为稳定。"[1]

1926 年，凯恩斯在《国民周刊》（*The Nation and Athenaeum*）上撰写《原材料的政府控制》（The Control of Raw Materials by Government）一文，其主旨在于回应美国总统胡佛和商务部部长所发表的反对政府对价格和供给实施干预的主张："从长期来看，价格和供给的剧烈震荡会给消费者和生产者带来伤害，这种震荡如果能够被阻止，世界的经济状况显然会得到改善。"凯恩斯认为价格的剧烈震荡与市场机制难以大量持有过剩存货有着莫大关系，"有关市场的统计表明，即便是一个纯投机者，在市场不景气时，如果没有 10% 的年利润，他们也很少冒险持有存货"。这样，政府"不可避免的且应该对市场进行干预，而若采取相反的自由放任政策将是疯狂之举。"[2] 如果注意到凯恩斯同年发表的重要文献《自由放任的终结》（The End of Laissze-Faire），[3] 那么以上表述就别有一番深意了。

1930 年，凯恩斯重要的学术著作《货币论》出版，书中虽未讨论缓冲储备稳定机制，但正如前文所指出的，如果将其思想主张前后贯通起来进行考察，就不难发现他在《货币论》中对"短期价格理论"的论述及其政策暗示并不是孤立的，它在凯恩斯理论、政策、经济现象描述相混杂的一系列文献中具有承前启后的作用。

1938 年 9 月，凯恩斯在《经济杂志》上发表论文《粮食与原材料的

---

① Keynes, J. M., *Economic Articles and Correspondence*：*Investment and Editorial*, in Moggridge, D., eds., Vol. XII（12）of *The Collected Writings of John Maynard Keynes*（London：Macmillan, 1983），p. 315.

② Keynes, J. M., *Activities 1922 – 1929, the Return to Gold and Industrial Policy*, in Moggridge, D., eds., Vol. XIX（19）Part II of *The Collected Writings of John Maynard Keynes*（London：Macmillan, 1981），p. 549、550.

③ 凯恩斯在这篇文章最后一部分特别提出，现代资本主义需要在技术层面通过政府专门机构的集体行动做出可能的改进 [Keynes, J. M., *Essays in Persuasion*, in Moggridge, D., eds., Vol. IX（9）of *The Collected Writings of John Maynard Keynes*（London：Macmillan, 1972），pp. 292 – 293.]，这预示了他后来提出的社会化投资的政策主张。

政府储备政策》（The Policy of Government Storage of Food-stuffs and Raw Materials），第一次较为系统地阐述了他的储备观点。该文最初是应哈罗德之邀为会议而作的，但其更深远的价值正如哈罗德所言："这篇论文构成他在大战期间煞费苦心提出的更为具体的相关建议的基础，并成为英美战后重建历次讨论的一项议题。"[1] 在这篇文章中，凯恩斯认为，自由竞争市场体系存在一个明显的缺陷，即它无法激励企业独自贮存超过正常储备的原材料，从而使产出尽可能地在需求高低波动之间连续地维持在一个平稳的水平上。接续以往的分析，结合几种主要商品价格波动的个案和英国的经济现状，凯恩斯提出了两种应对之策，一是政府直接购买，二是政府协助厂商增加储备，而他本人对后者更感兴趣，并建议道：

> 政府应向我国所有指定原材料的生产厂商提供储备服务。如果他们将过剩产出运送到国内许可的仓库，政府应免除贮存和利息费用，或是仅少量收取费用。对于相关货物，政府无须成为其所有者，它们仍归贮存者所有，由其承担价格变动的风险，并可以随时自主转移或是在仓库的许可下交易这些货物。[2]

凯恩斯强调，这一建议不应只是战时的特殊政策。和平时期，储备计划有助于稳定供给和需求波动，不仅不会干预正常的经济活动，还有利于创造持续的商品流动性。其关键在于，政府提供储备服务会大大减少过剩商品的私人持有成本。凯恩斯认为私人储备的支出会占到商品总价值的10%左右，如果由政府提供储备服务，其成本只有4%左右。[3] 凯恩斯指出，原材料商品储备政策不应被孤立地理解，该政策对于进出口、对外投资、汇率都将产生正面影响，而商品储备作为黄金储备的部分替

---

[1] Harrod, R. F., *The Life of John Maynard Keynes* (New York: Augustus M. Kelley · Publishers, 1969), p. 485.

[2] Keynes, J. M., "The Policy of Government Storage of Food-Stuffs and Raw Materials," *The Economics Journal* 48 (191) (1938): 455.

[3] 格雷厄姆也有测算，他认为大宗商品若进行集约化储备，其成本可降到3%，甚至更低。参见格雷厄姆《储备与稳定》，译科、张卓飞译，法律出版社，2011，第65页。

代，无论在战时还是和平时期，都有助于保障国家安全和经济利益。①

二　商品调控：一个完整的缓冲储备方案

如果说凯恩斯在 20 世纪二三十年代所讨论的储备政策更多地关注于英国国内，那么从 1941 年底开始他花费更大的精力去思考构建世界范围的缓冲储备方案。这一重要转换缘起于哈罗德，1941 年英美开始商讨战后世界秩序重建问题，哈罗德在《凯恩斯传》中记述道："1941 年秋，我提出了几份与美国人合作，包括建立世界银行等内容的备忘录，这使他饱受非议。其中一份我尝试提醒凯恩斯关注他于 1938 年在剑桥向英国学术协会经济学分会提交的一篇主张商品缓冲储备的论文。（即《粮食与原材料的政府储备政策》——笔者注）……凯恩斯满怀激情地接受了这一建议，并完成了一份内容翔实的关于缓冲储备的备忘录。"② 1942 年 1 月至 1943 年 2 月，凯恩斯付出极大的努力完成了九个不同版本的文稿（见表 4 - 2）。

表 4 - 2　凯恩斯缓冲储备计划文稿汇总

编号	名称	时间	参考档案	出版情况
1	初稿	截至 1942 年 1 月 20 日	—	未存世，《文集》27 卷第 105 页提及
2	二稿	1942 年 2 月初	—	未存世，《文集》27 卷第 105 页提及
3	三稿	1942 年 3 月底	—	未存世，《文集》27 卷第 105 页提及
4	四稿	1942 年 4 月初	—	未存世，《文集》27 卷第 105 页提及
5	原材料的国际调控	1942 年 4 月 14 日	凯恩斯论文ª24/W/6/1/188 - 211	《文集》27 卷，第 112 ~ 134 页
6	主要产品国际管理（打印稿）	1942 年 5 月 28 日	凯恩斯论文 24/W/6/1/154 - 187	《文集》27 卷第 488 ~ 501 页说明此版本与下一个版本的不同之处，正式版本

---

① Keynes, J. M., "The Policy of Government Storage of Food-Stuffs and Raw Materials," *The Economics Journal* 48 (191) (1938): 456 – 460.

② Harrod, R. F., *The Life of John Maynard Keynes* (New York: Augustus M. Kelley · Publishers, 1969), p. 531.

续表

编号	名称	时间	参考档案	出版情况
7	主要产品国际管理（政府文件）	1942 年 8 月	凯恩斯论文 24/W/6/1/239 – 247	《文集》27 卷，第 135 ~ 166 页
8	主要产品国际管理	1942 年 11 月修订	凯恩斯论文 24/W/6/1/212 – 238	《文集》27 卷第 166 页提及，未载
9	主要产品国际管理（战时内阁、重建问题委员会）	1943 年 2 月	—	《文集》27 卷，第 168 ~ 194 页

ᵃ 凯恩斯论文保存于英国剑桥国王学院现代档案馆。

资料来源：Fantacci, L. et al. , "Speculation and Buffer Stocks：The Legacy of Keynes and Kahn," *The European Journal of the History of Economic Thought* 19（3）（2012）：461.

需要说明的是，第五稿（"原材料的国际调控"）是一个经过不断讨论与完善的文本，[①] 后面几个版本草案在内容上的一系列变化包含了政治上的让步和妥协，而并非凯恩斯所期望得到的结果。[②] 因此，第五稿应该说充分体现了凯恩斯的政策主张，他本人也期望此稿能够被认可并获得通过。下面，我们以第五稿为中心讨论凯恩斯的这一缓冲储备计划。

第五稿的正文共有四个部分。

第一部分："优先于管制政策，副总统华莱士'常平仓'的国际化是本文各项建议的基础"。这是一个饶有意味的标题，从中可以判断，凯恩斯对"常平仓"这一中国经济传统以及华莱士将其运用于美国农业政策是十分了解的。[③] 同时，凯恩斯还将他提出的计划归结为"常平仓的

[①] 下文对这一计划进行讨论的文献均出自 Keynes, J. M. , *Activities 1940 – 1946：Shaping the Post-war World：Employment and Commodities*, in Moggridge, D. , eds. , Vol. ⅩⅩⅦ（27）of *The Collected Writings of John Maynard Keynes*（London：Macmillan, 1980），pp. 112 – 134.

[②] Hirai, T. , "Aimed at the Stabilisation of Commodity Prices- Keynes's Hopes Betrayed and the Transmutation Process of the International Control Scheme," ESHET 13th Conference Paper. 2009.

[③] 凯恩斯 1938 年发表的论文《粮食与原材料的政府储备政策》已特别提到了美国农业部部长华莱士的农业"常平仓"。他认为这是一个雄心勃勃的计划，只不过仍处于初级阶段。另外，凯恩斯在该论文中讨论贮存成本时，又将他的估算与格雷厄姆《储备与稳定》中的相关数据进行了比较。而在《原材料的国际控制》附录Ⅰ讨论储备成本时，凯恩斯再次引用了格雷厄姆《储备与稳定》中的相关分析。这些都说明，凯恩斯对华莱士和格雷厄姆的常平仓思想不仅十分了解，还将其视为与他提出的缓冲储备建议对等或类似的经济稳定政策。

'国际化'"（The internationalization of Vice-President Wallce's 'ever-normal granary'），这一方面有意无意地表明了该政策构想的中国渊源，另一方面，可以猜测凯恩斯或许期望借助对美国副总统华莱士"常平仓"政策的推广来博得美国人对他这项建议的认可。在第一部分的文字里，凯恩斯认为宏观经济稳定的产量限制政策存在弊病且不能带来普遍的利益，而稳定价格则是一个更可取、更为基础的国际常平仓政策——市场对原材料商品剧烈的价格波动是无能为力的，厂商需要直接面对持有大量贬值资产（库存）的巨大风险，而价格的一轮涨跌又为新的波动埋下隐患，因此以有效手段替代自由放任政策的时机已经成熟。凯恩斯指出，虽然针对不同的商品、特殊的问题和不同的要求，计划的具体设置可以不一而足，但指导思想应该是一致的：

> 价格遵循渐变原则，且短期内应限制在一个合理的区间之内。这样，那些认为价格具有吸引力的生产者便可逐渐扩张，而无竞争力的则被淘汰。因此，我们应致力于短期价格稳定与长期价格政策的结合，这一方面平衡了供求，另一方面又使具有成本优势的生产者稳健地扩充产能。

第二部分："方案大纲"。这部分讨论了缓冲储备的主要内容。凯恩斯将缓冲储备实施的主体命名为"基础商品调控组织"（Commod Control），其目标是"稳定世界产出进入国际贸易那部分的价格水平，同时维持充足的库存，以应对国际市场供给与需求的波动"。在这样的目标之下：

（1）调控组织需要设定一个基准价格，并且在不断调整及观察储备量增减的过程中对基准价格进行修正。但这并不意味着只有一个单一的目标价格，针对商品的不同质量、生产时间以及运输成本还会形成与基准价格水平相关的一系列价格。据此，缓冲储备展开如下操作，即如果价格低于基准价格的10%，调控组织将随时准备购买和储备商品；如果价格高于基准价格的10%，该组织亦将随时准备抛售该商品。为防止货物损坏变质，调控组织可独立地在市场上进行交易，但不能只持有一国的储备，也不能接受某一出口国超过其年出口值25%的货物。如果储备货物量超过规定值或增长率，基准价格可下调。类似的，如果储备货物量的减少超过规定值或下降率，那么基准价格亦可提高。虽然个别商品价格季节性的较大波动是允许的，但从整体而言，调控组织应确保价格小幅、缓慢的变动。在一年内基准价格的下调不能超过5%，但可以随时调整。只有在一些特殊情况下，调整幅度方可大于5%。

（2）如果是不可预见的原因，产出紧缩调控有必要以一个比生产者所期望的合理调整速度更快的速度付诸实施。在产能没有因价格下降而减少的情况下，生产者会被分配出口配额，该配额与其前三年的平均出口量成比例。另外，调控组织以某些激励手段适当地保持一部分潜在生产能力也是合理的政策选择。

（3）调控组织从市场购入、向市场抛售货物获得的利润用于储备和管理费用支出。如果整个调控系统扩大到一系列商品的储备，所需资金可从国际清算同盟获得。另外，以调控组织的实物储备或国际清算银行做担保，部分资金也可通过债权国发放中长期贷款得以解决。

（4）在方案付诸实施之前，应设立基础商品调控组织总理事会，对方案条款进行核查以使其符合上述总体原则。总理事会致力于整体利益的维护，尤其是要维持价格稳定，对商业周期进行调控。总理事会将被赋予调整基准价格、规定储备数量等权力。

第三部分："基础商品控制组织：作为预防商业周期的有效手段"。凯恩斯在此分析并强调了缓冲储备对于避免产量、价格的恶性周期循环，促进经济稳定的功能与意义。他在这里作了一个比较：

> （缓冲储备）是我们手中使用的利器，能够快速行动且产生显著效果，在经济萧条和繁荣时进行双向调控，发挥出稳定的功能。通过持有或释放储备，基础商品调控组织可以一定规模从两个方向迅速地进行各种操作，完成公共工程不能完成的任务。

凯恩斯认为，公共工程虽是治理长期有效需求不足的良方，但它相比于缓冲储备无法快速行动，并且在政策执行后期难以逆向或终止操作。凯恩斯将缓冲储备计划与公共工程相提并论，前者为他的经济稳定政策特别是萧条期的经济调控增加了一个重要的选项。

第四部分："困难的检讨"。凯恩斯认识到缓冲储备计划在最初的商讨中会遇到很多问题，例如，如何在生产者与消费者之间求取平衡；如何使每一个独立的方案与基本的调控模式保持一致；管理主要是行政性的还是商业性的；若因利益冲突出现僵局，最终该如何予以解决。凯恩斯承认，这些问题并不容易回答，但他强调为了将国际贸易引入有序的轨道，人们不应停滞不前，同时要坚决地拒绝失败主义思想。那么，方案如果得以实施，调控组织能否令人满意地运转而不至于退化为管制性方案？凯恩斯认为，当管制不可避免地成为缓冲储备安排的补充时，它应被视为临时性的救助手段，而不是常态或持久存在的机制，他强调：

> 对于"稳定"的理解，我们绝不能停留在荒唐的假定之上，即把影响供给与需求的条件固定，或是认为我们的主要稳定目标是将那些不断增加的无效率生产者排除在竞争之外。我们的目标应该是，将长期自由竞争的趋势与短期产出规模和分配的**稳定**、**渐进**调试结合起来，以使其符合发展演进的潜在趋势。（强调为原文所加）

凯恩斯认为，在缓冲储备计划的具体操作过程中，调控组织的总理事会应被赋予足够大的权力，以解决具体的和技术性的问题。由于调控组织可以通过国际清算银行和各国中央银行获得资金资助，所以原材料生产商和主要供给国在最低价格保护下可获得充足的流动性，这就避免了生产的停滞，使供给得以稳定。然而世界发展是不平衡的，一些重要商品的价格会因各国生产成本差异而有较大差别。例如，维持"体面"生活的富裕国家的基础商品生产成本显然高于其他国家。凯恩斯意识到缓冲储备因此会面临一个困境：要么积累大量库存，要么将基准价格对准一个低生产成本的水平。为了解决这一难题，凯恩斯认为允许一些国家对产品提供补贴或对国际贸易实施配额管理（相对自由贸易的适当保护性政策）会是一个折中的权宜选择。但着眼于长远，确立符合长期经济效益的价格（一个持续下降的价格）应该是国际政策的最终目标。符合长期经济效益的价格标准是什么？缓冲储备方案并没有给出明确的答案，这或许是该方案的一个缺陷，其中隐含着国际竞争体系下国与国之间的利益交织与相争，这已远非凯恩斯在经济政策框架下所能解决了。

但无论如何，我们可以明显地感受到凯恩斯在尽可能地考虑各种情况，努力将他的经济理念扩展至国际实践，那就是将政府调控与市场调节结合起来，实现二者的协调，正如他在第五稿完成之际对英国财政副大臣理查德·霍普金斯爵士所说：

> 我旨在采取一种中间道路，它既不是在自由放任条件下无所拘牵的竞争，也不是一种将商业体系固化为单一运作模式的计划性控制。……在你手中的这份文本是我竭尽全力修改而成的。①

然而，事与愿违，凯恩斯的缓冲储备计划虽费尽心力数易其稿，但最终并没有获得通过。在 1943 年 5 月美国热泉召开的世界粮食大会上，英国代表团基于凯恩斯的方案提交了一份名为"缓冲储备"的文件草案。但是，缓冲储备方案在 1945 年秋于华盛顿召开的贸易与就业会议上遭到反对，凯恩斯提出的另一项计划（国际清算同盟）也遭遇了相同的命运。而此时，离凯恩斯去世也只有半年的时间了。卡恩（Kahn），凯恩斯的学生，凯恩斯宏观经济理论的共同构建者，接过了缓冲储备研究的接力棒。

三　卡恩的继承

1943 年 1 月至 1944 年中期，卡恩在伦敦供给部的原材料处工作。在那里，他对凯恩斯的国际缓冲储备计划产生了兴趣。② 1952 年，卡恩受邀成为联合国粮农组织顾问，并展开了"缓冲储备技术"（Buffer-Stock Techniques）的专题研究。遗憾的是，这项研究由于种种原因未能完成，1959 年卡恩最终放弃了该计划。但相关笔记、通信和未能成书的篇章作为档案保存了下来，这使我们能够了解到卡恩为人所忽视的经

---

① Keynes, J. M., *Activities 1940 – 1946*: *Shaping the Post-war World*: *Employment and Commodities*, in Moggridge, D., eds., Vol. XXVII (27) of *The Collected Writings of John Maynard Keynes* (London: Macmillan, 1980), p. 111.

② Kahn, R. F., *The Making of Keynes' General Theory* (Cambridge: Cambridge University Press, 1984), p. 263.

济思想。[①]

"市场虽可做好仆人，但不能成为好主人。"这是卡恩经济学的信条，也是其缓冲储备思想的理论基础。[②] 卡恩与凯恩斯缓冲储备思想最大的不同或者说一个重要的发展就是关于如何对缓冲储备进行管理和操作的理解。卡恩认为，如果缓冲储备政策是一条像凯恩斯所说的"中间道路"，那么政府对经济活动的缓冲调节就不应是僵化的行动，而是颇为艺术的操作——管理者既肩负着公共责任，又须扮演投机者的角色，因此当局应被赋予相机抉择的权力而不是被动地被预设的规则束缚。[③]

卡恩之所以会有这样的判断，是因为他认为缓冲储备的运作不可能依赖于无限的资金支持，它需要在稳定价格和维持自身运转两个目标之间达成平衡。在现实中，储备当局所面对的市场既包括商品需求者，也包括投机商。当商品价格跌近最低收购价时，由于确信当局会托市，投机商会伺机囤积货物，以期价格借干预反弹时获取利润。在此情况下，投机操作虽可以在一定程度上起到稳定价格的作用，但利润亦同时收于其囊中而储备当局则要承担损失。而如果确信当局会调低最低收购价，为避免损失，投机商将采取清仓操作，此时储备当局为维持价格稳定，不得不动用有限的资金接手这些囤货。那么，该如何兼顾储备持续运转和稳定价格的功能呢？卡恩指出，如果当局要设定一个价格调控区间，那么它应该足够宽绰，从而向市场传达价格可能在极端点之间波动的讯息。但是，这一区间既不决定于生产者和消费之间的讨价还价，也不决定于某一固定规则，而是取决于当局专家的市场判断，他们可以根据需要自行对价格调控区间进行动态修正而不受任何成规的约束。卡恩强调，当价格在某一操作区间内波动时，当局只有通过主动出击而非被动防守，才能更好地兼顾两个基本目标。[④] 他建议当局应采取"早卖晚买"（sell

① Palma, G., "Kahn on Buffer Stock," *Cambridge Journal of Economics* 18 (1) (1994): 117 – 127.

② 转引自 Palma, G., "Kahn on Buffer Stock," *Cambridge Journal of Economics* 18 (1) (1994): 117.

③ Fantacci, L., et al., "Speculation and Buffer Stocks: The Legacy of Keynes and Kahn," *The European Journal of the History of Economic Thought* 19 (3) (2012): 465.

④ Fantacci, L., Rosselli, A., "Stabilizing Commodities: Buffer Stock Plans by Keynes and Kahn," ESHET 13th Conference Paper, 2009, pp. 18 – 19.

early and buy late)，长期、短期操作相结合的策略，同时要基于长期趋势对市场合理价格进行准确评估，以避免短视判断与行动造成巨大的风险。[①] 卡恩相机抉择的缓冲政策设计是在有限资金的前提下避免出现当局面对复杂的市场不能稳定价格、掌控形势而反被市场利用的局面，一旦出现了这样的情势，缓冲储备就违背了主动调节和"中间道路"的初衷，从而难以在市场中生存下去。卡恩形象地比喻道：

> 如果市场能够猜到总是要跳的猫准备跳了，这再糟糕不过了；如果他们不仅对此十分确定，而且还知道猫要跳多高、什么时间跳，那将是致命的。[②]

因此，缓冲储备要想更主动地运作，赢过市场投机者，就应采取一种"犹抱琵琶半遮面"的策略，即让市场中的投机者始终处于猜测、无法摸清当局意图的状态。[③] 由此看来，缓冲储备在卡恩的设计中乃是一个手段高明的准投机机构，其管理者在卡恩的眼里应是"具备胆识、技巧甚至狡黠特质的投资高手"[④]。由此反观中国古人的实践，虽然我们已无从了解具体的细节，但从政策效果来看，中唐时期的刘晏以有限的财政资源对多种物资主动地实施籴粜平准，实现利国、利民的双重目标，他岂不就是卡恩中意的缓冲储备管理者？

孤立地看，凯恩斯与卡恩的缓冲储备政策皆无果而终，令人遗憾。但是，换一个角度就会发现，缓冲储备的基本原理巧妙地转换为"凯恩斯革命"的重要内容，以另一种面貌呈现在世人面前。

---

① Palma, G., "Kahn on Buffer Stock," *Cambridge Journal of Economics* 18 (1) (1994): 126; Fantacci, L., et al., "Speculation and Buffer Stocks: The Legacy of Keynes and Kahn," *The European Journal of the History of Economic Thought* 19 (3) (2012): 466 – 467.

② 转引自 Fantacci, L., Rosselli, A., "Stabilizing Commodities: Buffer Stock Plans by Keynes and Kahn," ESHET 13th Conference Paper, 2009, p. 19.

③ Fantacci, L., Rosselli, A., "Stabilizing Commodities: Buffer Stock Plans by Keynes and Kahn," ESHET 13th Conference Paper, 2009, p. 19.

④ Fantacci, L., et al., "Speculation and Buffer Stocks: The Legacy of Keynes and Kahn," *The European Journal of the History of Economic Thought* 19 (3) (2012): 467.

第三节　缓冲储备视角下的凯恩斯宏观经济理论

一　资本边际效率与有组织的投资

凯恩斯在《通论》中对经济周期展开了深入的分析。他认为经济周期的基本特征，特别是体现出时间过程和时间长短的规律性特征，主要通过资本边际效率的波动表现出来。而资本边际效率的高低不仅取决于现有的资本品数量的多寡和生产它所需要的成本，还取决于对资本品未来收益的预期。但是，预期的依据是非常捉摸不定的，在以情绪、冲动为主要特征的动物精神（Animal Spirit）的影响下，它会发生突然、剧烈的变动。[1] 因此，对危机更加典型且往往是决定性的解释是，由预期形成的资本边际效率的突然崩溃。[2]

凯恩斯分析，当经济处于繁荣阶段特别是繁荣阶段的后期时，人们对资本品未来的收益非常乐观，以至于这种乐观足以抵挡对资本品数量增多、生产成本上涨以及利率提高的担忧。然而，由于投资者对市场的认识并不全面，当有关未来收益的可靠性突然受到怀疑，并使过度乐观和过度购买的幻想破灭时，市场价格会以突然的、灾难性的方式下降。

---

[1] "动物精神"是凯恩斯宏观经济理论中为人所忽视的微观基础，它在《通论》第十二章"长期预期状态"占有重要地位，凯恩斯在该章指出："我们的大多数决策很可能源于动物的本能——一种自发的从事行动，而不是无所事事的冲动；它不是用利益的数量乘以概率后而得到的加权平均数所导致的结果。"因此，"不论在个人事务还是在政治和经济问题中，影响着将来的人的决策都不可能单纯取决于精确的数学期望值，因为，进行这种计算的基础并不存在。推动社会的车轮运行的正是我们内在的进行活动的冲动，而我们的理智则在我们能力所及的范围内，在能计算的时候，加以计算，以便做出最好的选择；但以动机而论，我们的理智却往往退回到依赖于我们的兴致、感情和机缘的地步。"（凯恩斯：《就业、利息和货币通论》，高鸿业译，商务印书馆，1999，第165、166页）照此，凯恩斯所说的"信心状态"与"动物精神"就有着内在联系，凯恩斯说："对所谓信心状态这一事物，务实的人总是对之加以最密切的注意。但经济学者们却并没有对它进行仔细的分析，而且总是满足于以空泛的辞令对其加以论述……影响投资量大小的下列两个因素并不是全然无关的，即资本边际效率和信心状态。信心状态之所以重要，其原因在于：它是决定前者的主要因素之一，而前者和对投资的需求曲线又是同一事物。"（凯恩斯：《就业、利息和货币通论》，高鸿业译，商务印书馆，1999，第152～153页）本书第六章第四节对此继续有所讨论。

[2] 凯恩斯：《就业、利息和货币通论》，高鸿业译，商务印书馆，1999，第327页。

同时，伴随着资本边际效率崩溃而产生的对未来的惶恐不安和不确定性情绪的迅速蔓延，会促使流动性偏好急剧增长，并导致利率的快速上升。这样，资本边际效率的崩溃加上随之而来的利息率上升会进一步推动投资的下降。[①]

那么，在经济陷入萧条后为什么通常需要经历一段比较固定的时间？这一问题在《货币论》的短期价格理论中已有分析——高昂的贮存费像一双"无形的手"将过剩的存货推向市场，市场机制则以"无情"的价格打压让过剩商品在一段时间内被逐渐消化掉，从而使受到冲击的生产在未来得以缓慢恢复。凯恩斯在《通论》中复述了《货币论》中的这一思路，并强调了对就业的影响：

> 存货的保管费很少会少于年率10%。由于保管费的存在，存货的价格必须下降到足够的程度，以便使它能在（譬如说）3到5年的期间的限制内被吸收完毕……只有当吸收过程结束时，就业量才会有明显的改善。[②]

除此之外，凯恩斯还谈及固定资本的消耗：

> 在萧条状态开始，很可能存在着过多的资本设备，其边际效率已经变为微不足道，甚至变为负数。但要想通过磨损、腐蚀和老化来重新造成资本设备的短缺，需要一段时间，而这段时间的长短大致决定于既定时代特点下的资本设备的平均寿命。[③]

比较以上两个方面，会发现它们有着共同的指向：不论是设备还是存货，资本品的不断增加以一个量变到质变的过程累积出从乐观预期到悲观预期的转化，并导致资本边际效率的突然崩溃。所以，只有经历一个痛苦的消耗过程和负投资过程并重新造成全面短缺的局面，市场中的信心状态才会逐渐恢复。因此，以预期落空或资本效率崩溃为特点的萧

---

① 凯恩斯：《就业、利息和货币通论》，高鸿业译，商务印书馆，1999，第 327~328 页。
② 凯恩斯：《就业、利息和货币通论》，高鸿业译，商务印书馆，1999，第 330 页。
③ 凯恩斯：《就业、利息和货币通论》，高鸿业译，商务印书馆，1999，第 329 页。

条会让整个社会蒙受巨大的经济损失和浪费。凯恩斯强调，繁荣阶段的典型状态并不是出现了真正意义上的投资过度，即资本并不是充裕到了使整个社会对资本不再有任何合理的使用方法的程度。因为，投资的决策是在不稳定的条件下做出的，它不可能持续不变。说到底，投资是由市场预期所推动的，而这种预期受动物精神影响并不稳定且迟早会不能如愿，同时还会把投资引入不正确的方向。基于这样的认识，凯恩斯调整了自己以往的思路：

> 依我看来，我现在有些怀疑仅仅利用货币政策来影响利息率就能够获得成功。我希望看到**国家从社会整体利益出发计算出长期资本边际效率，并担负起更大的责任进行直接的有组织投资**。因为……市场针对不同类型的资本品计算而出的资本边际效率似乎有太大的波动，以至于无法通过利率的任何调整来抵消这种波动。[①]（强调为笔者所加）

当经济处于萧条阶段，利率对宏观经济的调整能力是相当有限的。如果悲观预期笼罩了整个市场，下调利率只会强化这一预期，此时市场投资不仅不会增加，反而还会进一步下降，流动偏好同时亦被强化。这就是说，当市场预期的资本边际效率大幅下降时，投资者为规避风险而选择持有货币，货币被"贮藏"，将不再用于投资。正是基于这样的认识，接替市场投资的"有组织投资"（Organized Investment）或"社会化投资"（Socialization of Investment）就成为凯恩斯宏观经济学的政策选择，"我因此而相信，某种程度的全面社会化投资将成为确保趋近于充分就业的唯一手段"[②]。细读文本，除了"公共工程"之外，凯恩斯并没有在《通论》中论述有关社会化投资的规划和具体建议，这正如他本人所说，《通论》的"主要目的在于论述有关理论的困难问题，而这一理论

---

① 凯恩斯：《就业、利息和货币通论》，高鸿业译，商务印书馆，1999，第167页。此处据纽约 Harcourt, Brace and Company 1936 年英文版第 164 页对应内容对该段译文有所调整。

② 凯恩斯：《就业、利息和货币通论》，高鸿业译，商务印书馆，1999，第391页。此处据纽约 Harcourt, Brace and Company 1936 年英文版第 378 页对应内容对该句译文有所调整。

的应用在本书中则仅处于次要的地位。"[1] 但毫无疑问，凯恩斯宏观经济理论与政策本是一枚硬币的两面，而对"凯恩斯革命"的认识亦不能局限于 1936 年出版的《通论》。考察历史背景就会发现，20 世纪 20 年代英国经济出现的长期慢性萧条已为凯恩斯寻找有效的政策路径埋下了种子，斯基德尔斯基（Skidelsky）在《凯恩斯传》中分析了"凯恩斯革命"的思想渊源：

> 促使凯恩斯走上"凯恩斯革命"道路的原因是自 1920～1922 年的经济萧条之后，英国一直未能完全恢复元气。从拿破仑战争以来，人们还没见过物价、生产和失业一起崩溃的局面。当经济形势在 1923 年最终稳定下来时，英国的失业率为 10%，而且在整个 20 年代里一直高踞这个数字不下。最后，1929～1932 年间又爆发了世界经济的大危机，英国从这次危机中亦未能全然恢复过来。在两次世界大战的间歇期间，英国一直没有达到充分就业的水平。[2]

如果说"革命"是酝酿和发展演化的连续过程，那么再来看凯恩斯 20 年代就已萌发的缓冲储备思想就别有一番深意了，它在一定程度上已经预示了后来的宏观经济理论。这里，可以借《通论》的理路来解读缓冲储备的理论基础——短期价格方程式（$pq = xy$）。如果政府"从社会整体利益出发计算出长期资本边际效率"，进而作为一个经济调节者以"有组织的投资"方式降低若干重要商品的贮存费率（x），或是减小过剩商品与年消费量之间的比率（y），那么就可以减小价格波动率（p）和产量波动率（q）。如此，市场预期就可被有效干预，资本边际效率也就有了长期稳定的特征，充分就业亦可得以保障。

如果说这样的分析还只是一种大致的判断，并不具有充分的说服力，那么《通论》有关利率的讨论则更为直接地将凯恩斯革命与短期价格理论联系了起来。

---

[1] 凯恩斯：《就业、利息和货币通论》，"序"，高鸿业译，商务印书馆，1999，第 1 页。
[2] 斯基德尔斯基：《凯恩斯传》，相蓝欣、储英译，生活·读书·新知三联书店，2006，第 367 页。

二 利率理论与"常平仓方程式"

凯恩斯在《通论》第十七章"利息和货币的主要性质"对利率展开了深入的研究。"利息和货币的主要性质"是《通论》关键的章节之一，凯恩斯这里用另一种方式即各种商品都有其利息率来说明为什么货币的利息率会高于资本边际效率，而这又给投资和充分就业造成了困难。[①]

凯恩斯认为，不同的资本在不同程度上具有三个特点：资本在生产过程中，或在为消费者提供服务的过程中，可以产生的产品或收益 q；资本由于时间因素而发生的损耗或某种费用，即持有成本 c；人们愿意将资产换成现款的能力（难易程度）而支付的代价，即流动性升值 l。[②] 这样，一件资产的收益就等于 $q-c+l$。按照凯恩斯的理解，"对于每一种资本资产，必然存在类似货币利息率的东西"[③]，而 $q-c+l$ 究其本质乃是任何商品以自身衡量的"利率"。在此基础上，凯恩斯分析了不同资本的利率特点。[④]

（1）正在使用的资本，它的特点是收益（q）在正常情况下大于它的持有成本（c），而其流动性则可以忽略不计（$l=0$）。但对于多余而闲置的资本而言，持有成本没有任何收益（$q=0$）与之相抵消，与此同时其流动性升值则可以忽略不计。

（2）对于货币而言，它的收益为零（$q=0$），持有成本可以忽略不计（$c=0$），但流动性升值却相当大。这样，货币的利率就等于其流动性升值 l。凯恩斯此处的分析呼应了第十三章的讨论，他在该章批判了古典的利率理论，认为货币的利率"并不是能使对投资资金的需求量和自愿放弃目前的消费量趋于均衡的'价格'"，它究其本质是"在一个特定时间放弃流动性的报酬"。[⑤]

[①] 凯恩斯：《就业、利息和货币通论》，高鸿业译，商务印书馆，1999，第229页译者注。
[②] 凯恩斯：《就业、利息和货币通论》，高鸿业译，商务印书馆，1999，第232~233页。
[③] 凯恩斯：《就业、利息和货币通论》，高鸿业译，商务印书馆，1999，第229页。
[④] 凯恩斯：《就业、利息和货币通论》，高鸿业译，商务印书馆，1999，第233~236页。
[⑤] 凯恩斯：《就业、利息和货币通论》，高鸿业译，商务印书馆，1999，第170页。《通论》出版后，有经济学家将凯恩斯的利率理论依旧视为供求决定论，凯恩斯对此作出了进一步澄清。参见 Keynes, J. M., "Alternative Theories of the Rate of Interest," *The Economic Journal* 47 (186) (1937): 241-252.

（3）当各种资产数量普遍增加时，其利率会不断下降。相较于此，货币资产的利率则下降得最慢。货币的利率因此成为唯一重要的利率，成为资产选择的衡量标准。[①]

现假定某一资本品以自己表示的利率为 $q_1 - c_1 + l_1$，在以货币衡量时利率为 $a_1 + q_1 - c_1 + l_1$，如果其流动性升值忽略不计，则其利率是 $a_1 + q_1 - c_1$。同时，再假定货币的利率等于 l_2，那么按照凯恩斯的理解，投资者持有该资本品还是货币就在于 $a_1 + q_1 - c_1$ 与 l_2 之间的比较。第一种情形：若 $a_1 + q_1 - c_1 > l_2$，选择资本品；第二种情形：若 $a_1 + q_1 - c_1 = l_2$，选择处于均衡状态；第三种情形：若 $a_1 + q_1 - c_1 < l_2$，持有货币。将这三种情况统合起来就能看出，持有成本（c_1）成为影响选择的关键因素。现实中，随着资本品的不断增加，收益（q_1）由增到降，持有成本（c_1）相对成为越来越难以得到补偿的负担，资本品因此出现"剩余"，投资者最终将放弃持有，并转向持有成本几乎为 0，但流动性升值相当大的货币。

以上情况，《通论》的理论表述是，"货币和其他一切（或大多数）资产之间的实质差别在于：货币的流动性升值大大超过其保管费，而其他商品的保管费则大大超过它们的流动性升值。"[②] 回溯到《货币论》，凯恩斯以另一种方式描述了这一情形，"由于有这种或那种高昂的囤存费用存在，所以我们目前的经济安排中对于处理剩余的流动资本并没有常规的办法。……在任何情况下，剩余贮存品都无法和正常的生产并存。"[③] 显而易见，"高昂的囤存费用"便是《通论》利率理论中会显著影响资本品利率的持有成本，亦即保管费 c，也就是《货币论》短期价格方程式 $pq = xy$ 中的 x。正是在这里，凯恩斯以持有成本潜在地构建了

---

① 需要补充说明的是，凯恩斯对货币利息率的重要性给出了三点解释："第一，通过流动性偏好动机的作用，货币利息率可以在相当的程度上不对货币数量在以货币衡量的一切形式财富中所占有的比例的改变作出反应；以及第二和第三，货币具有（或可以具有）零值的（或可以忽略不计的）生产弹性和替代弹性。这里的第一个条件意味着，对财富的需求可以主要集中于对货币的需求；第二个条件意味着，当这种情况发生时，劳动不能被使用于制造出更多的货币；而第三个条件意味着，虽然某些其他的商品，其价格低廉到足以能代替货币的职能，但它们也无法减少对货币的需求。"凯恩斯：《就业、利息和货币通论》，高鸿业译，商务印书馆，1999，第 241 页。
② 凯恩斯：《就业、利息和货币通论》，高鸿业译，商务印书馆，1999，第 234 页。
③ 凯恩斯：《货币论》下卷，蔡谦等译，商务印书馆，1986，第 122 页。

方程式与《通论》之间的桥梁，① 短期价格方程式、缓冲储备政策与凯恩斯宏观经济思想因此得以贯通。从《通论》的角度解读，缓冲储备政策其实就是降低持有成本（c）以维持资本品利率高于货币利率的稳定机制，故而我们有理由认为，政府建立缓冲储备乃是凯恩斯提出的社会化投资的一个具体方案：在减少市场持有成本（x）以及多余贮存量相对于消费量的比例（y），进而稳定重要商品价格波动（p）和产出波动（q）的背后，缓冲储备政策稳定住了资本品的利息率，即资本边际效率，让它符合长期发展趋势（长期资本边际效率），避免了经济陷入萧条。在凯恩斯看来，当前价格并不包含预测未来所需要的全部信息，而社会化投资的一个重要目标就是通过减小个体投资的不确定性，使企业能够处于具有更高成功可能性的环境之中。进一步的，如果价格得以稳定，企业在计算未来的需求和成本时会处于一个更为有利的地位。② 当然，缓冲储备并不仅仅有利于企业和投资者，由于宏观层面的有效需求、就业等变量是一个相互关联的系统，所以凯恩斯事实上赋予了缓冲储备更为丰富的内涵。

不过，传统意义上的缓冲储备有一个明显的缺陷，那就是政府组织大规模缓冲储备只能静态贮存商品，而不能有效地使用商品，让其功能价值得以充分利用和发挥。如果考虑到变质、损坏以及型号和技术标准变化等因素，一些商品物资经过一段时间贮存再进入市场就可能面临着无法被市场接受的情况，这势必造成巨大的经济损失和浪费。事实上，凯恩斯治理萧条的另一套方案更为人们所熟知——政府通过公共工程（Public Work）投资直接参与消费。再来看短期价格方程式 $pq = xy$，公共工程的政策效果同样是借政府干预来降低市场中商品的囤存费率（x）

① 在《货币论》中，译文"囤存费用"的英文表述有两种：carrying cost 和 carrying charges。方程式 $pq = xy$ 中 x 的英文表述是"the total cost per annum of carrying stocks measured as redundant stocks to a year's consumption"。参见 Keynes, J. M., *A Treastise on Money*, in Moggridge, D., eds., Vol. VI (6) of *The Collected Writings of John Maynard Keynes* (London: Macmillan, 1971), p. 125, 129. 在《通论》中，译文"持有成本"或"保管费"的英文表述同是 carrying cost。参见 Keynes, J. M., *The General Theory of Employment Interest and Money* (New York: Harcourt, Brace and Company 1936), p. 225. 因此，这些名词在本质上并无区别。

② Henry, J. F., "Keynes' Economic Program, Social Institutions, Ideology, and Property Rights," *Journal of Economics Issues* 35 (3) (2001): 640.

以及多余贮存量相对于消费量的比例（y），进而减小价格和产出的波动幅度（p、q）。另外，基于《通论》的利率理论，公共工程的政策效果也可被解读为稳定资本品收益（q），减小持有成本（c），进而稳定资本品的利率（资本边际效率），使其保持高于货币利率的状态（即 $a_1 + q_1 - c_1 > l_2$）。借此政策，政府增加的虽是投资消费而非直接的储备，但公共工程究其本质仍是"平籴"操作，并且它的政策内涵更为丰富：平籴之物多样化，变静态的"死"储备为"活"的可用的公共产品。

综合以上分析，可以得出这样的认识，即 $pq = xy$ 乃是一个应对经济波动的"常平仓方程式"。从凯恩斯意义来理解，市场在方程式的左边发挥作用，政府在方程式的右边发挥作用。在经济社会的动态发展过程中，资本边际效率的上下波动内生于对未来不稳定的预期，在因资本边际效率变动而使经济由稳定向不稳定转化的过程中，政府应发挥逆向调节的"常平仓"功能：当市场预期不佳、舍弃各种资源要素转而持有货币以规避风险时，政府应建仓储备或通过公共工程之"仓"收纳之、利用之（平籴）；当市场预期向好而再去获取各种资源要素时，政府即开仓释放之并协助、规范市场来取之（平粜）。政府以投资弥补投资，以投资稳定投资，以投资诱导投资，从而与市场形成了相协调的互补和互动之势。这一简单而又巧妙的配合过程通过缓冲籴粜机制确保了商品、劳动力的充分流动性，促使市场形成合理、稳定的预期，使有效需求保持在一个较高且稳定的水平之上。由此看来，常平仓方程式竟可简易地说明凯恩斯复杂的宏观经济思想，后凯恩斯经济学家克瑞格（Kregel）指出，若是没有认识到短期价格理论的重要性，就不可能抓住凯恩斯经济理论的前后转变。[1] 由此再来看凯恩斯对《通论》的解说，我们就有拨云见日的感觉了："关于本书和我五年前出版的《货币论》之间的关系，对我而言很可能要比对其他人更加清楚一些。被我认为是经过数年思索的思想的自然演变，有时却可以被读者当作为使人感到混淆的观点的更改。"[2]

---

①　Kregel，J. A.，"The Theory of Value，Expectation and Chapter 17 of the General Theory，" in Harcourt，G. C.，Riach，P.，eds.，*A Second Edition of the General Theory*（London：Routledge，1996），p. 279.

②　凯恩斯：《就业、利息和货币通论》，"序"，高鸿业译，商务印书馆，1999，第 2 页。

从中西比较的视角考察，凯恩斯宏观经济理论与中国古代的常平仓似乎风马牛不相及，但若深究凯恩斯经济思想的演变过程及理论体系的深意，便会发现其背后隐藏的竟然也是缓冲籴粜机制，而我们称之为"常平仓方程式"的短期价格理论，乃是《通论》理论体系的一个重要始源。这似乎又暗合了《通论》"序"中所言："本书以如此复杂的方式所表达的思想却是很简单的。"照此分析，"常平仓"——就不失为一种对凯恩斯经济学扣其要义、化繁入简的巧妙解读——中国古老的籴粜原理在现代宏观经济学中被再次复活了。

如果将凯恩斯宏观经济学视为投资的周期理论，那么可以说如何保持投资的流动性，特别是投资的"常平"就成为凯恩斯的核心关注，凯恩斯将这种理想的投资状态比喻为像婚姻一样不能随意解约。[①] 他进一步指出：

> 虽然要求投资具有流动性有时会有害于新投资的产生，但它却往往也对新投资的产生有利。此中的原因在于：每个投资者会自以为他投入的资金"具有流动性"（虽然对所有投资者在一起而言并不如此）；这一事实可以给投资者壮胆，从而使他比较愿意承担风险。[②]

这段话虽在强调投资之重要，但若着眼于经济社会的长期发展，保持投资的流动性、维持稳定的资本边际效率就需要一整套与之相适应的制度安排并要求对自由放任型经济社会进行结构性调整。在凯恩斯看来，这是十分必要的，因为凯恩斯认为他所生活的资本主义时代有两个显著的弊端：

> 第一，它不能提供充分就业以及第二，它以无原则的和不公正的方式来对财富和收入加以分配。[③]

---

① 凯恩斯：《就业、利息和货币通论》，高鸿业译，商务印书馆，1999，第163页。
② 凯恩斯：《就业、利息和货币通论》，高鸿业译，商务印书馆，1999，第164页。
③ 凯恩斯：《就业、利息和货币通论》，高鸿业译，商务印书馆，1999，第386页。

凯恩斯既是经济学家，也是人文主义者，斯基德尔斯基坚称："凯恩斯在学生时代对 G. E. 摩尔的伦理观的忠诚不是年轻时期的一个闪失，而是毕生的追求。"[1] 照此看来，明斯基（Minsky）将《通论》视作凯恩斯的伦理诉求在经济理论层面的一种实现方式也就不难理解了。[2] 凯恩斯的思想体系包含着对社会公正和大众福利的深入思考以及一幅社会改革蓝图，[3] 尽管他对资本主义抱有某种幻想。在 1930 年发表的《我们子孙的经济前景》（Economic Possibilities for Our Grandchildren）一文中，他殷殷地期望未来会有越来越多的人群从经济困境中解脱出来，并可以真正解决长期困扰人们的道德问题。[4] 延续这种认识，在二战尚未结束的 1943 年，凯恩斯已开始设想即将来临的新时期：

> 展望即将到来的战后时代……困扰我们的是要解决物资丰裕而非贫困时代的经济问题。它不是因为物质生产力不能提供足够的生活所需而带给我们的惶恐不安，未来真正的首要问题是维持和平、国际合作与友好相处，而超越它的乃是意义深远的道德和社会问题，即如何让丰裕的物质实现美好的生活。[5]

如此看来，凯恩斯的政策菜单中还需要更多标本兼治的选项，而不单单只有专为"萧条"开具的"平粜"药方。如果说《我们子孙的经济前景》是凯恩斯的社会理想宣言，那么脚下的道路应秉持何种理念和政策以趋近美好的目标呢？凯恩斯的回答是：充分就业。在自由市场条件

---

[1]　斯基德尔斯基：《凯恩斯传》"序言"，相蓝欣、储英译，生活·读书·新知三联书店，2006，第 19 页。

[2]　Minsky, H. P., *John Maynard Keynes* (New York: McGraw-Hill, 2008), p. 143.

[3]　参见 Elliott, J. E., Clark, B. S., "Keynes's 'General Theory' and Social Justice," *Journal of Post Keynesian Economics* 9 (3) (1987): 381 - 394; Davis J. B., *Keynes's Philosophical Development* (Cambridge: Cambridge University Press, 1994).

[4]　Keynes, J. M., *Essays in Persuasion*, in Moggridge, D., eds., Vol. IX (9) of *The Collected Writings of John Maynard Keynes* (London: Macmillan, 1972), p. 331.

[5]　Keynes, J. M., *Activities 1940 - 1946: Shaping the Post-war World: Employment and Commodities*, in Moggridge, D., eds., Vol. XXVII (27) of *The Collected Writings of John Maynard Keynes* (London: Macmillan, 1980), pp. 260 - 261.

下，"充分或甚至大致充分的就业量是少有的和短时存在的现象"①，失业成为经济社会的长期痛苦，是破坏效率、公正和自由相聚合的分离剂。在当代西方经济思想史中，继凯恩斯举起这面大旗后，一批追随者别开生面地发展出一套政府以"最后雇主"（the Employer of Last Resort，ELR）身份将劳动力纳入缓冲余粜机制的"就业缓冲储备"（Buffer Stock Employment，BSE）理论。那么，将人放置于"储备"中，何以可能呢？

　　在第二章，我们对这一问题已有所分析，中国历史中的"以工代赈"其实就是一个特殊的劳动力常平仓，将其进一步推之于凯恩斯的公共工程，就会有"似曾相识"的感觉：公共工程利用政府投资，在实现对过剩产品平粜的同时，也平粜（雇用）了"过剩"（失业）的劳动力，这就等于将市场弃之不用的、持有成本（工资）极高的劳动力在公共工程中"储备"了起来。待到经济恢复时，被储备的劳动力又可以从公共工程中释放出来，以满足市场的需求。不过，凯恩斯提出的缓冲储备政策并未明确地将劳动力视为特殊的储备对象，而在后凯恩斯经济学家那里，就业缓冲储备弥补了这一缺失，并赋予这一"现代劳动力常平仓"更为丰富的理论与政策内涵。

---

① 凯恩斯：《就业、利息和货币通论》，高鸿业译，商务印书馆，1999，第256页。

第五章 "就业缓冲储备":"劳动力常平仓"与卡莱茨基困境

> 只要社会还没有围绕着劳动这个太阳旋转,它就绝不可能达到均衡。
>
> ——〔德〕马克思
>
> 工作能够锻炼人性、磨砺心志,工作是人生最尊贵、最重要、最有价值的行为。
>
> ——〔日〕稻盛和夫

经济萧条可被解释为普遍的"失业":预期落空(或资本边际效率崩溃)导致货币"失业"(投资偏好转向流动性偏好),进而市场陷入"人失其业""物弃于地"的大规模"失业"状态。此时,政府的作用在于充当不以追求商业利润为目的,但又坚决维护长期资本边际效率的"最后雇主",让市场中"失业"的人、财、物被再次"雇佣"。那么,优先"雇佣"谁呢?如果宏观政策盯住增长优先,即围绕"物"的"雇佣"来确保产出稳定,那么受到经济社会的结构性约束,充分就业将难以实现,宏观经济因此无法获得可持续的内生稳定力。沿着凯恩斯的理路,后凯恩斯经济学家给出的答案是优先雇佣劳动力,并进一步发展出"就业缓冲储备"理论:政府通过创造公共就业岗位构筑"就业缓冲储备",它逆经济周期"吞吐"劳动力,在储备涨落之间与市场形成互补、互动的协调机制,发挥出经济稳定器的功能。"就业缓冲储备"是中国古代以至于罗斯福新政"以工代赈"思想与政策的理论延伸。后凯恩斯经济学家对财政功能的独特解读为政府扩大支出营建就业缓冲储备提供了理论支持,从而解开了财政收支约束的"死锁"。但从马克思政治经济学的视角考察,就业缓冲储备理论忽视了制度变量,资本主义制度和充分就业不相容的"卡莱茨基困境"揭示了这一理论的断裂点——在以

"资"为本而不是以"人"为本的制度框架下,这一政策"诀窍"难以长期奏效。

第一节 从增长需求到就业需求

一 增长需求替代就业需求

凯恩斯经济学对"需求"的强调颠覆了"萨伊定律"执着于"供给"的信条,将凯恩斯经济学庸俗化的凯恩斯主义经济学家们因此醉心于总需求调节措施,认为政府通过财政手段保证经济增长,一切都会顺利。虽然他们承认现实生活中存在收入不均、资源浪费、部门不协调等问题,但仍然坚称推动持续的经济增长就能使问题得以解决,经济增长于是成了医治百病的万灵药。[1] 二战之后,主要发达国家都将经济增长作为最重要的宏观经济指标。

然而,一些经济学家却认为这种宏观政策虽然在需求不振的衰退时期具有立竿见影的效果,但若长期奉行会产生诸多问题。例如,西方主要资本主义国家20世纪50~60年代黄金发展期的"增长热"就累积出70年代的"滞涨";而在80~90年代的数次经济波动中,又出现了无就业增长的复苏现象;与此同时,收入分配、贫困等问题不仅没有得到解决反而变得更为严重。有学者分析指出,这些问题产生的根源在于宏观需求管理政策只关注产出这一总量需求而忽视了结构需求特别是就业需求,而直面就业应当成为宏观政策特别是财政政策持续关注的重要方向。[2]

这种批判的观点带来的理论省思是,凯恩斯经济学有其"标"亦有其"本"。就其"标"而言,凯恩斯经济学产生于资本主义危机时代,其中一个重要的面向就是治理经济衰退、萧条;但就其"本"而言,它强调的是经济"常平"发展,关注的是"人"本身及其更长久的需求。作为一个理想主义者,凯恩斯希望"标""本"兼治,针对资本主义病

---

[1] 胡代光等:《凯恩斯主义的发展和演变》,清华大学出版社,2004,第88页。

[2] 参见 Tcherneva, P. R., "Fiscal Policy: Why Demand Management Fail and What to Do about It," Working Paper No. 650, Levy Economics Institutes of Bard College, 2011.

态的经济社会开出有长期疗效的药方，1943 年 5 月，他在给米德（James
Meade）的信中这样写道：

> 我想你过于关注对经济的治愈而忽视预防措施。如果只顾眼前
> 而使公共工程投资上下波动显然是拙劣的治愈经济的手段，且不大
> 可能获得完全的成功。从另一方面来看，如果大部分公共或半公共
> 投资流向稳定的长期计划，剧烈的经济波动发生的可能性就几乎很
> 小。因此，我觉得你过于强调弥补公共投资短期不足的意义而低估
> 了它避免经济剧烈波动的预防功效，要知道剧烈的经济波动一旦发
> 生是很难被平复的。[①]

凯恩斯意要辨明的是，私人投资具有不稳定的特点，欲使经济获得
长期稳定的发展，社会化投资就应是持续施行的政策而不应成为应对周
期性波动的权宜之计。凯恩斯认为："如果三分之二或是四分之三的总投
资是由公共部门或是由准公共部门实施或施加影响的，那么一个长期的
经济稳定计划就能将潜在的波动幅度控制在比以前更小的范围之内。"[②]
因此，相较于稳定信心或预期而言，凯恩斯稳定投资的政策应被更多地
解释为以持续的赤字政策建设公共工程。[③] 进一步的，虽然经济波动中
的需求不足造成了失业，但填补就业缺口而非产出缺口才是合理的解决
方案。这样，借助公共工程和公共计划解决失业问题就不仅仅是治愈经
济萧条的对策，而且是需要长期付诸实施的方案。[④] 因为市场不可能持

---

① Keynes, J. M., *Activities 1940 – 1946: Shaping the Post-war World: Employment and Com-
modities*, in Moggridge, D., eds., Vol. XXVII（27）of *The Collected Writings of John May-
nard Keynes*（London: Macmillan, 1980), p. 326.

② Keynes, J. M., *Activities 1940 – 1946: Shaping the Post-war World: Employment and Com-
modities*, in Moggridge, D., eds., Vol. XXVII（27）of *The Collected Writings of John May-
nard Keynes*（London: Macmillan, 1980), p. 322.

③ Kregel, J. A., "Budget Deficits, Stabilization Policy and Liquidity Preference: Keynes's
Post-War Policy Proposals," in Vicarelli, F., eds., *Keynes's Relevance Today*（London:
Palgrave Macmillan, 1985), pp. 28 – 50. 凯恩斯并没有从理论上分析赤字政策何以能够
持续，后凯恩斯经济学对这一问题作出了回答，相关讨论参见本章第三节内容。

④ Tcherneva, P. R., "Keynes's Approach to Full Employment: Aggregate or Targeted De-
mand?" Working Paper No. 542, Levy Economics Institutes of Bard College, 2008.

续地实现充分就业，而就业才是需求之本。

然而正如上文所论，主流的需求管理政策并没有真正正视劳动者的基本需求，即就业需求。虽然表面上看充分就业一般都被列为宏观政策目标之一，但其实现手段往往是借助于经济增长。特别的，由于奥肯定律（Okun's Law）揭示了潜在经济增长率提高和失业率下降之间的关系（更准确地说，是指实际失业率偏离自然失业率的百分点所引起的实际增长率对潜在增长率的偏离百分点），所以人们往往相信只要扩大支出使总需求接近或达到潜在的产出水平进而弥补"缺口"，其促进就业的效果迟早会显现，然而，现实的情况并非如此简单，如蔡昉所指出的，经济增长可以是就业友好型的，也可能是就业排斥型的。[①]

例如，在以技术创新为主要驱动力的经济社会中，劳动生产率的提高被视为经济增长的重要源泉。这样，经济增长与发展问题在很大程度上变成了提高在岗劳动者的技术水平和保证高技能、富有经验的劳动力的供给，而那些低技术、低技能的劳动者在经济发展过程中获得的就业机会将越来越少。技术进步是一把"双刃剑"，处理不好会对经济社会造成长期负面影响。从马克思政治经济学的角度来理解，如果经济增长的实现是以节省劳动的技术革新为基础，那么在每一单位产品中，物化劳动所占的比重将不断增加，活劳动所占的比重相应地缩小。也就是说，随着资本有机构成的不断提高，经济增长过程将不断拉大利润和工资的差距，以及对一般劳动需求量的不断减少，出现"相对人口过剩"。

二 增长促就业的结构性制约

以上是从经济发展趋势作出的一般考察。具体到经济结构的分析，我们会进一步发现：在经济衰退、增长乏力时，为刺激产出而增加的总需求往往不能在经济体内各部门之间进行均等的分配，如果那些资本、技术密集度较高的、对经济增长具有显著拉动作用的领先部门和成长部

[①] 奥肯所揭示的经验关系具有特定时期和特定国家的背景，其经验关系既"弱"且难成为"定律"，然而一些凯恩斯主义宏观经济学教科书将经济增长与就业的关系定律化，为总需求管理政策提供了一个标准的指导，但实证分析又显示出奥肯定律出现"失灵"的情况。参见蔡昉《为什么"奥肯定律"在中国失灵——再论经济增长与就业的关系》，《宏观经济研究》2007 年第 1 期。

门受到格外的关照，需求管理政策的就业效果就会大打折扣。凯恩斯在《通论》中通过就业弹性讨论了需求不同流向所产生的不同就业效果，在"就业函数"一章中，他分析道：

> 总（有效）需求的增加量在不同行业中的分解方式可以在很大程度上影响就业量。如果增加的需求大量流向就业弹性高的产品，总就业量的增加就会大于需求大量流入就业弹性低的产品。
>
> 同样的，如果总需求没有任何变化而流向就业弹性低的产品，就业量就会下降。

进一步的：

> 如果增加的需求流到就业弹性相对较低的行业，其大部分将转为增加企业家的收入，而小部分将转为工资收入者和其他主要成本要素的收入。①

凯恩斯已注意到需求的流向不仅影响就业量还会影响收入分配。如果宏观需求管理政策使总需求的增量通过诸如减税、财政补贴、信贷优惠和产业发展计划更多地引导向就业弹性较低的领先部门和成长部门，那么在宏观政策确保了增长目标实现的同时，其所带来的收益可能只惠及了一部分人，并导致收入差距的扩大。可以进一步推断的是，如果部门或产业的结构性差异体现在一个国家的不同区域，上述问题就会强化区域的非均衡发展，其所带来的结构性问题将更加突出。

总需求非对称分配最直接的影响是引致通货膨胀。一方面，领先部门和成长部门在增加劳动力需求时会拉高整体工资水平。另一方面，总需求非对称分配使部分商品价格快速上涨并诱导市场投机增加，而价格传导机制将引致包括工资在内的整体价格水平的持续攀升。这样，当需求管理政策尚未实现充分就业的目标时，通货膨胀即已发生。长期来看，

---

① 凯恩斯：《就业、利息和货币通论》，高鸿业译，商务印书馆，1999，第 298～299 页。此处纽约 Harcourt, Brace and Company 1936 年英文版第 286～287 页对应内容对译文有所调整。

面对通胀压力，那些工资占生产成本较大份额的企业（主要集中在领先部门和成长部门）将尽可能地以其他生产要素替代劳动力，从而产生技术和资本加剧排挤劳动力的现象。因此，总需求非对称分配引致的通货膨胀最终还会适得其反地抑制就业的增加。从这层意义上来看，如果说菲利普斯曲线所揭示的失业与通胀的替代关系在现实之中是"正确"的，那么它说明的正是总需求管理政策在实施过程中存在忽视结构性约束的弊端。

从以上分析不难得出这样的认识，即如果政策管理者更多地从总量上关注"增长需求"或"产出需求"而忽视经济结构对需求流向所产生的复杂影响，那么长期来看，这种用"激素"来"粗调"经济的疗法不会有助于可持续的增长。另外，利用哈罗德—多马模型来分析，投资不仅会作用于总需求，还会作用于总供给，以刺激投资增加的总需求具有生产能力效应。[①] 也就是说，积极的需求管理政策虽然刺激了投资需求，但同时也会增加经济体的生产能力，从而增加下一时期的总供给，而只有总供给能力在下一期得到充分释放和利用，投资才能继续下去。投资最终还是需要通过消费得以消化，由投资需求转化而成的总供给不可能独立地解决有效需求不足的问题，其结果很可能是政府的财政支出和银行信贷都转化为过剩的固定资产，而不是就业、收入与居民消费。这一点恰恰是凯恩斯所关注的，在分析宏观经济运行状态时，他反对用类似总产量、资本设备总量等概念："当我们说，对需求增加的预期，即总需求函数的上升，会导致总产量的增加时，我们实际的意思是：拥有该资本设备的厂商会因之而雇用较大数量的劳动者……在使用就业量时，总产量及其价格水平都成为不必要的概念，因为，我们并不需要现行的总产量的绝对数值。"[②] 撇开总产量这样的衡量标准而强调劳动者就业对总需求增加的重要性，凯恩斯其实离劳动价值论并不远：

　　　　因此，我欣赏古典学派以前的理论；该理论认为，每一件物品都是由劳动生产出来……这可以部分地解释，在货币单位和时间单

---

① 胡代光等：《凯恩斯主义的发展和演变》，清华大学出版社，2004，第39页。
② 凯恩斯：《就业、利息和货币通论》，高鸿业译，商务印书馆，1999，第46~47页。

位以外，为什么我们可以**只把劳动作为经济制度的唯一物质单位**。[1]（强调为笔者所加）

　　认识到凯恩斯的劳动价值论倾向，我们就能更深入地理解他为何总是把就业放在政策目标的首位。凯恩斯宏观经济学中，"乘数"是一个理论撬动政策的"阿基米德点"。《通论》出版之前，卡恩在1931年已提出就业乘数原理，并研究了投资增加所引致的总就业增量与直接就业增量之间的比例关系。[2] 在此基础上，《通论》中进一步引入了投资乘数的概念。但如上文所分析，凯恩斯认识到增量投资会因部门之间结构差异产生不一样的就业效果，即各个部门的需求增量与由此引起的就业增量之间的比例不尽相同，因此，"没有理由认为 $k = k'$"（k 为投资乘数，k' 为就业乘数），但为了"采取简单化的方式"以便于分析，可以假定二者是相同的（$k' = k$）。[3] 在凯恩斯看来，若投资乘数的就业效果没有打"折扣"，那么可以将投资乘数和就业乘数合二为一。显然，凯恩斯的乘数理论中有投资和就业两层含义，而结合上文的讨论不难理解投资只是政策手段，就业才是核心目标，因就业增加—收入增加—消费增加而进一步引起的就业增加的循环累积效应才具有真实的意义。然而假定投资乘数与就业乘数相等却无意间让后人时常把两者混为一谈，就业乘数的核心内涵被人们忽略甚至抛弃，而更多地关注扩大政府支出—刺激总需求来推动产出扩张的倍增效应。但由于缺乏内生动力，这种宏观政策的弊端终会暴露出来。明斯基在20世纪60年代后期就曾预言：由于忽视充分就业和收入分配问题，虽然美国在60年代见证了凯恩斯主义的胜利，但其政策所推动的私人部门投资爆炸性增长却不断地累积着经济的不稳定性，其结果很可能也是爆炸性的。[4] 继"黄金时代"创造了经济史上前所未有的经济增长速度后，西方主要资本主义国家在20世纪70年代出现了高失业率、高通胀以及增长停滞的结构性"滞涨"局面。无

---

[1]　凯恩斯：《就业、利息和货币通论》，高鸿业译，商务印书馆，1999，第220～221页。

[2]　Kahn, R. F., "The Relation of Home Investment to Unemployment," *Economic Journal* 41 (162) (1931): 173-198.

[3]　凯恩斯：《就业、利息和货币通论》，高鸿业译，商务印书馆，1999，第119～121页。

[4]　Minsky, H. P., "Effects of Shifts of Aggregate Demand upon Income Distribution," *American Journal of Agricultural Economics* 50 (2) (1968): 331.

独有偶,随着 20 世纪 60 年代制度经济学的再度兴起,以老加尔布雷斯(Galbraith)、海尔布伦纳(Heilbroner)、伯丁(Bodrin)等人为代表的经济学家从政治、社会结构等多元的视角批判了凯恩斯主义经济政策带来的种种负面影响,认为这种宏观政策不仅不会使经济获得稳定与发展,反而会进一步强化不合理的垄断性社会结构,使经济系统更具不稳定性。在此基础上,他们提出了"权利均等化""机会均等化""收入均等化"等主张,而通过政策调整实现充分就业成为实现这些社会目标的重要保障。

总而言之,总需求管理政策具有投资驱动、自上而下、增长优先等特点,其受益者往往是对经济具有更大控制力、影响力的产业、区域和群体。而即便这种宏观政策具有涓滴(trickle down)效应,其效果亦难以到达经济社会的结构性底层。因为,越是想通过增加支出或总需求的方式接近充分就业,经济的结构性制约(如产业结构、收入分配结构)所产生的反作用力(如通货膨胀)就会越大,增加就业的效果也就越不显著,[①] 此时的决策者将不得不面临是忍受通货膨胀还是放弃增加就业的两难选择。

经济过程和经济目标应服务于人,增进普遍的社会福利。如果按照凯恩斯所言"一切生产的最终目的都是为了满足消费者"[②],那么说到底,需求最终还是为了满足人。这样,从"增长需求""产出需求"向"就业需求"转换就成为优化需求管理政策的必然选择,后者具有自下而上、就业优先、消费驱动的内生性特征。虽然在经济衰退阶段总需求管理政策作为一剂猛药仍是不可或缺的,但从长期来看,经济发展应树立一个理念,即注重对社会所有劳动者利益的保护,将充分就业确立为优先目标,让充分就业内生出消费、投资并释放经济稳定力。从这层意义上讲,政府的宏观经济政策特别是财政政策就需要明确凯恩斯意义上

---

① 参见 Tcherneva, P. R., "Keynes's Approach to Full Employment: Aggregate or Targeted Demand?" Working Paper No. 542, Levy Economics Institutes of Bard College, 2008; Tcherneva, P. R., "Fiscal Policy: Why Demand Management Fail and What to Do about It," Working Paper No. 650, Levy Economics Institutes of Bard College, 2011.

② 凯恩斯:《就业、利息和货币通论》,高鸿业译,商务印书馆,1999,第 52 页。

短期的"标"与长期的"本"，以及立足于长期的"收"与"放"。就后者而言，其基本的要求应是收紧刺激增长的支出，释放创造就业岗位的支出，让充分就业成为推动经济良性循环的持久动力。那么，具体而言应作出何种政策选择呢？它又有怎样的操作机制？政府在其中又扮演怎样的角色？在继承凯恩斯思想遗产的基础上，这些问题在一些后凯恩斯经济学家发展出的"就业缓冲储备"理论中得到了进一步的解答与阐发。

第二节 "就业缓冲储备"：宏观经济的稳定器

一 就业缓冲储备的稳定机制

需求管理政策不可能浮起所有的船，尤其是充分就业。明斯基在20世纪80年代出版的《稳定不稳定的经济》（*Stabilizing an Unstable Economy*）一书中讨论就业政策时就指出当时美国宏观政策的弊端，并提出了一个实现充分就业的替代性方案：

> 当前的政策是通过向需求提供补贴的方式寻求实现充分就业，其工具包括便利融资、财政诱导投资、政府购买、转移支付和税收政策。这种策略导致了慢性通货膨胀和以金融危机、大幅波动为终结的周期性投资繁荣。因此，充分就业的政策取向是要制定出一套不会导致经济不稳定、通货膨胀和失业的策略。
>
> 这其中，主要的政策工具是，在最低工资水平上创造不以短期和长期商业利润预期为目的的对劳动力的**无限弹性需求**。由于只有政府可以非营利方式雇用劳动力，所以这种无限弹性需求只能由政府创造。[1]（强调为笔者所加）

明斯基强调，对劳动力的此种需求不能与市场中的雇主形成竞争，

---

[1] Minsky，H. P.，*Stabilizing an Unstable Economy*（New York and London：McGraw-Hill，2008），p. 343.

对工资施加上升的压力。① 相似的,一些学者亦相继提出了政府对劳动者的就业需求提供最终保障的政策,并将其称为"最后雇主"② 或"工作保障"(Job Guarantee,JG)计划。③ 由于明斯基在 20 世纪 60 年代就已提出此主张且在相关论著中多次强调其对于消除贫困、改善收入分配以及稳定宏观经济的重要性,④ 所以明斯基可被视为"最后雇主"政策的最早倡导者,⑤ 莫斯勒(Mosler)则在 1997 年结合财政和货币理论对"最后雇主"政策进行了系统和深入的分析。⑥ 无独有偶,米切尔(Mitchell)亦在同时期提出了实现充分就业目标的"就业缓冲储备"理论。⑦由于两者的基本思想几无差别,所以后来的学者在相关研究中往往将"最后雇主"与"就业缓冲储备"视为可以互换和相提并论的概念。为行文和讨论的方便,在下面的分析中我们也将它们交替使用而不作特别区分。还需要交代的是,提倡"最后雇主"或"就业缓冲储备"政策的后凯恩斯经济学家也大都是"新功能财政论"的倡导者,本章第三节将对这一理论及其与"最后雇主"或"就业缓冲储备"政策的关系展开专

---

① Minsky, H. P., *Stabilizing an Unstable Economy* (New York and London: McGraw-Hill. 2008), p. 345.

② 这是一个与中央银行最后贷款人(the Lender of Last Resort)政策相似的表达。

③ 参见 Harvey, P., *Securing the Right to Employment* (Princeton: Princeton University Press, 1989); Gordon, W., "Job Assurance: The Job Guarantee Revisited," *Journal of Economic Issues* 31 (3) (1997): 826 – 834; Ramsay, T., "The Jobs Guarantee: A Post Keynesian Analysis," *Journal of Post Keynesian Economics* 25 (2) (2002 – 2003): 273 – 291.

④ 参见 Wray, L. R., "Minsky's Approach to Employment Policy and Poverty: Employer of Last Resort and the War on Poverty," Working Paper No. 515, Levy Economics Institutes of Bard College, 2007.

⑤ 参见 Wray, L. R., Government as Employer of Last Resort: Full Employment Without Inflation, Working Paper No. 213, Levy Economics Institutes of Bard College, 1997; Wray, L. R., *Understanding Modern Money: A Key to Full Employment and Price Stability* (Cheltenham and Northampton: Edward Edgar, 1998). 值得注意的是,早在 1939 年,美国实用主义哲学家杜威已提出类似的主张:"着眼于一个更好的社会秩序,头等重要的需求我应该说是保证一种权利,即让每一个有能力的个体去工作……这种工作应是具有生产性的劳动,一个自尊的人有兴趣从事它,且绝不仅仅是为了金钱利润。"参见 Gordon, W., "Job Assurance: The Job Guarantee Revisited," *Journal of Economics Issues* 31 (3) (1997): 826.

⑥ Mosler, W., "Full Employment and Price Stability," *Journal of Post Keynesian Economics* 20 (2) (1997 – 1998): 167 – 182.

⑦ 参见 Michell, W. F., "The Buffer Stock Employment Model and the NAIRU: The Path to Full Employment," *Journal of Economics Issues* 32 (2) (1998): 547 – 555.

门讨论。

明斯基的就业主张即"最后雇主"政策相当"大胆"，在理论上它要实现的是一个更加充分的充分就业目标。正如莫斯勒所言，政府充当最后雇主的计划是"一个完全不同的政策选择"，它一方面要消除非自愿失业，另一方面还要维持价格稳定。其实施方案就是政府在一个设定的工资水平上对有就业需求的（失业）劳动者创造一个储备池。莫斯勒认为，任何一个政府都可以通过向劳动者提供公共就业岗位的方式实现充分就业的目标。在"最后雇主"计划中，政府雇佣劳动者的支出（主要是工资支出）通过财政支出予以解决，在政府发挥就业保障功能的同时，其政策效果并不会扰乱既有的劳动力市场，这是因为，就业保障的工资水平接近或基于最低工资标准而设定，它既不会与市场形成竞争，也有助于稳定价格水平。①

如果我们转换到缓冲储备的视角就可以更直观地了解最后雇主政策的价格稳定机制。如前几章所分析，政府可以利用缓冲储备机制创造价格锚。历史上，很多政府利用黄金储备建立的"金本位"货币制度就是一种价格锚。不过，黄金在现代社会的重要性逐渐降低，且由于供给有限，黄金对价格稳定施加的影响力越来越小，因此可以选择其他更为重要的商品来替代黄金。例如，石油就是一种备选的重要商品，通过建立石油缓冲储备，政府可随时准备以一套设定的价格买入或卖出石油。由于石油及其相关加工产品被广泛地使用于生产、生活中，所以石油缓冲储备可在一定程度上发挥出金本位的稳定功能。但事实上，还有另一种更为重要的商品可以作为缓冲储备的对象，那就是劳动力。②

在米切尔的分析中，假定一个经济社会的劳动力市场存在优级和次级两个市场 A 和 B，优级市场 A 的工资通过合约确定，且它对相对工资（A/B）有负反馈机制和滞后效应。在经济刺激政策下，工资调整灵活且反应灵敏的次级市场 B 的工资首先上涨，相对工资 A/B 的变化经过一段时滞影响优级市场 A。这样，工资推动工资、工资推动价格的联合机制

---

① Mosler, W., "Full Employment and Price Stability," *Journal of Post Keynesian Economics* 20 (2) (1997 - 1998): 167 - 168.

② Wray, L. R., *Understanding Modern Money: A Key to Full Employment and Price Stability* (Cheltenham and Northampton: Edward Edgar, 1998), pp. 8 - 9.

引致了通货膨胀。此时政府虽然可以使用抑制需求的政策来管理通货膨胀，但必然会以一定的失业为代价。米切尔认为，引入就业缓冲储备能在实现充分就业的同时使经济获得更大稳定性。经济衰退期，政府以一个设定的工资水平雇佣失业劳动力（主要在 B 市场中），这意味着在 B 市场中构筑了就业缓冲储备，并为经济社会的成本结构在既定生产力水平上设定了一个底线，同时又不会影响市场中的工资结构（A/B）。在总需求增加的经济上升期，就业缓冲储备提供了一个以工资底线为基础，有充裕劳动力供给的缓冲机制，A、B 劳动力市场工资推动的通胀压力被缓冲储备有效抑制。米切尔进一步认为，缓冲储备的大小可以用缓冲就业率（Buffer Employment Ratio，BER），即缓冲储备就业人数与总就业人数之比来衡量。由于缓冲储备具有维持价格稳定的功能，所以非加速通货膨胀缓冲就业率（Non-accelerating Inflation Buffer Employment Ratio，NAIBER）就可以成为非加速通货膨胀失业率（Non-accelerating Inflation Rate of Unemployment，NAIRU）的一个替代概念。[1]

将"就业缓冲储备"与前几章的讨论相比较，可以发现无论是哪种缓冲储备，政府本质上都充当了维持市场稳定的"做市商"。不同的是，在就业缓冲储备中，政府针对的不是一般的商品，而是劳动力。一方面，政府通过提供公共岗位的方式创造就业需求，并随时准备以设定的基本工资水平雇佣失业者;[2] 另一方面，政府随时准备为市场提供劳动力，以有效缓解劳动力市场趋紧而带来的通胀压力。以这样的方式，政府将劳动力在经济的动态发展过程中"储备"了起来，借此保证劳动力在任何时候都处于被"充分雇佣"的状态。而就业缓冲储备之所以还能够发挥价格稳定功能，其关键在于：由于劳动力是几乎所有生产中都必须使用且比黄金、石油更为重要的特殊商品，所以政府其实是通过对缓冲储备基本工资定价的方式对货币进行了定价。如果市场中的劳动力提出过高的工资要求（大大超过其劳动生产率），雇主就可以选择从缓冲储备

---

① Michell, W. F., "The Buffer Stock Employment Model and the NAIRU: The Path to Full Employment," *Journal of Economics Issues* 32 (2) (1998): 547 – 555.
② 在相关讨论中，这一工资被称为公共部门基本工资（the basic public sector wage, BPSW）。参见 Wray, L. R., *Understanding Modern Money: A Key to Full Employment and Price Stability* (Cheltenham and Northampton: Edward Edgar, 1998), p. 126.

中以较低价格（缓冲储备基本工资加一个加价）雇佣劳动力。[①] 因此，只要缓冲储备基本工资水平保持相对稳定，它就会成为一个价格锚，并为其他各类工资提供基准。正是在这层意义上，就业缓冲储备创造了一个"劳动力本位"，并借此实现充分就业和价格稳定的双重宏观目标。在论者看来，这显然是一个更好的政策选择。

> 在最后雇主计划中，政府可以"货币化"劳动力，正如政府在金本位制度下可以"货币化"黄金一样。但问题是，我们是愿意让黄金被"充分雇佣"，还是更偏好于让劳动力被"充分雇佣"？我们是需要重新建立金本位制度来稳定价格，还是转向缓冲储备基本工资本位？抑或继续采取目前的做法，以容忍失业为代价来换取最小化的通货膨胀？[②]

当然，缓冲储备的宏观效果不限于此，由于储备的是"劳动力"，所以这一政策对经济社会的积极意义还表现在对"人"这一最重要的生产要素的重视上。在劳动者失业后，其劳动能力（或劳动生产率）会下降得很快，劳动能力越低，劳动者就越难获得再就业的机会，此种恶性循环最终会使劳动力丧失劳动习惯，退出劳动力市场，降低整个社会的劳动参与率。失业所带来的问题不仅反映在经济层面上，其对个人、群体、社区、社会心理以及社会结构稳定带来的负面影响短期不易察觉，但潜在的长期危害会很大。从这层意义上来看，政府营建就业缓冲储备所解决的不仅是经济问题，还是社会问题。通过在公共岗位上"边干边学"，人的劳动能力、心智人格被保护和涵养起来，为其日后发展（如再次进入竞争性市场）提供了必要的缓冲平台。当然还有一点也是十分重要的，缓冲储备所雇佣的劳动力可提高公共产品的供给数量和质量，从而有效提高经济社会的运行效率。

市场经济条件下，"失业"已成为各国政府宏观经济治理中的痼疾。

---

① Wray, L. R., *Understanding Modern Money：A Key to Full Employment and Price Stability* (Cheltenham and Northampton：Edward Edgar, 1998），p. 132.

② Wray, L. R., *Understanding Modern Money：A Key to Full Employment and Price Stability* (Cheltenham and Northampton：Edward Edgar, 1998），p. 136.

政府建立缓冲储备确保充分就业的政策无疑具有积极的意义，且不论其经济稳定功能，"最后雇主"计划相对于被动的失业救济而言就是一种更加进取的经济政策，让每个人不放弃对自己和社会的责任，从而维护了劳动是人之基本权利同时也是人之基本义务的社会观念。①

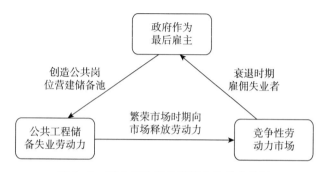

图 5 - 1 就业缓冲储备创造充分就业机制

图 5 - 1 对就业缓冲储备机制进行了直观描述。从中可以看出，劳动力在被充分雇佣的动态过程中保持了"流动性"。缓冲储备就好比一个"缓冲池"，它使劳动力在流动中成为一股可流入、能流出的"活水"，让人"流动"起来从事各种社会所需的劳动而不是坐等救济，这无疑会内生出更为积极的稳定效应。当然，在就业缓冲储备中必然会有一部分"沉淀"，即一部分劳动力可能因无法被竞争性市场雇佣而长期滞留于储备池之中。但论者强调，对于那些准备好、有意愿且无健康障碍的劳动者，政府有责任为其提供就业保障，即便是一个残障者，只要有能力，政府都应为其提供一份合适的工作。② 因此，最后雇主计划达到的经济目标除了维持宏观稳定之外，还有一点就是要维护就业的公平原则，以有效的最低工资实现真正的"零失业率"。③ 需要指出的是，若不能实现严格意义上的充分就业（即零失业率），那么政府规定的最低工资水平实际就是零，即如果总存在有就业意愿而未能就业的劳动力，那么政府所规

---

① 这正如一句西方谚语所隐喻的："上帝会给每个鸟儿吃食，但不会把吃食放在鸟巢之中。"

② Gordon, W., "Job Assurance: The Job Guarantee Revisited," *Journal of Economics Issues* 31 (3) (1997): 826.

③ Wray, L. R., "Zero Unemployment and Stable Price," *Journal of Economics Issues* 32 (2) (1998): 539 - 545.

定的最低工资就形同虚设，没有任何意义。

综合上文的讨论，缓冲储备充分就业机制的就可用图5－2作出进一步的描述。面对失业但有就业需求的群体，一个对百姓福利负有责任的政府没有理由不施以援手。一般而言，劳动者按素质高低（基于受教育程度、综合素质以及劳动技能等因素）排列呈现出金字塔形结构。在市场机制下，以效率为原则的市场对劳动者采取自上而下的择优雇佣方式（见图5－2）。主流经济学认为，经济社会存在"非加速通货膨胀失业率"（NAIRU），在NAIRU的世界里，总会有一部分准备好、有意愿且无健康障碍的劳动者处于非自愿失业状态，且这部分劳动者更多地处于金字塔的下端（即在米切尔的B市场中）。NAIRU描述的自然失业率其实并不"自然"，在技术快速发展的社会，摩擦性失业和结构性失业更容易使劳动者退出劳动市场，导致整个社会的劳动参与率不断降低。而政府以最后雇主身份保障就业的政策就是在不排斥市场的条件下与市场机制呈相反方向的自下而上的雇佣劳动力（见图5－2），从而实现更加充分的就业和更高的劳动参与率。这里，我们可以将市场和政府分别自上而下、自下而上雇佣劳动力的机制称为二元对流模式。经济周期中，市场与政府在就业中所发挥的功能形成了此消彼长的态势（见图5－3）。经济出现衰退之时，市场对劳动力的需求池出现"退潮"，失业增加。此时，政府增加公共就业岗位的需求池就相应"涨潮"。作为最后雇主，政府以就业保障的方式将市场中失业的劳动力通过公共工程储备起来（见图5－3a）。反过来，如果市场对劳动力的需求池"涨潮"，政府的缓冲储备则适时"退潮"并将劳动力向市场释放（见图5－3b）。在整个过程中，缓冲储备池逆经济周期吞吐、涨落，平抑市场波动，发挥出宏观经济稳定器的功能。不难看出，就业缓冲储备就是一个特殊的"劳动力常平仓"。与传统意义上的常平仓不同的是，政府虽在"平籴"时是"买入"劳动力（雇佣、培训），但"平粜"时，则是向市场无偿供给劳动力。还需要指出的是，缓冲储备池随经济波动所雇佣劳动者的边际生产率是动态变化的。这样，当总需求处于较低水平时，缓冲储备较高的边际生产率对市场雇佣劳动力有正向激励，反之则反是。因此，变动的边际生产率也成为缓冲储备稳定机制的重要组成部分。

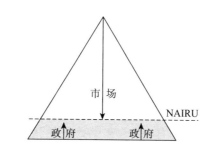

图 5 - 2 "市场—政府"二元对流就业模式

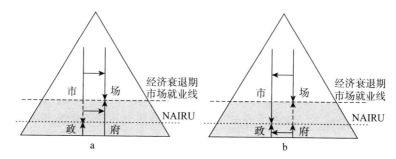

图 5 - 3 公共就业逆周期缓冲机制

二 "新政"的历史实践

讨论至此，人们或许存有一个疑问：政府作为最后雇主是否能够提供足够多的公共就业岗位以满足非自愿失业者的就业需求？对于这一问题，明斯基以罗斯福新政就业政策为例给出了答案：

> 就业计划须解决那些老、中、青年的失业问题。具体的方案我们可以从 1930 年代的就业计划获得启发，如民间资源保护队（CCC）、国家青年管理局（NYA）和工程振兴局（WPA）。在新政期间，这些就业计划被认为是暂时的，但从资本主义经济的内在不稳定性和长期的工作短缺问题来看，它们如今应被视为一种长期的计划。①

按照明斯基的理解，罗斯福政府推动的就业政策是一个典型的政府创造"对劳动力的无限弹性需求"的工作保障即最后雇主计划。从 1934

① Minsky, H. P., *Stabilizing an Unstable Economy*（New York：McGraw-Hill，2008），p. 345.

年 9 月 30 日第二次"炉边谈话"可以看出，罗斯福对政府确保高水平充分就业这一职责是毫不怀疑的：

> 公共工程计划……其目的是使更多的人重新就业……任何国家，不论多么富裕，也承担不起人力资源的浪费……有人试图说服我，要我们承认我们永远有成百万失业的人，就象其他国家十多年来的情况那样……把一支失业的常备军作为我们未来的必要条件，我是好歹都不能接受的。相反，我们应该把这个作为一项国家的方针，决不容许有失业大军，一定要安排好我们的国民经济来尽快解决现有的失业，然后采取明智的措施，来保证不再出现失业。①

大萧条造成美国成千万的失业人口，为应对前所未有的危局，美国政府展开了大规模的失业救济，但罗斯福认为这种被动的救济毫无绩效可言，它是"一种麻醉剂，一种摧毁人的精神的微妙东西"，"联邦政府必须而且应该停止这种救济工作。"② 罗斯福因此而调整了政策，"直接的赈济，凡有可能，都应辅之以有用的和有报酬的劳动"③。按照这一思路，美国政府变被动救助为主动出击的以工代赈政策（Work Relief Program），以各种公共工程为依托创造工作岗位，由于工程遵循了"应使相当部分的开支用于劳动工资"这一原则，④ 政府遂在短短几年中雇佣了千万计的劳动力。⑤

---

① 罗斯福：《罗斯福选集》，《1934 年第二次"炉边谈话"》，关在汉编译，商务印书馆，1982，第 73 ~ 74 页。
② 洛克腾堡：《罗斯福与新政》，朱鸿恩、刘绪贻译，商务印书馆，1993，第 144 页。
③ 罗斯福：《罗斯福选集》，《1934 年第一次"炉边谈话"》，关在汉编译，商务印书馆，1982，第 63 页。
④ 罗斯福：《罗斯福选集》，《1935 年第一次"炉边谈话"》，关在汉编译，商务印书馆，1982，第 82 页。
⑤ 需要补充说明的是，凯恩斯虽然在 1934 年 6 月拜访过罗斯福，但这次拜访并未对罗斯福政策的制定产生重大影响，罗斯福智囊团的重要成员、哥伦比亚大学的经济学家特洛维尔证实了这一点，他把所谓"新政"的实施归于凯恩斯的影响的说法称作"凯恩斯派的神话"。（《就业利息和货币通论》"中译本前言"，徐毓枬译，商务印书馆，1981，第 8 页）事实上，罗斯福担任纽约州州长时已实行了"小新政"。1932 年 3 月至 1934 年 3 月，罗斯福的智囊团开始拟定新政纲领，参考、借鉴了大量书籍和以往政治经验。因此，新政是一个长期酝酿、研究的成果。（刘绪贻、李存训：《美国通史》第 5 卷，人民出版社，2002，第 74 ~ 77 页）

在一系列以工代赈计划中,有很多是具有创造性的举措,它们不仅精准地为特殊或专业群体提供了就业机会,还为美国经济社会的长期发展播撒了种子。

美国政府在1933年组建了"民间资源保护队"以执行全国工业复兴法第202、203条控制土壤侵蚀计划,保护队征募18~25岁的城市待业青年实施环境工程建设。在九年的时间里,每年都有数十万名保护队员在全国各地设立野营地,广泛从事土壤保护、植树造林、森林牧场保护与恢复、野生动物保护、历史景点维护、野外设施建设以及救助、防洪、废旧物回收等种类繁多的工作。截至1941年,民间资源保护队雇佣了大约350万名青年,共种植25亿株树木,保护了4000万英亩农田免受侵蚀,排干沼泽24.8万英亩,恢复近100万英亩的牧场,建造了800个州立公园。[1] 由于保护队直接解决就业问题,所以政府成为青年人的"最后雇主",罗斯福说:"这项工作的巨大价值之一是,它是直截了当的,而且无须什么机构的干预。"特别的,"创建这个非军事的资源保护队是以一箭而双雕……我们保护的不仅是自然资源,还有人力资源。"[2] 大批青年人除了免受失业、饥饿和无所事事的威胁和腐蚀,还走出了充满弊端的城市,融入广阔的自然和乡村之中,让体质和心智在艰苦环境中得到了锻炼,[3] 并留下了难以估量的无形资产——民间资源保护队通过青年参与者的亲历实践,扩展了美国资源保护的群众基础,唤起民众保护和科学利用自然资源的意识,奠定了战后美国环境主义运动的基础。[4]

大萧条使各业凋敝,艺术市场亦在劫难逃,罗斯福就任总统时,美国有一万名艺术家失业。新政时期,美国政府设立公共工程艺术计划、财政部"绘画和雕塑部"(后更名为美术部)以及联邦艺术计划一类文

---

[1] 邱建群:《论罗斯福新政与美国西部经济的崛起》,《辽宁大学学报》(哲学社会科学版)2016年第1期。
[2] 罗斯福:《罗斯福选集》,《第二次"炉边谈话"》,关在汉编译,商务印书馆,1982,第33、32~33页。
[3] 这些"锻炼"带来的收益是长期的,最近的实证研究表明,民间资源保护队项目对参与者个人长期发展(包括健康、就业、收入等)产生了积极的影响,且参与项目时间越长,影响越显著。参见 Aizer, A., et al., "Do Youth Employment Programs Works? Evidence From the New Deal," NBER Working Paper No. 27103, 2020.
[4] 滕海键:《民间资源保护队的缘起和历史地位》,《史学月刊》2006年第10期。

化工程雇佣了大量失业艺术家。为了促进公共艺术发展，这些艺术家们挖掘、保存美国传统艺术，开办讲习班为公众讲授绘画、编织、工艺设计，为公共建筑创作壁画、雕塑，其中一些作品至今仍装点着美国各地的市政设施。虽然这些作品不全是伟大的艺术作品，但它们大大密切了美国公民与艺术鉴赏之间的关系。政府作为"最后雇主"拯救艺术家于水火，拓展了公共艺术空间，也为后来美国抽象表现主义在西方艺术中的领导地位奠定了基础。雇佣被忽视的群体做被遗忘的事，新政期间类似的就业计划还有不少，例如，联邦作家计划雇佣作家出版包括公共丛书在内的近千种读物，联邦剧院计划雇佣新人，创新表演艺术形式，把戏剧送到广大群众之中。[①]

罗斯福新政的就业计划虽然是非常时期的非常之举，但政府能够在短短数年创造出千万计的公共岗位，恰恰说明经济社会潜藏着大量有价值却为人所忽视的工作岗位。这印证了凯恩斯更早的看法——他在 20 世纪 20 年代就已指出社会公共体系尚有很大的拓展空间：

> 我不明白……我们为什么不应该在这个国家建立起一个完备的公共服务体系，通过从民众中雇佣人员来从事公众关注的事务，同时兼备我国行政管理部门的工作能力和优良的服务传统。[②]

在《劳埃德·乔治能做到吗?》（Can Lloyd George Do It?）这篇著名的策论中，凯恩斯又带着一种鼓励和打破陈俗旧见的口吻说道："政府办公室被搁置一旁的计划不计其数，只需让这个国家最活跃、最富进取心的孩子将它们搜寻出来，就能够为各个地区创造出各种大量的岗位。"因此，解决就业问题需要"一种**实干**的新氛围，而不是令人窒息的畏难情绪"[③]。（强调为原文所加）

---

① 参见刘绪贻、李存训《美国通史》第 5 卷，人民出版社，2002，第 120～121 页；赵丽莎《美国罗斯福新政中的艺术资助项目》，《公共艺术》2014 年第 4 期。

② Keynes, J. M., *Activities 1922–1929: the Return to Gold and Industrial Policy*, in Moggridge, D., eds., Vol. XIX (19) Part II of *The Collected Writings of John Maynard Keynes* (London: Macmillan, 1981), p. 697.

③ Keynes, J. M., *Essays in Persuasion*, in Moggridge, D., eds., Vol. IX (9) of *The Collected Writings of John Maynard Keynes* (London: Macmillan, 1972), p. 99.

凯恩斯、罗斯福和明斯基的思想与作为是令人振奋的,但如果把目光投向更久远的历史,或许让我们更感惊奇的是中国古人竟然是就业保障的最早施行者。第二章曾讨论过,中国古代社会若年景正常,小农便可安于田亩,农业生产相对稳定,士农工商皆可安居乐业;但若遭遇凶年,农业生产被迫中断,导致小农大量离散,严重的"失业问题"极易诱发社会危机,而历代政府利用以工代赈这一劳动力常平仓吸纳离散之民就成为行之有效的经济稳定政策。如此看来,中国古代政府早已扮演了"最后雇主"的角色,显现出现代性的积极面向。当然,这样的评价并非刻意附会,胡寄窗先生在讨论王夫之有关荒年多办公共工程"以聚失业之人"的思想时便指出,若把荒年引起的"失业"扩大为一般的"失业",则王夫之提出的大办公共工程以解决"失业"问题的办法到了20世纪30年代才被凯恩斯所倡导。[1] 中国古人的这项制度发明在西方工业社会被再次发挥,虽然跨越千年、纵横中西,但其间的微妙关联颇值得深入思考。从这层意义来观察,罗斯福新政除了推行农业常平仓政策外,还构建了以公共工程为依托的"劳动力常平仓",由于公共工程与工业复兴法密切关联,[2] 所以此一常平仓还可称为"工业常平仓"。在特殊时期,工、农业常平仓相辅相成,为美国摆脱萧条泥淖作出了历史性贡献。[3]

回到理论分析,我们现在有必要对凯恩斯—后凯恩斯的缓冲储备理路作一总体的归纳。《通论》中,凯恩斯在引入一系列复杂的经济学分析后,向人们描述了这样一幅宏观经济运行图景:由于不稳定的预期以及不确定性的存在,投资者对货币和其他生产要素的交替性"取"与

---

[1] 胡寄窗:《中国经济思想史》下册,上海财经大学出版社,1998,第501页。王夫之具体讨论了如何因地制宜实施以工代赈政策:"《周礼》,荒政多兴工作以聚失业之人,此最为通变之善术。盖年虽凶荒,病在民而国未尝遽瘠也。若河南、山东、淮、泗一带,黄、漕二渠岁费不赀,假令灾伤之岁,于九月后度所宜修之堤岸,所当疏浚之支流,即行就教灾伤地面,募无食之民,鸠工起事……其在山、陕、北直,则就近相视边墙、堡哨、墩台、壕堑合当修者,即借支漕米,募饥民挑筑。"参见王夫之《噩梦》,载王夫之《船山全书》第12册,岳麓书社,1996,第577页。

[2] 罗斯福:《罗斯福选集》,《1934年第二次"炉边谈话"》,关在汉编译,商务印书馆,1982,第73页。

[3] 罗斯福解决失业的政策并非资本主义的常态。资本主义制度从本质上讲是"默许"失业存在的,相关讨论见本章第四节。

"弃"之间内生出宏观经济周期性波动。这意味着在一个充满不确定性的经济系统中，如果预期落空或资本边际效率崩溃，投资者为了规避风险将转而持有货币，此时货币因流动性偏好增加而"失业"（停滞于贮藏状态）。在现代货币经济条件下，货币的功能在于像血液一样携带各种生产要素流通于整个社会肌体。因此，货币的"失业"会使市场陷入"人失其业""物弃于地"的普遍"失业"状态。凯恩斯认识到，这种失业状态并非由投资过度，即资本不再有任何合理的地方可供使用而造成的，而是因为投资是在不稳定的预期状态下做出的，且这种不稳定的预期迟早会不能如愿。在这种情况下，政府的作用就是充当不以追求商业利润为目的但又坚决维护长期资本边际效率的"最后雇主"，以"有组织的投资"充分雇佣"失业的货币"，进而让市场中"失业"的人、物再次被"雇佣"，从而确保生产要素的充分流动，实现宏观经济的稳定发展。那么，借助"有组织的投资"，谁应先被雇佣，或者说应先让谁流动起来呢？

在这里，后凯恩斯经济学的"就业缓冲储备"道出了其中的深意，即人的就业可有效带动其他生产要素的"就业"，而"激活"劳动力使其"流动"起来，整个宏观经济的稳定也就有了最为根本的保障，这就可以解释凯恩斯为什么要用就业量作为衡量经济运行的基本指标。其实，如果注意到凯恩斯将"不能提供充分就业"视为他所生活的资本主义社会的"显著弊端"，[1]"人"在凯恩斯经济理论体系中的核心地位就不难被确立，虽然将货币置于宏观经济分析的显著地位，但凯恩斯更看重人在经济中的主体地位，并实质上继承了马歇尔的福利传统。但是，不同于庇古福利经济学的理路，凯恩斯另辟蹊径，将福利经济学在宏观层面转化为对失业和充分就业的关注，彰显出独具特色的宏观福利内涵。"在他的世界观里，每个人在社会里都有其确定的位置。如果一个人不能通过从事所分配的工作来养活自己的家庭，或维护个人尊严，那么这对他而言就是不公平的。"[2]因此，"对我们所有人来说需要努力理解的是一个真正基本且又极为简单的重要问题，其中第一项任务就是要保证有足

① 凯恩斯：《就业、利息和货币通论》，高鸿业译，商务印书馆，1999，第386页。
② 约翰逊：《约翰·梅纳德·凯恩斯：科学家还是政治家？》，载罗宾逊编《凯恩斯以后》，林敬贤译，商务印书馆，2015，第26页。

够的需求为每一个人提供就业。"① 正是在这层意义上，后凯恩斯经济学在讨论宏观政策时强调，凯恩斯宏观稳定政策应被更多地理解为利用社会化投资来实现充分就业。因为从长期来看，满足人的基本需求即就业需求以填补就业缺口，而非简单地用激素疗法满足增长需求来填补产出缺口才是解决宏观稳定问题的根本之道，② 这一认识无疑凸显了以充分就业为取向的经济政策的重要地位。

后凯恩斯经济学的"最后雇主"或"就业缓冲储备"理论与政策在90年代末被提出后便引起热烈的讨论，或赞同、或质疑、或批评。支持者认为，这一思想给经济学带来一股清新之风，它虽提出了一个大胆的政策方案，但其理论基础也是沿着以往经济学家提出的思想路线审慎地论证出来，价值取向上亦凸显出医治经济痼疾的积极态度。质疑和批评者提出的问题较为纷杂，但大体来看不出以下几个方面：经济学中的很多问题存在替代关系，能否在实现充分就业的同时继续维持价格稳定，这要打一个很大的问号；退一步而言，最后雇主计划在实施中会遇到很多具体问题，能否按照计划所设计的那样改善就业现状，这可能是一个更加现实的疑问；而即便计划能够顺利实施，政府的财政预算不仅会出现赤字而且将长期维持在高位，故而计划的可持续性会遇到财政约束的瓶颈。

经济思想终究要指导实践，以上种种疑问是此一理论、政策提出者不能回避且必须予以回应的。事实上，他们的确提出了很多具体的方案和实践案例来论证和支持政策的可行性。③ 而这里需要特别关注的是，针对质疑和批评之声，论者系统地回应了财政约束问题——从传统的财

---

① Keynes, J. M., *Activities 1940 - 1946*：*Shaping the Post-war World*：*Employment and Commodities*, in Moggridge, D., eds., Vol. XXVII（27）of *The Collected Writings of John Maynard Keynes*（London：Macmillan, 1980），p. 267.

② 参见 Tcherneva, P. R., "Permanent On-The-Spot Job Creation—The Missing Keynes Plan for Full Employment and Economic Transformation," *Review of Social Economy* 70（1）（2012）：57 - 80.

③ 一个典型的案例就是阿根廷的 *Jefes* 计划，参见 Tcherneva, P. R., Wray, L. R., Employer of Last Resort：A Case Study of Argentina's *Jefes* Program, C-FEPS Working Paper No. 43, Center for Full Employment and Price Stability of the University of Missour-Kansas City, 2005. 更多的案例讨论详见 Murray, M. J., Forstater, M., eds., *Employment Guarantee Schemes*（New York：Palgrave Macmillan, 2013）.

政观来看，就业缓冲储备会积累大量的财政赤字。① 那么，这一现代劳动力常平仓似乎依然面临中国古代常平仓难以持续地筹措到足够"仓本"这一老问题的困扰。但是，论者基于"新功能财政论"作出了这样的回答：赤字并不是就业缓冲储备的真实"约束"，这一就业政策是可以持续实施的。

第三节　功能财政：就业缓冲储备的维系机制

一　勒那定律与内生财政

为什么后凯恩斯经济学家认为就业缓冲储备的支出并不存在财政预算约束？回答这一问题首先需要辨明人们对财政政策和国家债务的不同理解。

在经济思想史中，针对各种经济问题的认知往往会呈现出三种主张或态度：保守、激进与持中。但是，在有关财政理论与政策的认知中，人们则普遍认为，国家财政如同家庭理财，长期入不敷出、举债度日必然导致经济破产。由此，财政思想形成了以下主流观点。一是认为财政赤字和国家债务对于经济社会总会产生负面的影响或冲击。赤字政策造成通货膨胀，引致利率上升，挤出私人投资，国家债务会给后代留下沉重负担。较为温和的另一种观点认为，在具体的经济形势下（如面临经济衰退）增加赤字和国家债务是合理的政策选择，财政平衡应着眼于经济周期而不应局限于财政年度。同时，虽然赤字给后代增加了负担，但赤字政策所形成的各种资产如基础设施会对经济长期发展有利。

除以上两种主流观点之外，对财政赤字还有另一种非主流理解，其中阿巴·勒那（1903～1982）的"功能财政论"（Functional Finance）以及一些后凯恩斯经济学家的宏观经济主张可视为这一脉的代表。他们认为，税收并不是财政收入的来源，政府发行债券亦不是为财政支出融资，财政政策无须囿于作茧自缚的收支平衡约束，而应盯住宏观经济稳定。这一与人们所熟知的经济常识南辕北辙的观点，不免令人感到匪夷所思。不过，若条分缕析这一在 20 世纪形成的非主流经济理论的所以然，我们

---

① 但也不能忽视，政府直接创造公共就业岗位雇佣失业者会相应地减少大量失业救济一类的被动性福利支出。

也不难从中获得一些重要的启示和观察宏观经济理论的独特视角。

阿巴·勒那被认为是极富原创力和想象力的经济学家,[1] 他提出的"功能财政论"对主流经济学最具挑战性并影响了非主流经济学的一个重要流派：后凯恩斯经济学。功能财政论的基本思想在《经济方向盘》一文中已被提出,[2] 但正式将其命名为"功能财政"则是在《功能财政和联邦债务》这篇重要的文献中,勒那在文中指出,新的理论就像每一个重要发现一样,其实非常简易,但就连有学养的教授们都因固有观念的束缚而难以接受它。[3] 基于这样的认识,勒那提出了一个具有颠覆性的财政观,即政府财政政策的主旨应是关注"结果"、"效果"或"功能"：

> 政府的支出与税收、债务的发借与偿还、货币的发行与回笼都应着眼于这些行为施加于经济的**结果**而不应建立在传统的稳健或是不稳健的教条之上……以对经济的效果或功能来评判财政措施的这一原则我们可以称之为**功能财政**。[4] （强调为原文所加）

在勒那看来,财政政策的目标应该是盯住真实的"效果"或"功能",而收支是否要维持"平衡"则不应该成为财政政策的前提和约束条件。也就是说,政策的效果而非收支平衡关系才是财政政策的立制之本。如果政策始终纠缠于收支之间是盈余的还是赤字的,而忽视了它应取得的实际功效则是一种本末倒置的做法。那么,要实现怎样的效果呢？

在功能财政论的第一条定律中,勒那指出："政府的职责是在当前的价格水平上,保持国内的总支出正好可以消费掉生产的所有商品。若总支出高于此水平就会出现通货膨胀,若低于这一水平则会引致失业。"这样,财政手段就有了内在规定性,即为了消除失业和通胀,"政府一方面

① Scitovky, T., "Lerner's Contribution to Economics," *Journal of Economic Literature* 22 (4) (1984): 1547.

② Lerner, A. P., "The Economic Steering Wheel," in Colander, D., eds., *Selected Economic Writings of Abba P. Lerner* (New York: New York University Press, 1983), pp. 271–277.

③ Lerner, A. P., "Functional Finance and the Federal Debt," *Social Research* 10 (1) (1943): 39.

④ Lerner, A. P., "Functional Finance and the Federal Debt," *Social Research* 10 (1) (1943): 39.

可通过提高自身支出或减税的方式增加总支出，另一方面则可通过降低自身支出或增税的方式减少总支出，从而将总支出保持在（当前价格水平下）可以消费掉所有就业者生产的商品同时又不致于需求超过此商品量而产生通货膨胀的水平。"① 基于这样的认识，勒那明确地指出："功能财政完全反对'稳健财政'的传统教条，以及在一个自然年度或是一个任意时期内保持预算平衡的原则。"② 那么，勒那为何将财政效果如此上纲上线而抛弃早已在古典政治经济学那里确立的平衡财政传统呢？

与凯恩斯一样，勒那深刻地认识到自由放任的资本主义经济是一个不稳定的系统。在《经济方向盘》一文中，勒那形象地描绘了一幅经济图景。资本主义经济好比一辆在公路上行驶的汽车，它既无驾驶员又无方向盘。当汽车碰到路沿，车轮就转而朝着反方向冲去，当碰到对面路沿后，又会调转方向撞回道路的这一边。③ 勒那暗指的是，资本主义经济在萧条、失业——高涨、通胀之间上下"自由"且"无常"的波动，财政政策应扮演经济运行方向盘的角色，它的目标就是让宏观经济在驾驭之下平稳前行。但是，操控方向盘不应预先将收支平衡设定为一条约束性规则，否则政策效果将会大打折扣。

照此理解，勒那的功能财政论可以被解读为内生财政论。说它是内生的，是因为资本主义经济周期性波动源自经济系统的内在不稳定性，财政政策也就因此被内生地赋予了消除失业痼疾和稳定经济的重要职能。但勒那认为，凯恩斯的赤字政策还没有真正从理论上颠覆传统的财政教条，也就是说，凯恩斯虽然开辟了财政（赤字）政策在理论与实践中的新进路，但也只是走了一半，④ 而勒那的认识显然更彻底，他沿着凯恩

---

① Lerner, A. P., "Functional Finance and the Federal Debt," *Social Research* 10（1）(1943): 39 – 40.

② Lerner, A. P., "Functional Finance and the Federal Debt," *Social Research* 10（1）(1943): 41.

③ Lerner, A. P., "The Economic Steering Wheel," in Colander, D., eds., *Selected Economic Writings of Abba P. Lerner*（New York: New York University Press, 1983）, p. 271.

④ 据勒那回忆，1944年，凯恩斯在华盛顿的一次演讲中将勒那的财政观视为骗人的谎言。但一个月后，凯恩斯就收回了他的批评。参见 Colander, D., "Was Keynes a Keynesian or a Lernerian?" *Journal of Economic Literature* 22（4）(1984): 1572 – 1573. 可以观察到，在赤字问题上凯恩斯踏在了两条船上：一方面，凯恩斯似乎仍未完全摆脱预算平衡观；另一方面，沿着他的理论也不难得出勒那的观点，否则他不会收回对勒那的指责。

斯的道路继续前行，不但与传统教条分道扬镳，而且比凯恩斯走得更远。勒那以釜底抽薪的方式打破了收支平衡论，提出了财政政策应以效果之优劣而不以支出之多少、收支之平衡为标准的颠覆性财政观。然而，这一激进的主张乍听起来实在让人觉得不可思议，功能财政论在数十年间几成为被遗忘的角落，直至一批后凯恩斯经济学家将其复活。为便于讨论，我们将晚近后凯恩斯经济学家推动的这一理论的新发展称为"新功能财政论"。从经济思想发展的整体脉络考察，勒那的功能财政论与后凯恩斯经济学的新功能财政论［以下将其合称为（新）功能财政论］与凯恩斯经济学有着紧密的联系，其在理论上继承了凯恩斯革命，因此严格地讲，凯恩斯是这一理论脉络的重要始源。不过，作为一套源于凯恩斯但又别具创建的理论体系，（新）功能财政论的"立"必然要求合乎逻辑的"破"，这就涉及对一些问题的重新解读以回应人们的种种质疑，其中的关键就是如何理解政府债券和税收的职能。

在功能财政论的第二条定律中，勒那认为政府债券的功能是让公众少持有货币（而多持有债券）以达到政府想要的政策效果。若非如此，利率会降至过低水平从而导致过度投资和通货膨胀。解决的方式就是将人们手中的货币通过政府发行债券的方式回笼。反过来看，政府投放货币或偿还债务也只是因为需要增加货币供应或是减少人们手中持有的政府债券。[①] 这一定律表明，政府向市场和公众发行国债更像货币政策，即"为了实现一个可获得最佳投资量的利率水平"[②]。在后续的文献中，勒那作出了进一步说明：赤字支出让货币存量不断增加，推动了利率下降，政府有一种直接的方式可以阻止利率下降，那就是政府将其支出的货币借回来。[③] 也就是说，政府向公众"借钱"是为了用债券资产置换流动性，对经济进行调节。"政府借钱要达到的效果是为了减少经济体系的流动性，从而提高利率，抑制投资。因此，政府只在想要减少流动性

① Lerner, A. P., "Functional Finance and the Federal Debt," *Social Research* 10 (1) (1943): 40 – 41.

② Lerner, A. P., "Functional Finance and the Federal Debt," *Social Research* 10 (1) (1943): 41.

③ Lerner, A. P., *The Economics of Employment* (New York: McGraw-Hill, 1951), pp. 10 – 11.

时才会发债。"①

在勒那的基础上，新功能财政论进一步指出，政府发行债券的真实政策含义是让公众持有一种货币的替代性资产，用以减少银行体系的准备金（即高能货币），将同业拆借率稳定在一个目标水平。论者认为，政府的赤字支出会增加银行体系的准备金量，如果准备金过多，同业拆借市场的货币供给就会大于需求，同业拆借率势必下降甚至为零。作为资金批发利率，同业拆借利率的变动通过套利关系影响各种市场利率，因而政府债券发行的真实目的是调节准备金存量，将这一重要的利率维持在以目标利率为中心的合理区间内。② 这一认识与我们普遍接受的观点即政府赤字支出推动利率上升、挤出私人投资是背道而驰的——赤字政策不仅不会产生"挤出效应"而且还会导致利率下降，对投资产生"挤入效应"。这也正是勒那所指出的赤字政策会引致投资过度和投资效率下降，应对之策就是用政府债券置换回银行体系的准备金，即让公众购买有息资产以减少银行准备金。照此理解，政府发行债券相对于政府赤字支出就应是事后操作，即一种公开市场业务，而非为了支出进行融资的事前行为。另外，公众向政府缴税使银行体系的准备金转移至央行的财政部账户，这也会吸纳银行体系因政府支出而增加的准备金，从而产生类似于发行政府债券的效果。因此，财政政策对货币供应量的影响程度远比传统的认知更大，为了维持相对稳定的利率水平，货币政策其实需要财政政策的密切配合。

二　税收驱动货币与内生赤字

（新）功能财政论对税收本质的理解也是不走寻常路。基于功能财政论的第一条定律，勒那得出的推论同样超乎人们的想象："税收政策**绝不是**因为政府需要货币支出才实施的。根据功能财政论的原则，税收政

---

① Lerner, A. P., "The Burden of National Debt," in Metzler, L. A., Perloff, S. and Domar, E. D., eds., *Income, Employment, and Public Policy: Essays in Honor of Alvin H. Hansen* (New York: W. W. Norton, 1948), p. 270.

② 参见 Bell, S., "Functional Finance: What, Why, and How?" Working Paper No. 287, Levy Economics Institutes of Bard College, 1999; Bell, S., "Do Taxes Bonds Finance Government Spending?" *Journal of Economic Issues* 34 (3) (2000): 603 – 620.

策只以其效果来判断优劣。"①（强调为原文所加）这一效果就是调节纳税人的支出，目标是第一定律所规定的社会总支出正好消费掉总产出。勒那缘何一反传统地认为税收不是政府支出的一般条件？如果将勒那对货币的理解与这一问题相联系，就会发现其中的秘密。在《大英百科全书》第 14 版"货币"词条中，勒那对货币的性质作出了如下剖析，即货币的"广泛接受性并不是容易被建立起来的，它是一个渐进的过程。如果越来越多的人愿意接受一种特别的支付手段，就会使其他人愿意接受它。如果非常重要的卖者或债权人接受一种特别形式的货币作为支付手段，普遍的接受性就能很快地建立起来。例如，政府宣布准备接受某种支付手段缴纳税收，那么纳税人就会接受之，因为要用它来缴税。这样，其他人也会进一步接受之，因为可用该支付手段从纳税人那里购买所需之物，或是清偿所欠债务。同样的，这些人也可用该支付手段完成与其他人的支付，如果后者也要向纳税人进行支付。"②

　　勒那的表述有些曲折，他意在说明货币的可接受性是货币成为货币的基本条件或属性，而国家的税收确立了能够让货币被广泛接受的特殊制度。因为若国家强制要求以某种货币缴纳税收，那么纳税人就需要以经济活动获得此货币，这就使对该货币的需求扩展到经济社会的每个角落。勒那对货币的独特理解源自德国历史学派克纳普的国家（定）货币理论，③ 在勒那看来，现代货币是国家的产物，实现货币流通的关键在于税收。④ 货币是国家借助税收制度创造出来的，税收的目的是持续地创造货币需求和调节支出，这就完全跳出了传统理论的窠臼，税收为支出融资的观念站不住脚了。

---

① Lerner, A. P., "Functional Finance and the Federal Debt," *Social Research* 10 （1）（1943）：40.

② Lerner, A. P., "Money," in *Encyclopedia Britannica*：*A New Survey of Universal Knowledge*, 14th Edition, Vol. 15 （Chicago・London・Toronto：Encyclopedia Britannica, Inc., 1946）, p. 693.

③ Knapp, G. F., *The State Theory of Money* （London：Macmillan, 1924）.

④ Lerner, A. P., "Money as a Creature of the State." *The American Economic Review* 37 （2）, Papers and Proceedings of the Fifty-ninth Annual Meeting of the American Economic Association （1947）：313.

美国后凯恩斯经济学十分重视金融和货币理论研究，勒那对货币的独特理解启发了新功能财政论者。他们发掘货币史和长期为人所忽视的货币理论史，提出了一种对现代货币本质的新认识，即现代货币是记账单位，货币的本质是体现债权—债务关系的特殊制度安排。也就是说，货币相当于借据，任何人在理论上都可以发行"借据"创造"货币"，但问题在于如何使"借据"让他人愿意持有。这里的关键在于，当借据持有者欠下开出借据者的债务并凭此借据清算债务时，后者必须接受其"发行"的借据作为清偿手段。① 这一点可以帮助我们理解现代货币的本质。现代货币其实是国家向其国民开出的"借据"，即国家负债。那么，国家如何保证其借据被国民广泛地接受呢？这里就联系到了勒那和克纳普的一个重要认识，即国家能以主权之名义向其国民征税，而国家可要求使用其规定的货币缴纳税收，这样货币就可以被广泛接受了。但这并不意味着没有税收负担的人不需要货币，或是说只有税收负担的人才愿意接受货币。由于缴税者须使用指定的货币纳税，所以为了获得货币，他们在与没有税收负担者发生经济往来和债务清算时，会要求对方同样以该货币支付。这样，整个经济社会就会因税收而产生广泛的货币需求，新功能财政论由此得出一个重要认识，即"税收驱动货币"（Tax Drive Money，TDM）。②

如此看来，现代货币就成为以国家信用和税收制度作保障而规定的将债权—债务关系标准化的记账单位和制度安排。当货币和税收的逻辑关系被反过来解读为税收驱动货币时，从国家的角度看，税收就成为使货币成为货币的工具，而不是使货币成为收入的手段。循此逻辑，新功能财政论者得出如下结论：政府支出＜税收时，国民没有足够多的货币纳税；政府支出＝税收时，国民正好完税，但无净储蓄；只有当政府支出＞税收，即赤字出现时，国民才会有净货币资产。由此，可得到以下

---

① 例如，甲向乙借某一物品并开出一张借据，那么，当乙反过来欠下甲债务且价值与该物品相等，乙可以用甲开出的这张借据去清偿债务，而甲此时必须保证接受它，这一承诺成为借条变成货币的重要前提条件。

② Wray, L. R., *Understanding Modern Money：A Key to Full Employment and Price Stability* (Cheltenham and Northampton：Edward Edgar, 1998), pp. 18 – 38.

关系式：[1]

$$G_t + Tr_t + iB_t = M_t = T_t + \triangle B_t + \triangle H_t$$

式中，G 表示政府支出，Tr 表示转移支付，iB 表示政府债券利息支付，三者相加为政府总支出。政府通过支出向经济体注入高能货币即准备金 M，其中一部分在等式右边以税收 T 收回，一部分以债券 $\triangle B$ 置换回货币，剩余部分成为公众持有的净货币资产 $\triangle H$。可以看出，如果等式右边没有债券 $\triangle Bt$，政府赤字支出必然导致 $\triangle H$ 增加，银行准备金就会相应增加，政府发行债券因此而成为调节准备金存量的工具，对利率产生直接的影响。需要说明的是，私人部门并不能创造出货币净盈余，因为私人部门任何一项资产都会被另一项负债所抵消，所以私人部门的净货币盈余必定来自政府的"赤字"支出。[2] 也就是说，如果政府想要"藏富于民"（$\triangle H > 0$），那么"赤字"就是"常态"。这也可以借助我们所熟知的三部门恒等式得到解释，假定 $(M - X) = 0$，那么三部门恒等式 $(G - T) = (S - I) + (M - X)$ 中，等式左边的政府赤字必然表现为等式右边国内私人部门的净盈余。[3]

沿着勒那的理路，新功能财政论对国债、税收和货币作出了另类解读，构建了一个完整的理论体系。需要认识到，新功能财政论虽然沿着勒那传统揭示了以收支平衡作茧自缚的政策误区，但其对赤字政策的理解并不是无所牵制——勒那在第一定律中所规定的充分就业和价格稳定既是功能财政的目标，也是功能财政的约束条件。政府支出要紧盯就业，否则宏观经济稳定就难以实现，但在实现充分就业后，进一步的赤字支出或减税政策将会产生更多的收入和需求，从而导致通货膨胀，这样价格稳定又成为功能财政的另一个约束。

在政策目标上，勒那敏锐地抓住了凯恩斯经济学的重要贡献，强调

---

① 参见 Mehrling, P., "Modern Money: Fiat or Credit?" *Journal of Post Keynesian Economics* 22 (3) (2000): 398 - 400; Kadmos, G., O'Hara P. A., "The Taxes-Drive-Money and Employer of Last Resort Approach to Government Policy," *Journal of Economics and Social Policy* 5 (1) (2000): 4.

② Mosler, W., "Full Employment and Price Stability," *Journal of Post Keynesian Economics* 20 (2) (1997): 170 - 172.

③ 至于银行货币与国家货币的关系可参见绫文、冯晓英《贷款创造存款与货币内生供给——基于货币本质的视角》，《广东金融学院学报》2012 年第 1 期。

失业会造成比其他资源错配更大的经济损失，而充分就业政策可以让经济社会获得巨大利益，包括提高经济效率、保障个体经济安全、弱化各种歧视、实现社会稳定等。[1] 新功能财政论者继承了凯恩斯—勒那传统，认为不能实现充分就业既是资本主义经济波动的结果，也是原因。他们进一步批判了凯恩斯主义的总需求管理政策，它既不可能实现充分就业，还带有极大的副作用，终将不利于宏观经济稳定。对此，论者认为政府支出应直接盯住就业需求，实现"零失业率"意义上的充分就业。资本边际效率因不稳定的预期而上下波动，高水平的充分就业之责就不能完全交予市场，政府因此需要以持续性的赤字政策雇佣每一个有能力、有就业意愿的失业劳动力。当赤字被赋予实现充分就业的责任时，赤字就具有"内生性"特质。因为有效需求不足内生于市场经济，政府通过财政政策设法纠偏使经济达到稳态就成为必然之选择。由此再反观传统的财政观，外生地给财政政策加上一个所谓稳健的、平衡的"锁链"，就完全是一种本末倒置的做法了。

每个微观个体都具有宏观价值，没有充分就业就不可能保证可持续的充分需求，在经济发展中如果不能以充分就业激活"人"这一最为能动的生产要素，宏观经济的长期稳定与发展都将无从谈起。正是在这层意义上，赤字政策就有好、坏之别，区分标准就是是否以人为本。若赤字支出盯住的是如就业一类的根本性需求，经济社会就有了可持续的内生动力和稳定力，那么赤字政策便会形成良性循环和正反馈机制。相反，如果赤字更多的是为了刺激和维持短期产出增长，那么大水漫灌的政策势必转化为侵蚀稳定与发展的"GDP赤字"，使经济社会发展陷入恶性循环，长期的结果必然是增长停滞、高失业率、高通胀率和收入分配严重不均。

那么，一个好的、首要的赤字政策该是什么呢？新功能财政论给出的答案是政府以最后雇主政策建立就业缓冲储备。

基于以上逻辑，就业缓冲储备从政策到理论的完整体系搭建了起来。在新功能财政论看来，如果政府愿意营建缓冲储备，内生性赤字政策

---

[1] Forstater, M., "Functional Finance and Full Employment: Lesson from Lerner for Today," *Journal of Economic Issues* 33 (2) (1999): 475 –482.

完全可以支撑起一个以人为本的"劳动力常平仓"。然而，问题并非如此简单，现实中资本主义社会面临一个无法从根本上摆脱的"卡莱茨基困境"。

第四节 就业缓冲储备的卡莱茨基困境

一 资本还是人本

沿着凯恩斯的理论进路，（新）功能财政论欲跳出传统教条的窠臼而聚焦于财政政策的宏观绩效，即盯住充分就业和价格稳定，摆脱财政平衡的束缚。勒那和一批后凯恩斯经济学家对货币、税收和债券的独特解读从理论上打破了禁锢财政认知的旧框架，为政府扩大支出构建劳动力常平仓，治愈资本主义失业痼疾，稳定不稳定的经济提供了新思路。

这样看来，资本主义社会似乎可以利用这一政策诀窍彻底走出经济周期的困局，从而实现可持续的健康发展。但若再深入一步思考，就会意识到（新）功能财政论忽视了一个关键要素。如前文所析，（新）功能财政论的一个重要理论支撑点是对"货币"作出的独特解读。其中，勒那对货币与税收关系的分析及其论断——货币是国家的产物——被新功能财政论进一步发展为税收驱动货币论。这样，"国家"就成为隐藏在功能财政背后的一个重要制度前提。但是，（新）功能财政论在探究货币本质的同时，对国家本质的分析却付之阙如。[①] 其中的原因或许在于，在论者看来，国家的宏观职责似乎是不证自明的，任何政府都能够通过功能财政实现充分就业和价格稳定。[②] 然而，现实中，仅充分就业这一项就绝不是一个国家想实现就能够实现的政策目标。

事实上，较凯恩斯更早提出凯恩斯意义上的宏观经济理论的米哈尔·卡莱茨基（Michal Kalecki）对这一问题早有深刻的洞察。"当卡莱

---

① 虽然后凯恩斯经济学吸收了马克思和制度学派的思想，但国家理论缺乏创建可以说是后凯恩斯经济学的一个"软肋"，晚近有学者尝试作出一些探索 [参见 Pressman, S., eds., *Alternative Theories of the State* (New York: Palgrave Macmillan, 2006)]，但这些研究似乎未能就国家的性质作出更多深入的解释。

② Mosler, W., "Full Employment and Price Stability," *Journal of Post Keynesian Economics* 20 (2) (1997): 168.

茨基头一次提出自己的有效需求原理版本时，就立刻给予了政府开支一个突出的位置，把它作为需求的一个额外来源。"① 一方面，卡莱茨基认为发达资本主义国家在理论上可以通过赤字政策实现充分就业。② 早于勒那的功能财政论，卡莱茨基已强调了预算赤字可能有必要作为资本主义充分就业的永久性特征，而不仅仅作为只在危机情势下迫不得已使用的工具。③ 另一方面，卡莱茨基深受马克思影响，④ 他意识到充分就业与资本主义在本质上并不相容，即通过赤字政策实现的充分就业势必使经济社会的控制力从有利于资本家的一边转向有利于雇佣劳动力的另一边。因此，资产阶级的阶级自觉告诉他们，持续的充分就业从其自身的利益来看是不可取的，"工厂的纪律"和"政治稳定"比利润更重要，失业是"正常"的资本主义体系的有机组成部分。⑤ 二战后，西方主要资本主义国家的经济表现证实了卡莱茨基的认识，真正意义上的充分就业从未实现过，这说明失业不仅是资本主义经济的结果，而且是资本主义赖以存续的原因。说穿了，"资本"与"失业"是相互定义的，两者相互依存，资本借助失业控制劳动力，失业又造成劳动力对资本的依赖，马克思洞察到：

> 工人阶级的一部分从事过度劳动迫使它的另一部分无事可做，反过来，它的一部分无事可做迫使它的另一部分从事过度劳动，这成了各个资本家致富的手段，同时又按照与社会积累的增进相适应的规模加速了产业后备军的生产。⑥

---

① 洛佩斯、阿祖兹：《米哈尔·卡莱茨基》，陈小白译，华夏出版社，2011，第 144 页。

② Kalecki, M. , "Political Aspects of Full Employment," *Political Quarterly* 14（4）（1943）：322 - 323.

③ 卡莱茨基较之勒那更早提出了类似功能财政论的思想，卡莱茨基认为赤字具有可持续性，赤字支出不必然引起价格上涨和利率上升，因而卡莱茨基恐怕是第一个功能财政论者。参见洛佩斯、阿祖兹《米哈尔·卡莱茨基》，陈小白译，华夏出版社，2011，第 144 ~ 152 页。

④ 参见洛佩斯、阿祖兹《米哈尔·卡莱茨基》，陈小白译，华夏出版社，2011，第 215 ~ 228 页。

⑤ Kalecki, M. , "Political Aspects of Full Employment," *Political Quarterly* 14（4）（1943）：326.

⑥ 《资本论》第 1 卷，中央编译局译，人民出版社，2004，第 733 ~ 734 页。

如此看来，从马克思政治经济学的视角观察，（新）功能财政论面临一个悖论，即一个看似合乎逻辑的理论政策体系不可能在资本主义世界得以贯彻。而欲实现功能财政的效果，制度上的改变就成为一个无法绕过的问题，卡莱茨基直指此一要害：

> 具有充分就业特征的资本主义会自然地发展出新的社会和政治制度，它反映出劳动阶级力量的增长。如果资本主义通过自身调整去实现充分就业，那么一个根本性的变革乃是题中应有之义。反之，资本主义就是一个过时的且必须被抛弃的体系。[1]

这一论断被后来的学者概括为"卡莱茨基困境"（Kalecki's Dilemma）。[2] 在卡莱茨基看来，资本主义国家的政策体系与这一困境相适应，存在特殊的政治商业循环，即通过赤字政策所维系的高就业率将改变资本主义社会的权力和政治平衡。面对这一情势，资产阶级又将会施压政府重回削减赤字的传统政策轨道上。[3] 如此往复，政府支出会随着政治角力而上下波动，并引起经济的周期性波动。现实中，美国民主、共和两党轮流执政和长期预算之争为理解卡莱茨基的政治商业循环提供了一个生动的案例。将深层次的生产关系嵌入经济问题的分析中，凯恩斯—勒那—后凯恩斯的理论逻辑与实践逻辑难以贯通的断裂点被深刻地揭露出来。罗宾逊曾指出，凯恩斯最大的问题是，他是一个理想主义者，认为当人们理解了他的理论，明白了资本主义经济到底是如何运行的，就会以一种合理的方式治理它，实现一个高且稳定的就业水平。[4] 但事实是，资本主义宏观调控政策不可能一碗水端平，曼德尔指出：

> 资本主义国家对经济生活的干预、管理以及经济规划、指令性

---

[1] Kalecki, M., "Political Aspects of Full Employment," *Political Quarterly* 14（4）（1943）：331.

[2] Sotiropoulos, D. P., "Kalecki's Dilemma: Toward a Marxian Political Economy of Neoliberalism," *Rethinking Marxism* 23（1）（2011）：106.

[3] 洛佩斯、阿祖兹：《米哈尔·卡莱茨基》，陈小白译，华夏出版社，2011，第246页。

[4] Kahn, R. F., *The Making of Keynes' General Theory*（Cambridge：Cambridge University Press，1984），p. 203.

计划绝不是中性的，它们是由资产阶级或资产阶级统治集团掌握的干预经济的工具，绝不是资产阶级和无产阶级之间的公断人。①

从马克思—卡莱茨基的进路来看，"失业"是资本主义的"内生需求"，后凯恩斯的新功能财政论不可能从根本上解决失业问题。但耐人寻味的是，从当代资本主义社会还能够观察到另一种沦为利益集团工具的特殊"功能财政"，即西方一些发达国家常年累积了巨额赤字，它不仅没有从根本上改观就业，反倒使"国库成了一个强有力的唧筒……向垄断资本集团提供花样繁多的各种津贴和补助。"②

（新）功能财政论属于西方经济学非主流一系，在理论上一反传统之教条，独树一帜。深入探究所以然，我们会发现其主张并非空穴来风，而是有着学理渊源，其合乎逻辑地接着凯恩斯往下讲，是凯恩斯革命的理论延伸。然而，卡莱茨基困境揭示出此一理论进路将会面临一个不得不作出选择的岔口，即要么靠近马克思，要么退回到所谓"主流"的经济学旧路，在充分就业和失业之间找到一个并不自然的"自然失业率"，以解释资本主义经济的"自然而然"性。还是马克思讲得透彻："资本主义生产的**真正限制**是**资本自身**。"③（强调为原文所加）忽略了生产关系和制度前提，各种看似有益的政策终将无法落地，而只能成为一厢情愿了。

二　常平仓的政治经济学

沿着马克思—卡莱茨基理路的批判并不等于完全否定了（新）功能

---

① Mandel, E., *An Introduction to Marxist Economic Theory* (New York: Pathfinder Press, 1967), p.76.

② 刘涤源：《凯恩斯经济学说评论》，武汉大学出版社，1997，第303页。更发人深省的是，在美元作为硬通货的世界货币体系下，美国的财政政策已越过了其国家主权的边界。按照（新）功能财政论对货币的理解，美国的对外赤字可完全视为美国财政在世界范围内不断扩大支出以廉价攫取他国特别是发展中国家资源、商品和劳务的特殊制度安排。输出美元以实现"货币殖民"，真实世界中的"赤字美元"已然成为一种不可言说的"霸权功能财政"。这种背离勒那原旨而异化的"双赤字"表明，在没有更高层次宏观经济伦理和社会制度作为基本保障的条件下，功能财政只会使收益美国化、风险世界化，这不仅无益于实现和谐、稳定的经济状态，而且会给一国乃至世界经济带来更大的不稳定性与不平等。

③ 《资本论》第3卷，中央编译局译，人民出版社，2004，第278页。

财政论。相反，它使我们对常平仓的认识更进了一步。综观各时代的常平仓，我们会发现资金短缺往往是制约常平仓发展的关键。中国历史中的常平仓自不必再论，华莱士的常平仓亦遇到了同样的问题。为了筹措资金，政府向下游的食品加工商征收特别税，这招致了激烈的反对，《1933 年农业调整法》终被裁决违宪而停止施行。在重建战后经济秩序的国际常平仓方案中，凯恩斯意识到资金约束会影响该方案的实施，因而在条款中特别指出，国际清算同盟、各国中央银行以及债权国发放中长期贷款都可为缓冲储备的运转提供融资支持。[1] 与此相呼应，凯恩斯在成立国际清算同盟的方案中也有明确的规定：

> 国际清算同盟可以专门设立一个账户，该账户由商品调控组织负责管理，服务于国际机构，为其提供商品储备资金支持，并允许这些国际机构以规定的上限透支。这意味着，缓冲储备和常平仓的融资问题可以得到满意的解决。[2]

将常平仓推广至国际，所需资金之巨、协调资金之复杂要求凯恩斯对相关问题必须作出周全的考虑。但是，在格雷厄姆看来，凯恩斯还没有把常平仓构想放在一个更为显著的位置上，它只是作为清算同盟总体计划可能的组成部分，而不是必要的组成部分。[3] 格雷厄姆认为他的方案更简单易行，通过第三章的讨论我们知道，格雷厄姆设计了一个常平仓的自融资机制，即通过对关键性商品的储备创造出与黄金具有同等地位的复合商品本位，在此基础上发行一种计价货币。如此一来，储备商品，发行货币；抛售商品，回笼货币——常平仓的运作可因此而实现资金自给（储备成本除外）。正是在这层意义上，格雷厄姆认为他的设计较之华莱士和凯恩斯的方案更优，将其运用于构建世界货币体系，其功

① Keynes, J. M., *Activities 1940 – 1946*：*Shaping the Post-war World*：*Employment and Commodities*, in Moggridge, D., eds., Vol. XXVII（27）of *The Collected Writings of John Maynard Keynes*（London：Macmillan, 1980), p. 119.

② Keynes, J. M., *Activities 1940 – 1946*：*Shaping the Post-war World*：*the Cleaning Union*, in Moggridge, D., eds., Vol. XXV（25）of *The Collected Writings of John Maynard Keynes*（London：Macmillan, 1980), p. 91.

③ 格雷厄姆：《世界商品与世界货币》，译科、杨崇献译，法律出版社，2011，第63页。

能与 IMF 可以合二为一：

> 商品组合方案并不是让 IMF 为债务国提供贷款，而是逆方向的
> 运作。一个国家向 IMF 出售商品组合或组合中的部分商品，这完全
> 等同于向 IMF 出售黄金。它提供实体资产用以交换储存的信贷，这
> 种信贷可供其未来当作货币使用。因此，商品组合机制的重要作用
> 是减少为债务国提供贷款的需要。通过提供商品组合中的部分商品，
> 债务国可以支付贸易差额，避免负债。①

凯恩斯对格雷厄姆的构想有充分的了解，但从相关反应来看他对此
持怀疑态度。1943 年，哈耶克重提格雷厄姆的思想并将相关论文《商品
储备货币》提交给凯恩斯任主编的《经济杂志》。虽然《经济杂志》发
表了这篇论文，② 但凯恩斯在按语中认为商品本位会像金本位一样面临
失败的结局，因为它会使一国国内之政策受制于外部因素。③ 一年后，
普林斯顿大学的弗兰克·格雷厄姆在《经济杂志》上评述了凯恩斯与哈
耶克关于商品储备货币的主张。④ 凯恩斯在按语中又进一步解释道，他
并不反对商品本位货币机制，它应是未来的一种愿景。在当时的条件
和环境下，实施该机制会遇到很多困难，尤其在政治层面会强加以外
部压力。因此在策略上应采取渐进方式，先从建立国际缓冲储备入手，
掌握其管理技术，继而再考虑将这一机制付诸实施。"关于缓冲储备，
我坚定地与弗兰克·格雷厄姆教授、本杰明·格雷厄姆站在同一立场
上，但在这里，就当下的形势而言，我感觉应该保守些为好。"凯恩斯

① 格雷厄姆：《世界商品与世界货币》，译科、杨崇献译，法律出版社，2011，第 65 页。格雷厄姆接着解释道，由于一些国家不生产或不能提供完整的商品组合，因此"IMF 的信贷机制是有用的，IMF 信贷机制与商品组合方案应该能完美地相辅相成。"

② Hayek, F. A., "A Commodity Reserve Currency," *The Economic Journal* 53 (210/211) (1943): 176-184. 哈耶克是自由主义者，但他的这篇文章表明，即使经济是自发调节的，国家或相关机构也必须以某种机制持续地调节货币供求，以避免经济陷入衰退的危险之中。

③ Keynes, J. M., "The Objective of International Price Stability," *The Economic Journal* 53 (210/211) (1943): 187.

④ Graham, F. D., "Keynes vs. Hayek on a Commodity Reserve Currency," *The Economic Journal* 54 (215/216) (1944): 422-429.

如是说。①

凯恩斯的判断是正确的,创造以储备商品作准备的世界货币的条件其实远未成熟。商品储备货币的国际化忽视了国与国之间资源禀赋的结构性差异,更没有考虑到在不平等的国际分工体系下,工农业大宗商品的产销和市场价格往往被少数垄断组织或工业化国家所操控,不能真正反映更多国家的利益诉求,在这样的环境下创造出的世界货币难免沦为被少数国家利用的金融工具。历史也表明,战后的经济秩序是一个更有利于美国的规则体系,格雷厄姆和凯恩斯在世界范围内构建常平仓的计划都未予采纳。

尽管如此,我们仍可将凯恩斯宏观经济理论与政策、格雷厄姆现代平准法与罗斯福新政中的常平仓(华莱士农业常平仓、以工代赈劳动力常平仓)并称为现代常平仓,三者相互衔接,遥相呼应,在西方世界推进了宏观干预思想与政策的发展,产生了深远的影响。有此一现代常平仓,那么中国古代的常平仓就是古典常平仓,而后凯恩斯经济学家的就业缓冲储备理论则是借助凯恩斯这一过渡环节,超越了古典与现代的新常平仓(见图5-4)。之所以称其"新",是因为它基于对当代宏观经济思想的批判与反思,将缓冲储备原理与凯恩斯、勒那的经济理论相结合,在两个方面取得了理论进展。一是明确地将劳动力纳入籴粜机制中,提出了一种严格意义上的、全新的充分就业观,以及更多地用劳动定义货币,以充分就业为基本保障的经济稳定观;二是从财政功能、货币本质的视角论证了财政预算的"假"约束与"真"约束,提出了一反传统的新功能财政论,为就业缓冲储备提供了政策保障。这样,后凯恩斯经济学的新常平仓方案完成了一次重要的理论超越,然而此一超越也有其界限,这就是前文所论及的生产关系桎梏——这是一个更为根本的限制功能财政的约束——若是经济制度以"资本"为本,而不是以"人"为本,那么就业缓冲储备终会因卡莱茨基困境而难以真正落实。

新常平仓理论与政策的全面展开折射出常平仓更为深刻的政治经济学内涵。一国之货币服务于谁?一国之财政服务于谁?经济稳定的根基究竟何在?这些追问使我们认识到,财政、货币金融的功能只有以人为

---

① Keynes, J. M., "Note by Lord Keynes," *The Economic Journal* 54 (215/216) (1944): 429 – 430.

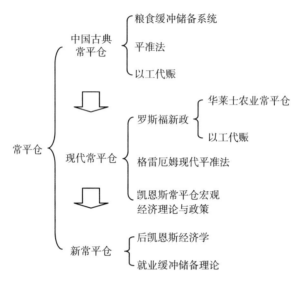

图 5－4 常平仓的演进：从古典常平仓到新常平仓

本、普惠基层，才能构筑起以就业为基本目标和基本福利的常平稳定机制，从而维护"一日不作，一日不食"这样深刻理解劳动之意义，视劳动为人之为人、视劳动为人之本质的价值观。以此可推知，财政政策一个重要的真实约束是是否具备"公天下"、以人为本以及崇尚劳动的制度安排与实践。联系到新时代中国特色社会主义经济理论与实践，如何理解财政和赤字的本质，如何处理好政府与市场以及充分就业与宏观经济稳定之间的关系，新常平仓显然具有重要的启示。进一步的，它将中国经济传统与现代经济理论有机地联系起来，不仅中西经济思想走到了一起，经济学与伦理学也走到了一起，就业缓冲储备这一新常平仓以更为直观的方式让我们看到，真正意义上的经济稳定离不开人文关怀，须以人本和维护、崇尚劳动为根本保障。由此再来看马克思的这句话，就更能体会到其中的深意了：

只要社会还没有围绕着**劳动**这个太阳旋转，它就绝不可能达到**均衡**。[1]（强调为笔者所加）

---

[1] 《马克思恩格斯全集》第18卷《"揭露科论共产党人案件"一书第二版跋》，中央编译局编译，人民出版社，1964，第627页。

第六章　流动的传统与历史的超越：
辩证用中与"常平律"

　　万物为道一偏，一物为万物一偏，愚者为一物一偏，而自以为知道，无知也。

——（战国）荀子

　　推物理之同，以明暌之时用，乃圣人合暌之道也。见同之为同者，世俗之知也。圣人则明物理之本同，所以能同天下而和合万类也……故天下之大，群生之众，暌散万殊，而圣人为能同之。处暌之时，合暌之用，其事至大。

——（北宋）程颐

　　常平仓逆周期籴粜、跨期配置资源的经济稳定原理贯穿古今、中西，彰显出中国古老经济传统的生命力，其经济学的理论内涵是将包括劳动力在内的具有支配地位的经济资源或生产要素确定为经济本位，通过建立稳定本位的缓冲籴粜机制，使经济本位始终处于"充分雇佣"的状态，从而有效引导其他资源和生产要素的充分利用，向经济社会施放收敛波动的稳定力。常平仓法有其"用"，追溯"用"背后的思维方式，必有其"理"与"体"。《管子》"阴阳两生而参视"的哲学之体与"轻重两生而衡视"的经济之理以及四种具体的应用模式，即主辅配合（"A然而B"）、过犹不及［"A（B）而不 A⁺（B⁺）"］、不偏不倚（"不A不B"）、权变因应（"亦A亦B"）奠定了中国经济思维辩证用中的特色，其本质是谋求经济社会的动态平衡即常平发展。《管子》经济思想的体、理、用塑造了中国人的经济世界观——用中致常平，它如同"一只看不见的手"对后世的经济认知与实践产生了深远的影响。时至今日，社会主义市场经济（A然而B）、防止发生系统性金融风险（A而不A⁺）、防止经济大起大落（不A不B）以及"既要绿水青山，又要金山银山"（亦 A 亦 B）都是用中致常平经济传统实现现代转换的具体例证。基于辩证思维的A—B模式构成了一个逻辑严密且相互补充、相互支撑的用中组合，我们有理由将其称为中国经济思想的"常平律"。在新的历史条件下，中国人将理论逻辑、历史逻辑统一于实践逻辑之中，以更加包容、开放的整体观，赋予常平律以全新的内涵，经济传统的现代转换使常平律完成了一次重要的历史超越。

第一节　古今中西常平仓

中国古代之善政皆以民为本，民本之本则在养民。何以养民？"在稼穑树艺而已。"[①]"养民"，这一治国理念与小农生产方式相结合，孕育出深厚的重农传统，并发展出一套成熟的农业经济管理体系，其目标简易而明确，即让数量庞大且规模相当的小农安于"稼穑树艺"。因此，当农业生产的丰歉波动与这一目标不时地发生冲突时，国家跨时空配置粮谷的常平仓法遂成为这套经济管理体系中不可或缺的制度安排。

以现代眼光观察，常平仓法包含了若干现代性因素。第一，"天命"交与统治者以养民之责，"天视自我民视，天听自我民听"，"天"成为超越的"民"，"民"又是具体的"天"，这种天人合一的理念赋予"敬天""养民"以经济理性和制度理性之内涵。第二，脆弱的小农生产构成了不稳定的经济基础，以"养民"为归依，"稳定不稳定的经济"成为国家治理的核心目标，这与现代宏观经济学的学理取向不谋而合。第三，具体地看，常平仓的缓冲籴粜机制包含了维持（经济本位）供求平衡、价格稳定以及劳有所用（充分就业）等多重经济内涵，这与现代宏观经济政策目标近于一致。

当然，这样的分析并不意味着我们对常平仓法在中国古代经济社会所发挥的功效给予了过高的评价。常平仓在施行中受到了各种因素的拘牵，中国历史中的改革者们也不断尝试对其进行改造与完善。在物质尤其是粮食生产相对匮乏的古代社会，常平仓的平籴、平粜功能往往是不对称的。赈灾、救荒成为常平仓在极端情势下稳定经济社会所扮演的主

[①]　丘濬：《大学衍义补》卷14，金良年整理，上海书店出版社，2012，第133页。

要角色。如果将中央、地方、乡村各类仓种参与平籴、平粜的情况加以综合考虑，中国历史中的常平仓就是一个被编织起来的常平网络。这其中，如何设定政府的合理边界以防止越俎代庖，使政府能够协调市场、社会各方之力，充分调动资源，就成为实施常平调控的关键。

常平仓的功能随着国力的强弱而显隐不一。清中期中央和地方政府在平抑经济社会波动中体现出的管理能力达到了一个前所未有的水平。随着中国传统农业社会在近代走向衰落，常平法似乎也走到了它的终点。然而，西方资本主义社会20世纪20～30年代面临的经济困局又为常平仓的东制西渐及其现代转身提供了历史契机。这里尤须记住陈焕章留美求学期间撰写、出版的博士学位论文《孔门理财学》的历史贡献，《孔门理财学》有关常平仓和王安石青苗法的论述启发了美国农业部部长华莱士，并为20世纪30年代的美国农业改革提供了历史依据和制度蓝本，正是因此，《1938年农业调整法》干脆被人称为"常平仓立法"。华莱士的农业常平仓涉及效率提升、生产调控、环境保护、金融支持、市场调节等诸多方面，而农产品缓冲储备只是其中的一个要件。所以华莱士农业常平仓的本质是工业化背景下的一套系统的农业干预制度，其中所包含的新理念，即"政府＋市场＝常平"已然超越了农业经济本身。罗斯福新政中，政府干预下的市场经济模式借助农业改革登上了工业时代的历史舞台。回顾这段历史，令我们吃惊的是，继斯密革命后，西方经济学的另一场革命竟然也是以中国智慧在西方的唱响为前奏曲的。[①]

常平仓法和平准法虽名称有异，但它们都是缓冲储备制度，只是籴粜的对象有所不同。囿于各种条件，中国古代推行的平准法更多地实施于商业发达的城市地区，中唐刘晏"制万物低昂"，将平准法的运用提升到一个新的高度。北宋脱胎于平准法的市易法以政府垄断替代需要治理的商业垄断，是一个并不成功的案例。时空再转至20世纪30年代的美国，就在华莱士积极推动农业常平仓改革时，格雷厄姆受到启发提出了一个类似于平准法的"现代常平仓"构想，其运作机制是将财政政策

---

① 斯密《国富论》的经济思想在很大程度上受到了法国重农学派的影响，而据谈敏先生的研究（《法国重农学派学说的中国渊源》，上海人民出版社，1992），法国重农学派的一些重要主张则受启于中国传统文化。据此看来，斯密革命或间接或直接地、或隐或显地包含了中国元素。

和货币政策整合到一篮子商品的缓冲储备之中，把一篮子商品作为与黄金并行的新本位，借此实现稳定币值、稳定价格以及平衡供求的多重宏观目标。需要指出，中国的常平旧制本身也隐含货币政策，由于粮食在古代社会是可被广泛接受的特殊商品，所以粮食在很大程度上行使了货币的主要职能，故常平仓也可以视作以粮食为本位的货币调控制度，而格雷厄姆的构想就是试图适应工业社会基础性产品极大扩充的现实，将单一的本位制度借助"现代常平仓"转换为包含多种重要商品的复合本位制度。为了将它推广至世界，格雷厄姆又构造出一种更为可靠的世界货币，它的这一思想实际上已成为"超主权货币"的先驱。

20 世纪 20 年代至 30 年代，有关缓冲储备的研究文献不断涌现，在当时形成了一股宏观干预的"储备经济思潮"。[①] 这其中，凯恩斯的研究无疑最具理论价值。参与市场投机活动让凯恩斯深刻地认识到商品存货量与商业周期之间存在密切的关系，这一思想在《货币论》中被阐释为短期价格理论。短期价格理论的方程表达式 $pq = xy$ 反映了过剩商品存货对价格、产量以及市场所施加的巨大影响，它的政策含义就是鼓励政府建立缓冲储备政策以应对市场波动。至此，古老的常平仓法因凯恩斯而获得了一种简洁的经济学阐释。凯恩斯与华莱士、格雷厄姆最大的不同之处在于，他的理论研究可为政策提供一般意义上的指导，并在运用中具有多种选择性。《通论》提出的社会化投资思想即为常平仓作出了政策的顶层设计，即经济衰退、市场陷入萧条，政府可通过增加财政支出的方式"平籴"。在这里，"平籴"的理论含义是资本边际效率崩溃使私人投资受阻，进而导致"币藏于窖""货弃于地""人失其业"，此时政府应积极入市，稳定有效需求。这样，当政府的社会化投资定位于公共工程时，"平籴"就不能简单地理解为收蓄储备，而是用政府投资激活"失业"的货币，进而雇佣失业的劳动力和"失业"的过剩产品。深入分析还会发现，凯恩斯的经济理论不能简单地解释为萧条经济学，在他看来，以社会化投资方式阻止劳动力资源被浪费即实现充分就业应成为稳定经济的长效机制，这一主张为后凯恩斯经济学的"就业缓冲储备理

---

① 参见 Beale, Jr., W. T. M., Kennedy M. T., and Winn W. J., "Commodity Reserve Currency: a Critique," *The Journal of Political Economy* 50（4）（1942）：579.

论"埋下了伏笔。当然，类似于华莱士与格雷厄姆，传统的常平仓形态依然被凯恩斯所重视，他数易其稿撰写而成的国际缓冲储备计划意在构筑稳定世界经济的重要商品物资常平仓，但这一计划终因英国战后衰落以及美国话语权的扩张而被弃用。

凯恩斯的理论隐含人文关怀与宏观伦理取向，他期望建立一个能够稳定发展的资本主义体系，达至这一目标的主要手段就是实现一个可持续的充分就业状态。凯恩斯身后，宏观经济学分蘖出来的理论流派产生了歧见。在凯恩斯主义看来，经济调控的有效手段是自上而下的投资与产出刺激。但包括后凯恩斯经济学在内的非主流学派认为，由于经济社会存在各种复杂的结构性制约，自上而下、大水漫灌的财政政策不仅不能有效稳定宏观经济，而且会引致通货膨胀、扩大分配不均等诸多问题。接续凯恩斯传统，后凯恩斯经济学家建议构筑自下而上的以劳动力为籴粜对象的常平仓，即"就业缓冲储备"。正是在这里，后凯恩斯经济学家又赋予常平仓以全新的内涵，他们强调了严格意义上的非 NAIRU 的充分就业对于宏观经济稳定的重要性，在他们看来，没有什么比稳定就业更为重要的经济稳定政策了。

令人吃惊的是，中国传统农业社会里，"充分就业"并不是陌生的观念。"充分就业"在传统语境中常被表达为"尽人力""壮有所用"[①]的社会理想。此目标下，以工代赈是一项重要的制度发明，我们可以从中看到以公共工程为无形之仓、以劳动力为籴粜对象的常平仓变通机制。它保护了劳动力，释放了稳定力，又发展了生产力，可谓一举多得。大萧条时期，与华莱士的农业常平仓相呼应，以工代赈这一特殊的"劳动力常平仓"成为罗斯福新政的重要构件，作为公共就业政策的成功案例，其实施规模之大、时间之久在 20 世纪的资本主义社会是空前绝后的。

穿越千年的历史，跨越不同的社会形态，常平仓法在古今、中西之间经历了一个引人入胜的变迁过程。虽历经数变，但其基本的理论逻辑是不变的，即在充满不确定性的世界里，面对经济系统的无常波动，人们根据不同时代的经济特点寻找能够有效稳定经济的核心本位，并通过

---

① 《礼记·礼运》云："故人不独亲其亲，不独子其子，使老有所终，壮有所用，幼有所长，矜寡孤独废疾者，皆有所养。"《礼记正义》卷21，载阮元校刻《十三经注疏》，中华书局，2009，第3062页。

建立本位的缓冲籴粜机制，使其始终处于被"充分使用"或"充分雇佣"的状态，以此有效引导生产要素和其他资源的充分利用，向经济社会释放收敛波动的稳定力，化无常为常平，实现经济社会在发展过程中的动态稳定。从本质来看，无论建立何种常平仓，其最终的常平对象其实都是"人"。只有以人为本，确保劳动力资源被充分利用，经济社会的稳定才有最可靠的保证。但在常平仓法的历史实践中，各类常平仓的"就业效果"是有显著差异的。中国古代置于州县的常平仓难以全面覆盖村社，这就使劳动力"安于田亩"的稳定目标大打折扣，朱熹因此创造了根植于基层村社的社仓法，在很大程度上弥补了常平仓的制度短板。颇为类似的，后凯恩斯经济学家也认识到，通过自上而下的投资刺激虽然表面上看可实现产出增长常平，但并不能对等地实现就业常平。这意味着，貌似增长的背后如果没有夯实扎根于基层的更为广泛的充分就业基础，国民经济终不能获得可持续的稳定发展。这其间的经济学分析虽然有些曲折，但道出了中国古人早已明知的朴素而深刻的道理——"养民"是一个穿越时空而不易的经济主题。若劳动者并非自身原因而不得自养，政府就应以最后雇主身份将每个有能力、有意愿的劳动力借助就业缓冲储备涵养起来，这一政策维护了劳动为人之第一需求，劳动为人之责任与义务，以及劳动是人之本质的劳动价值观，彰显出现代社会更为积极的经济福利理念。然而，资本主义社会是以"资"为本的，若将更为严格的充分就业设定为基本保障政策，那么经济社会的劳—资天平必然会向前者倾斜，而大量的失业亦不符合资本的利益，这一两难问题便是"卡莱茨基困境"，它揭示了就业缓冲储备虽可称为稳定经济的财政诀窍，但又无可避免地受到社会形态约束而难以真正落实的制度软肋。构建真正意义上的就业缓冲储备需要基本制度作保障，常平仓的历史超越在时空流转中必然会回归到它的原生地——社会主义中国。

大道至简。中国古人并无复杂的经济理论，但先民的智慧竟孕育出一项重要的制度发明，这种简易而又深刻、朴素而又睿智的原生性贡献不断启发和指引着后人对其进行创造性转换。直至今日，虽然现代经济学构造出各种精妙的理论，但简易的缓冲籴粜机制依然占据着重要的地位。

穿过历史的幽暗与曲折，常平仓的"故事"似乎可以就此结束了。

但若接着追问，中国古人何以可能有此发明？它是依着何种本根的思维方式而创生的？如果对这些更深一层的问题条分缕析地作出解答，我们或许能够更进一步探寻到常平仓背后隐藏于无形的文化密码。

那么，于何处着手呢？通过第一章分析我们知道，《管子》轻重论从理论上论证了粮食缓冲储备机制，这是常平仓制度与实践的思想之源。轻重论是中国经济思想史中的一座高峰，当代经济思想史家对它都展开过研究并有极高的评价，胡寄窗谓其理论体系之周密、分析之深入和运用上之灵活达到了惊人的水平。[1] 能提出"惊人"的经济理论，其背后必然有高明的哲学思辨作依托。这样的判断应是无误的，因为《管子》看似杂糅的思想其实是以相互嵌入、相互支撑的方式综合为一个整体的。例如，从《管子》的"法"中可以看到"礼"，"利"中可以看到"义"，"霸"中可以看到"王"。那么，"缓冲储备—轻重论"的背后也应包含更多的信息，而这正是回答以上问题所需要的。看来，我们仍须上溯到《管子》，从《管子》入手，通过文本发掘其经济思想背后的所以然，借此探究常平仓这一中国经济传统背后独特的思维与认知方式。

第二节 常平的经济哲学之源：《管子》的经济世界观

一 枢要之言

《管子·枢言》很多哲理短句是统领全书的"枢要之言"，其中说道："凡万物阴阳两生而参视，先王因其参而慎所入所出。"[2] 在论者看来，世界万物都是可以一分为二的，这个"二"是既相互依存又相互对立的矛盾双方，故称"阴阳两生"。在整句话中，"参"是一个关键字，郭沫若认为："阴阳'两'也，相合而化生，所生之物即为'参'。此辩证法正、反、合之意。"[3] 照此理解，这里的"参"有辩证的"合"之

---

① 胡寄窗：《中国经济思想史》上册，上海财经大学出版社，1998，第334页。
② 黎翔凤：《管子校注》卷4《枢言》，中华书局，2004，第246页。
③ 郭沫若等：《管子集校》，《郭沫若全集·历史编》第5卷，人民出版社，1984，第323页。

意。庞朴对先秦史料中的"参"字有更进一步的解释。他认为，与"二"相联系的"参"一般应解释为"叁"或"使之叁"，即由二中得出一个第三者来。因此，依存于二中的三就不是简单的数字之三，而是辩证逻辑中的三，其内涵有三方面。第一，认知的对象有两个，它是在事物的一个方面、一个特征、一种性质的基础之上引入与之对立的"二"，以使事物的矛盾暴露出来，整体显现；第二，实践的过程是就对立面进行比较对照，取补调和之，以求得两者的统一；第三，认知与实践的理想结果是得出一个既不同于原对象又不离于原对象的第三种状态，它抓住了事物的本质，有利于事物的和谐发展。①

如此看来，"阴阳两生而参视"的"两生"非为简单的二分法，因为"参视"是要在"两生"的基础上协调与统一阴、阳两面，使事物处于和谐状态。"凡万物阴阳两生而参视"确是枢要之言，区区十字就容含了生成论与方法论，其中的"参"字更是一大关键，无怪乎整句话的后半段又落脚于"参"与"慎"："先王因其参而慎所入所出。"

"参"所包含的"一分为三"的辩证逻辑，即先一分为二，再合其为一，从而得出一个更好的第三者被认为是解读儒家中庸之道即"叩其两端，以用其中"的密码。② 不过这一辩证逻辑并非儒家思想的"专利"，《管子·枢言》讲出"阴阳两生而参视"就是辩证用中的另一种精到的表达。《管子》重功效，"阴阳两生而参视"的哲思是大有用武之地的，其中的一个典型应用就是《管子》在经济领域的轻重之论。

二　《管子》经济思想的体与理

轻重论从经济现象中抽绎出了一对"轻—重"范畴，并认为任何商品都可能由于人为或自发的原因形成轻重之势，并在货币价格上表现为

---

① 庞朴：《儒家辩证法研究》，中华书局，2009，第 102～109 页。
② "一分为三"论是庞朴的重要理论贡献，对儒学研究产生了深远影响。其围绕"一分为三"的深入与系统研究形成了一系列相互补充与支撑的重要成果，参见《"中庸"平议》（《中国社会科学》1980 年创刊号）、《儒家辩证法研究》［中华书局，1984，该书后收入"中国文库·哲学社会科学类（第四辑）"，中华书局 2009 年出版］、《一分为三——中国传统思想考释》（海天出版社，1995）、《一分为三论》（上海古籍出版社，2003）、《浅说一分为三》（新华出版社，2004）、《三生万物：庞朴自选集》（首都师范大学出版社，2011）等。

"贱"与"贵"，故轻重之论容含了对货币、价格、供求规律的理论认知与应用。不过，轻重论所涉及的问题并不限于此，《揆度》《轻重戊》篇就以讲古史来说明天下治理皆以轻重为法。① 虽然以这样的方式凸显轻重论的重要性就像马克思所说是召唤过去的亡灵来为自己效力，② 但《管子》这样的表达也可理解为轻重之理被规定为国家顶层设计和实践中的指导方针，恰如《山至数》所言"以轻重御天下"③，而经济问题自然也受其统辖且不单单限于某一领域，胡寄窗即认为将轻重论视为"中国货币学的专有理论这是莫大的曲解"，更准确的理解应该是"如果价值论是政治经济学的基础理论，则轻重论就是《管子》全部经济学说的基石。"④ 因此，"凡关于封建国家的财政，土地政策，经济体制，货币，物价，积蓄，各种经济政策或措施，如对内对外贸易政策，农工业生产奖励……等都是轻重论的重要应用范围。"⑤ 马非百也持类似的观点，他将轻重内涵划分为狭义与广义，狭义的轻重论即供求规律，广义的轻重论则涵盖了各种经济措施甚至涉及政治、法律、军事、教育、国家竞争等诸多领域。⑥

照此分析并联系上文所讨论的"枢要之言"，《管子》的阴阳观与轻重论之间就存在"体"与"理"的关系，既然万物都可被抽象为阴阳两生，经济事物自然不例外，不过，哲学意义上的阴阳两生在经济论中被转换为轻重两生。需要指出的是，《管子》从阴阳两生到轻重两生的"体—理"转换并不是孤立的应用。"两生"逻辑的具体展开在《管子》中具有普遍意义。针对不同的问题，抽象的阴、阳范畴被《管子》落实为各种名目的辩证关系（为方便讨论，我们设其为 A 与 B）。除了经济领域的轻—重外，《管子》创造出大量 A—B 论式，如政治领域的"安—

---

① 《揆度》篇言"燧人以来，未有不以轻重为天下也。"黎翔凤：《管子校注》卷23《揆度》，中华书局，2004，第1371页。《轻重戊》篇亦谓"自理国虙戏以来，未有不以轻重而能成其王者也。"黎翔凤：《管子校注》卷24《轻重戊》，中华书局，2004，第1507页。

② 胡寄窗：《中国经济思想史》上册，上海财经大学出版社，1998，第319页。

③ 黎翔凤：《管子校注》卷22《山至数》，中华书局，2004，第1332页。

④ 胡寄窗：《中国经济思想史》上册，上海财经大学出版社，1998，第319页。

⑤ 胡寄窗：《中国经济思想史》上册，上海财经大学出版社，1998，第323页。

⑥ 马非百：《论管子轻重中——关于管子轻重之理论的体系》，载马非百《管子轻重篇新诠》，中华书局，1979，第53～54页。

危""治—乱""王—亡"，国家治理领域的"取—予""赏—罚""决—
塞"等。既然是两生，那么看似对立的 A 与 B 实为一个相互依存的整
体，而《管子》所关注的正是如何在 A、B 之间协调、统一出一个既兼
顾 A 与 B 又超越 A 或 B 的 C 来。如《管子》强调的居安思危、王而不
忘亡的忧患意识，以及以贵事贱、以贤事不肖的国家治理观就是这样的
C 状态或行为。① 从 A—B 到 C，这一逻辑过程在理论上的一般表达就是
"阴阳两生而参视"。

回到经济问题，既然"阴阳两生"在《管子》经济思想中转换为
"轻重两生"，那么"参视"在轻重论中是否也有对应的范畴呢？或者
说，若在"轻"（A）与"重"（B）之间"参视"，能得出一个怎样的
状态或行为（C）呢？轻重论的逻辑包含两方面内容。第一，经济事物
既"轻重两生"，又遵循"轻则见泄，重则见射"的规律，② 那么经济事
物就处于"轻—重"相互转换的无穷变化之中，《揆度》记述道："桓公
问于管子曰：'轻重之数恶终？'管子对曰：'若四时之更举，无所
终。'"③ 第二，"无所终"并不意味着行动中无目标原则、无所适从、无
所作为，在论者看来经济实践就是要参照"轻""重"，协调与统一
"轻""重"，在"轻""重"之间找到一个有助于经济社会发展、强国

---

① 当以"两生"论式讨论重大问题时，《管子》往往抱有强烈的忧患意识。《权修》云：
"取于民有度，用之有止，国虽小必安。取于民无度，用之不止，国虽大必危。"（黎翔
凤：《管子校注》卷 1《权修》，中华书局，2004，第 51 页）《枢言》谓："王主积于
民，霸主积于将战士，衰主积于贵人，亡主积于妇女珠玉，故先王慎其所积。"（黎翔
凤：《管子校注》卷 4《枢言》，中华书局，2004，第 243 页）《山至数》再次强调：
"王者藏于民，霸者藏于大夫，残国亡家藏于箧。"（黎翔凤：《管子校注》卷 22《山至
数》，中华书局，2004，第 1333 页）论者小心翼翼地注视着社会由"安"转"危"、
统治者由"王"转"亡"的趋势与路径。在他们看来，这种转化虽事后视之显然，但
极易在事物发展过程中失之自然而然，故尤其强调用"慎"，其关键在于："安"要长
为"安"，就应站在"安"的对立面"危"的角度思考与行动；"王"要久为"王"，
就应站在"王"的对立面"亡"的角度思考与行动。这在《管子》另一组 A—B 关系
的讨论中有着更为明确的表达："贵之所以能成其贵者，以其贵而事贱也。贤之所以能
成其贤者，以其贤而事不肖也。"（黎翔凤：《管子校注》卷 4《枢言》，中华书局，
2004，第 250 页）《管子》意在阐明为了防止事物向着不利于其发展的对立面转化，需
要在 A、B 之间裁夺出一个既协调与统一 A、B，又超越 A、B 的第三种行为来——居
安思危、王而不忘亡、以贵事贱、以贤事不肖便是这样的理想状态。
② 黎翔凤：《管子校注》卷 21《乘马数》，中华书局，2004，第 1233 页。
③ 黎翔凤：《管子校注》卷 23《揆度》，中华书局，2004，第 1380 页。

富民的第三者，这个第三者便是轻重论提出的一个重要范畴——"衡"。围绕"衡"，《轻重乙》记录了桓、管之间的一番问对：

> 桓公问于管子曰："衡有数乎？"管子对曰："衡无数也。衡者，使物一高一下，不得常固。"桓公曰："然则衡数不可调耶？"管子对曰："不可调。调则澄，澄则常，常则高下不贰，高下不贰则万物不可得而使用。"桓公曰："然则何以守时？"管子对曰："……岁有四秋，而分有四时。已得四者之序，发号出令，物之轻重相什而相伯。故物不得有常固，故曰衡无数。"①

通过这段讨论，"衡"的主要内涵得以揭示，我们可将其归纳为以下两个核心点。

其一，"衡"是经济表象背后的本质。"轻"与"重"虽然相反，但不能相互否定，若是消灭了轻，也就无所谓重，经济系统将出现"高下不贰"和"万物不可得而使用"的一潭死水状态。这意味着，"轻"与"重"赋予经济事物以价值的属性，"轻"与"重"的各自功用因对方的存在而显现。故两者相反相成、相辅相成，是统一的整体，这便使协调轻重，实现更好的状态——"衡"成为可能。由于"衡"包含了"轻重"，使它们各得显用，又摒弃了非"轻"即"重"，避免了陷于一端的片面，所以它超越了"轻重"表象，揭示了有利于经济社会发展的本质内涵。

其二，"衡"是动态平衡。"轻—重"范畴构成了经济事物内部的非同质性与演展性，故在"轻—重"之间"参"出的第三者"衡"虽是一个好状态，但并非静止状态，"衡者使物一高一下"说明"衡"中孕育着"失衡"的潜在趋势，"（衡）不得常固"则又表明"衡"是暂时的、易逝的，而轻重论要在现实经济社会达至的目标就是于"轻—重"对待之间，根据变化的情势不断地找到两者之间的平衡点。经济社会

---

① 黎翔凤：《管子校注》卷 24《轻重乙》，中华书局，2004，第 1467 页。马非百认为原文"万物不可得而使固"中"使固"应作"使用"（《管子轻重论新诠》，中华书局，1979，第 618 页），从马先生之说。

因此呈现从"轻$_1$—重$_1$—衡$_1$"到"轻$_2$—重$_2$—衡$_2$"再到"轻$_3$—重$_3$—衡$_3$"……的不断平衡化的历程，亦即一个变易不穷、不断趋于平衡的历史过程。这意味着，轻重论所说的"衡"并不是一个自然而然的平衡状态和平衡序列，而是在轻重不断推动的"变"这一基本前提之下通过不断调适而实现的动（态）平衡，即"衡"寓于"变"中。论者特别强调，若一定要借助人为之力"调"出一个绝对的衡状态，经济系统就会因静止（静态衡）而僵化。在没有轻重变化的状态下，"举国而一则无赀"[①]，没有利益存在的空间，经济也就失去了发展的动力。

由此可见，轻重论首先将经济事物化约为"轻—重"关系，并以它们在"轻—重"之间无止境地运化来解释经济系统的恒久运动。认识到"变"这一属性并不难，但难在如何用一种简易的模式解释它，并进一步借此认知经济社会的本质和规律。《管子》轻重论在这方面无疑作出了创造性的贡献，这就是建立"轻—重"的辩证论式，在"轻—重"相互促动的变易之中利用轻重来协调轻重、统一轻重，进而达至有利于经济社会发展的衡。由是观之，轻重论的思维是一个由一而二——物中有轻重，再由二而三——轻重中有衡的逻辑过程。特别的，衡虽是最优状态，但衡不是静态的，同时，衡又是不可事先决定的，即"王数不可豫致。"[②] 论者已意识到"不确定性"是变易的一个基本属性，在充满变数的历史时间中，根据具体的"时"以"权"就成为达至衡状态需要考量的关键因素，故有所谓"视时而立仪"[③]，"时至则为，过则去。"[④] 在轻重论看来，有着各种可能性的经济社会使衡不可能被简单地描述，它随"时"、因"势"应对，具有全面展开的在场的特点。

与"衡"相对应，轻重论还提出了一个含义大体相同的概念——"准"，其差异在于准主要用于讨论经济政策，而衡更多的是一个理论范畴，且衡不如准在《轻重》篇中出现的频次高（见表6-1）。不过，我们从准字大量的动词用法可以确知，衡的状态在轻重论看来是难以自发形成的，论者因此强调有组织的行动需要伺机而动，用"御"的方式来

① 黎翔凤：《管子校注》卷24《轻重丁》，中华书局，2004，第1504页。
② 黎翔凤：《管子校注》卷23《国准》，中华书局，2004，第1397页。
③ 黎翔凤：《管子校注》卷23《国准》，中华书局，2004，第1392页。
④ 黎翔凤：《管子校注》卷23《国准》，中华书局，2004，第1397页。

调出衡。具体而言就是"物发而应之，闻声而乘之"①，"轻重调于数而止。"② 这样就可以"守四方之高下"，使"国无游贾，贵贱相当"，从而达到"国衡"之状态。③ 所以轻重论中的衡需要人的有为性的参与，衡有使之为衡（使经济社会达至稳定发展态势的行动）、以之为衡（以经济社会的和谐发展为最佳状态）的内涵，因而衡与准都是既表状态或范畴的名词又表行为的动词。④

表 6 - 1　《轻重》篇与经济调控相关之关键字出现频次

篇名	准	衡	御	调
臣乘马	1	—	—	—
乘马数	3	—	—	—
事语	1	—	—	—
海王	—	—	—	—
国蓄	5	1	7	4
山国轨	5	—	—	3
山权数	4	—	—	2
山至数	6	2	1	1
地数	1	2	—	—
揆度	6	2	—	4
国准	3	—	—	—

---

① 黎翔凤：《管子校注》卷 23《轻重甲》，中华书局，2004，第 1398 页。
② 黎翔凤：《管子校注》卷 23《揆度》，中华书局，2004，第 1381 页。
③ 黎翔凤：《管子校注》卷 23《揆度》，中华书局，2004，第 1378 页。
④ 若将轻重论的"衡"与西方经济学中的均衡思想相联系与比较，就会发现它们之间的显著差异。轻重论认为，变易是第一位的，衡是第二位的，衡是通过"御"、"调"或"准"实现的动态、相对的平衡，它注重有组织的力量（政府）和自发力量（市场）的协调——既要发挥人的主观能动性，又须用"因""乘"顺应规律。而西方经济学自古典始，占据主流的观点一直认为，经济系统在自由市场条件下可自发地达至均衡，这一状态是经济系统的自然的、本真的面目，是优良的"自然秩序"，人为的干预或调控只会破坏这一秩序。马克思对此曾批判道："经济学家们的论证方式是非常奇怪的。他们认为只有两种制度：一种是人为的，一种是天然的。封建制度是人为的，资产阶级制度是天然的。在这方面，经济学家很像那些把宗教也分为两类的神学家。一切异教都是人们臆造的，而他们自己的教则是神的启示……于是，以前是有历史的，现在再也没有历史了。"《资本论》第 1 卷，中央编译局译，人民出版社，2004，第 99 页，脚注（33）。

篇名	准	衡	御	调
轻重甲	4	3	—	2
轻重乙	1	7	1	3
轻重丁	6	1	3	—
轻重戊	—	—	—	—
轻重己	—	—	—	—
总计	46	18	12	19

综上分析，在《管子》的思想体系中，"阴阳两生而参视"的哲学论可以合乎逻辑地引申出"轻重两生而衡视"的经济论，意即"轻重两生而衡视"的经济之理是建立在"阴阳两生而参视"这一哲学本体论的基础之上的，两者同为一脉的是一分为三的辩证用中逻辑及其背后的辩证思维方式。需要特别指出的是，如果认为衡是动态平衡，那么从语义上看，衡与常平仓之常平就没有本质上的区别，而《管子》轻重论提出的粮食缓冲储备机制——常平仓的理论先驱——就可以视为衡范畴的一个典型运用，即通过动态籴粜［"谷币间形成轻重关系1—平籴（或平粜）—达致衡1"——"谷币间形成轻重关系2—平籴（平粜）—达致衡2"——"谷币间形成轻重关系3—平籴（平粜）—达致衡3"……］维持粮谷供求与价格的长期稳定。

由此看来，"阴阳两生而参视"—"轻重两生而衡视"—缓冲籴粜维持常平贯通了《管子》的经济之体、经济之理与经济之用。值得注意的是，缓冲籴粜只是《管子》经济之用的一个具体方面。如何面对不同问题、不同情势实现经济社会的动态平衡即常平，《管子》提出了多种政策模式。

第三节　《管子》的经济政策模式与用中致常平

庞朴通过对儒家辩证思想的深入研究，认为儒家政治伦理的核心是保持平衡，取得协调，追求和谐。但是，构成平衡、协调、和谐的个人与群体的地位又是有差异的甚至根本对立的，所以求得和谐于对立之中便成了儒家哲学的一个重要方面。[1] 在此基础上，庞朴建立了将对立面A—B相互协调、统一的四种逻辑公式，以此来分析儒家思想一分为三（即叩其两端A与B，以得其三即平衡态）的辩证逻辑，这为把握中庸之道提供了一种有效的分析手段。[2] 如上节所指出的，《管子》经济思想在理论层面同样是以"轻—重—衡"的三分辩证逻辑为指导经济社会发展之基本原则的，管、儒之间因此有着思维方式上的一致性。下面，我们将"轻—重—衡"的辩证思维落实到《管子》讨论的各类经济问题之中，尝试利用A—B论式探究《管子》经济思想的政策落脚点，在此基础上总结出《管子》"用中致常平"的经济观。

一　用中四法

主辅配合

中国古代社会，创造财富的农业与交易有无的商业是影响经济社会稳定与发展的两个关键部门。两者孰轻孰重，如何协调这对重大的"虚—实"关系是《管子》关注的焦点。《管子》坚持农本论，财富源于土地之上的农业生产被反复强调："彼民非谷不食，谷非地不生，地非民不动，民非作力毋以致财。"[3] "民事农则田垦，田垦则粟多，粟多则国富。"[4] "力地而动于时，则国必富矣。"[5] 《管子》强调农业基础性地位时并没有忽视"商"在资源配置方面不可替代的功能。"今夫商，群萃而州处，观凶饥，审国变，察其四时，而监其乡之货，以知其市之贾。负任担荷，服牛辂马，以周四方，料多少，计贵贱，以其所有，易其所无，买贱鬻贵。"[6]

《管子》虽然肯定了商的价值，但又十分坚决地抑制豪商蓄贾，从而表现出鲜明的抑商态度。那么，将农、商摆放在一起，《管子》究竟

---

① 庞朴：《儒家辩证法研究》，中华书局，2009，第14～15页。
② 这四种简约的逻辑公式是：A然而B；A而不A′；不A不B；亦A亦B。相关讨论集中体现在庞朴"一分为三"论的研究成果中，参见上文关于庞朴"一分为三"论的注释。
③ 黎翔凤：《管子校注》卷5《八观》，中华书局，2004，第261页。
④ 黎翔凤：《管子校注》卷15《治国》，中华书局，2004，第924页。
⑤ 黎翔凤：《管子校注》卷16《小问》，中华书局，2004，第955页。
⑥ 黎翔凤：《管子校注》卷8《小匡》，中华书局，2004，第402页。

是如何处理它们之间关系的呢？事实上，《管子》遵循这样一种认知模式：若设农业、商业分别为 A 与 B，那么农、商之间就是"A 然而 B"的关系。在论者看来，农业是国民经济的主体，重农与农政是基本国策，"地者，政之本也"①，这是绝不可以动摇的。但是，简单地认为重农便可无往而不利，则又是片面的认识，在产业政策中需要主辅配合，以商助农。因为《管子》发现，"市"作为商业交易的场所，虽然无法像农业那样可以创造财富，即所谓"不能为多寡"，但可以济民乏（"无市则民乏"），还能决贵贱（"市者，货之准也"），更"可以知治乱，可以知多寡。"②《管子》洞察到市场具有信息生成和传递功能，若不了解供求和价格等信息便不可为，不能更好地为。将农业生产放在一个连续不断的再生产过程中考察，其发展与繁荣就离不开商业活动。因此，"知多寡"之"虚"与"为多寡"之"实"虽两相立但又两不相离。"市也者，劝也，劝者所以起本善"③，以农为本，再借商之"虚"来辅助农之"实"，这其中的"A 然而 B"便是《管子》对于农商关系的辩证考量。④

过犹不及

《管子》认为农、商所以分主辅而非完全对等的关系还有一重以农之"实"来牵制商之"虚"的深层考量。这是因为商有内在的隐患，

---

① 黎翔凤：《管子校注》卷 1《乘马》，中华书局，2004，第 84 页。
② 黎翔凤：《管子校注》卷 1《乘马》，中华书局，2004，第 88、89 页。
③ 黎翔凤：《管子校注》卷 12《侈靡》，中华书局，2004，第 703 页。"善"当作"事"。参见郭沫若等《管子集校》，《郭沫若全集·历史编》第 6 卷，人民文学出版社，1984，第 343 页。在断句上，此句连同下句"而末事起，不侈，本事不得立"，诸家校注多有不同意见。结合文意，巫宝三在《管子经济思想研究》中的看法应更为合理，参见巫宝三《管子经济思想研究》，中国社会科学出版社，1989，第 153~156 页。
④ 辩证地看待富民与富国之间的关系是"A 然而 B"另一个典型应用。我们知道，《管子》强调国家要设法积累各种重要资源，这往往在很大程度上被理解为《管子》主张以巧取、豪夺等种种手段，达到藏富于国之目的。但与这一认识相"冲突"的民本和富民论在《管子》中又可谓俯拾皆是。事实上，人们往往囿于一端，而忽视了《管子》对于富国、富民关系的辩证考量。应该说，富民且富国（"A 然而 B"）才是《管子》的基本判断。首先，富民是治国的逻辑起点，"治国之道，必先富民"清楚地表明，《管子》富国论是不可能凌驾于富民论之上的，富国更不可能以"贫民"为代价。其次，富民不可能完全听民自为，须有国家的参与与介入。《管子》发现，农业生产的丰歉波动、国与国之间的激烈竞争等都会对民利造成损伤，只有国家掌握了足够的资源（如粮食等重要战略资源），才能从容地加以对应，夯实富民的基础。故而《管子》既讲民本、富民又讲富国，富民且富国的主辅配合才是《管子》富强思想的完整版本。

《管子》对此有着深刻的认识，《侈靡》论者就分析"市"虽可以"起本事"，但如果"末事起，不（丕）侈"，就不可避免地出现"本事不得立"的情形①，即社会因商业过度繁荣出现侈靡、浮夸之风，农业的主体地位将受到侵蚀。相较于"商"的此种"失度"状态，《管子》更为关注商之"虚"吞噬农之"实"的危机。那就是，市场若任由商所左右，垄断者就会伺机无原则地对财富巧取豪夺，"蓄贾游市，乘民之不给，百倍其本"②，"物之高下之时也，此民之所以相并兼之时也"③，这无疑会对脆弱的小农经济造成致命的冲击，破坏整个社会的经济基础。此种情况下，农、商就不是以"虚"运"实"的"和"的关系了，而是两者之间尖锐的冲突，其结果必然是农本的基本国策被动摇。《管子》对此是高度警觉的，故而有鲜明的态度，即"大贾蓄家不得豪夺吾民矣"④。因此，对于商，《管子》又有"B 而不 B⁺"的管理模式。B⁺是 B 的过度或失度发展状态，"B 而不 B⁺"是指防止出现物极必反的认知和治理取向，包含了政府实施商业管制以及市场调控的政策内容。《管子》主张将一部分关乎国计民生的生产、流通掌握在国家手中在很大程度上就是从这层意义上予以考虑的。但是，这绝不意味着《管子》走向了另一个极端状态，即支持政府垄断而排斥私商进而排斥市场，因为若是如此，《管子》认为市场本应发挥出的各种功能都将无从谈起。

在农、商关系的"A 然而 B"中，务实的 A（农）与务虚的 B（商）虽分主辅，但两者相为用，不相为害。特别的，用 B 是为了更好地维护 A 的主体地位，以达到以商济农的"和"的目的。"B 而不 B⁺"则是抑制商的过度发展以防损害农的主体地位，避免过犹不及，不使 A、B 走向两相为害、难以调和、无法收拾的状态。就经济治理目标来说，农商关系"A 然而 B"与"B 而不 B⁺"的政策组合是维持传统农业社会产业平衡的理性用中选择。

---

① 黎翔凤：《管子校注》卷 12《侈靡》，中华书局，2004，第 703 页。巫宝三认为，如果将"不"理解为否定之意，则《侈靡》篇的表达前后逻辑不通。但如果将"不"理解为"丕"（"不"可作"丕"，"大"之意），则文意可通。参见巫宝三《管子经济思想研究》，中国社会科学出版社，1989，第 156 页。从巫先生之说。
② 黎翔凤：《管子校注》卷 22《国蓄》，中华书局，2004，第 1264 页。
③ 黎翔凤：《管子校注》卷 22《山国轨》，中华书局，2004，第 1290 页。
④ 黎翔凤：《管子校注》卷 22《国蓄》，中华书局，2004，第 1269 页。

《管子》处理农、商关系所采取的上述政策模式可以说对后世产生了深远的影响，虽看似矛盾，但实质上是为了统一与协调农、商，并在两者之间维持微妙的"轻重"平衡，在理论上体现出"和"的内涵，而绝不是一味地抑商。因此，《管子》所谓的"抑商"思想须放在重农的基调下以及农商的辩证关系中加以细致分辨，其中的关键就在于如何动态地调控"商"，使之符合产业协调发展的大方向。王安石说："盖制商贾者恶其盛，盛则人去本者众，又恶其衰，衰则货不通。故制法以权之。"[1] 这正是以农为本，权衡农、商轻重关系的扼要表达。

抛开农商关系下对商业"B 而不 B$^+$"的讨论，单独考察某经济事物（设其为 A），《管子》对其走向极端（设为 A$^+$）同样是高度警惕的。前文曾引《权修》篇的一段材料："取于民有度，用之有止，国虽小必安。取于民无度，用之不止，国虽大必危。"这反映出《管子》经济思想中坚持"有度"、反对"无度"，即"A 而不 A$^+$"的思想。再比如，《五辅》篇认为"甚富不可使，甚贫不知耻"[2]，故而"贫富无度则失"[3]。适度的贫与富是正常的，但贫、富都走向"甚"则会带来种种问题，为了避免出现贫富悬殊的 A$^+$ 局面，实施"富能夺，贫能予"的政策，[4] 从而实现"散积聚，钧羡不足，分并财利"的分配效果就成为《管子》经济治理的一个重要目标。[5]

不偏不倚

这里所说的不偏不倚是另一种辩证模式"不 A 不 B"，该模式的典型应用就是常平仓法。需要说明的是，此处与第一章的内容有所交叉，但为了保持逻辑和论述的前后衔接，有必要作出一些补充性分析。

《管子》通过轻重论揭示出价格规律和供求规律，为后人所推崇。但《管子》并未停留于此，而是进一步讨论了理论的政策运用。论者特别注意到价格的两种对立之势对民生产生的重大影响。一是"物适贱，

---

① 王安石：《临川先生文集》卷 72《答韩求仁书》，载王水照主编《王安石全集》第 7 册，侯体健、赵惠俊整理，复旦大学出版社，2017，第 1292 页。

② 黎翔凤：《管子校注》卷 12《侈靡》，中华书局，2004，第 637 页。

③ 黎翔凤：《管子校注》卷 3《五辅》，中华书局，2004，第 198 页。

④ 黎翔凤：《管子校注》卷 23《揆度》，中华书局，2004，第 1380 页。

⑤ 黎翔凤：《管子校注》卷 22《国蓄》，中华书局，2004，第 1266 页。

则半力而无予，民事不偿其本"；二是"物适贵，则十倍而不可得，民失其本"。《轻重》篇以粮食为典型案例，分析了产出与价格波动对经济社会造成的巨大冲击。论者首先指出，"五谷食米，民之司命也"，农业因丰歉变化而使粮食价格出现轻与重的极端转换，则"岁适美，则市粜无予，而狗彘食人食。岁适凶，则市籴釜十锱，而道有饿民。"[1] 针对严重的供给冲击，《管子》又有怎样的应对之策呢？

若"岁适美，市粜无予"为 A，"岁适凶，则籴釜十锱"为 B，那么维持谷价"不 A 不 B"，即"守之以准平"，就成为《管子》另一种辩证的政策目标，[2] 而这是通过建立粮食缓冲储备即后世发展出来的常平仓来实现的。虽然人无法控制天气进而左右粮食生产，但《管子》认为政府掌握着一种重要的调控工具，即货币。货币是"通施""通货""沟渎"，故"刀布藏于官府，巧币万物轻重皆在贾之。"[3] 轻重论认为，货币与粮食的比价遵循币轻—谷重、币重—谷轻的基本规律，这就为调节粮食之"轻重"进而影响其供给提供了一个关键性手段。它的操作原则是"以重射轻，以贱泄平"[4]，政策即为建立缓冲储备机制，贱则高其价购之，贵则低其价售之。具体而言，丰穰之年粮食有大量剩余，币谷之间在市场上就会形成"币重—谷轻"的关系，它的极端表现就是"狗彘食人食"。此时，国家投放货币大量收购余粮（"以重射轻"），随着市场上货币供应量和粮食供求关系发生变化，"币甚重—谷甚轻"的情势就会得以控制。反之，在凶歉之年粮食歉收之时，币谷之间在市场上会形成"币轻—谷重"的形势，它的极端表现就是"籴釜十锱"。此时，国家以低于市场的价格抛售储备（"以贱泄平"），"币甚轻—谷甚重"的情势同样得以控制。综合考察，国家利用货币的收放建立起粮食缓冲储备，利用币之轻重调节物之轻重，将粮价稳定在一个合理的范围之内。论者注意到，"五谷者，万物之主也。谷贵则万物必贱，谷贱则万物必贵"，"不 A 不 B"的粮价调控政策因此而有了宏观效应，"故人君御谷

① 黎翔凤：《管子校注》卷 22《国蓄》，中华书局，2004，第 1259、1269 页。
② 黎翔凤：《管子校注》卷 22《国蓄》，中华书局，2004，第 1269 页。
③ 黎翔凤：《管子校注》卷 22《山至数》，中华书局，2004，第 1342 页。
④ 黎翔凤：《管子校注》卷 22《国蓄》，中华书局，2004，第 1269 页。

物之秩相胜，而操事于其不平之间"①。《轻重》篇中论者反复谈及这一政策，其用意是值得高度重视的。

在农商"A 然而 B"的辩证模式中，A 是关系的主体，B 之用在于济 A 之不足，从而体现出双方的"和"。在 A 或 B 不走向极端的 A⁺ 或 B⁺ 的辩证模式里，不 A⁺、不 B⁺ 是为了防止两者的过犹不及，以至于不让有利于经济发展的事物或状态向其反面转化。而在粮食调控论的"不 A 不 B"中，政策目标被设定为不在任何一端，稳定于一个合理的区间之内，因而更直观地体现出执其两端、以用其中的平衡（常平）要求。

权变因应

《管子》的《侈靡》篇从消费促进生产的角度分析了"奢侈"的功用，认为就富者而言，若"财不私藏"而表现为一种"侈靡"的行为，那么贫民、工匠、女工就会有工可做，有衣食可得。《轻重》篇的《乘马数》将侈靡思想进一步运用于经济调控："若岁凶旱水泆，民失本则，修宫室台榭，以前无狗、后无彘者为庸。故修宫室台榭，非丽其乐也，以平国筴也。"② 论者认为越是灾荒困顿之年，国家越是要扮演"富人"的角色，用看似侈靡的消费帮助那些贫且失本的劳动力摆脱生存困境，这便是以工代赈政策的思想先驱。

侈靡论在《管子》多个篇章都有所阐述，这并非"偶然"的思想创建。③ 但与此相对，在另一些篇章中，《管子》还提出了节制消费的"主俭"论，《法法》篇说道：

> 明君制宗庙，足以设宾祀，不求其美；为宫室台榭，足以避燥湿寒暑，不求其大；为雕文刻镂，足以辨贵贱，不求其观。故农夫不失其时，百工不失其功，商无废利，民无游日，财无砥墆。故曰：俭其道乎！④

---

① 黎翔凤：《管子校注》卷 22《国蓄》，中华书局，2004，第 1272 页。
② 黎翔凤：《管子校注》卷 21《乘马数》，中华书局，2004，第 1232~1233 页。
③ 除《侈靡》篇外，还可参见《经言》《乘马》《版法》《版法解》《事语》《乘马数》《山权数》诸篇。
④ 黎翔凤：《管子校注》卷 6《法法》，中华书局，2004，第 298~299 页。

　　侈靡论与主俭论相安无事地并存于《管子》一书中，这会让初识者大惑不解。《管子》的"自相矛盾"应作何解释？如果认为《管子》并非一人一时所作，那么篇章之间的观点"冲突"似可迎刃而解。但是，经济思想史家并不认同这样简化的处理，他们指出侈、俭其实并不存在实质性的矛盾，《管子》秉持的是不同条件之下的俭侈并重说。主俭说立足于正常条件，即一般年份各行各业应以俭促发展。而侈靡论是就特殊情势而言的，即灾荒之年，应以侈靡救经济。① 如果侈为 A，俭为 B，那么《管子》的消费思想就是另一种根据形势变化而灵活调整的"亦 A 亦 B"辩证模式。

　　《管子》抱持变易观，强调"不慕古，不留今，与时变，与俗化"②，遇事应灵活因应，"古之所谓明君者，非一君也。其设赏有薄有厚，其立禁有轻有重，迹行不必同，非故相反也，皆随时而变，因俗而动。"③ 因此，"亦 A 亦 B"的辩证模式就包含因时应变、顺势而为的行动原则。《轻重乙》讲得清楚："故善为国者，天下下我高，天下轻我重，天下多我寡，然后可以朝天下。"④ 对外经济政策要针对外部的变化而作适应性调整，做到时高时下、时轻时重、时多时寡，从而保持主动。虽然表面上看这似乎走向了极端，但这种随机应变、允许偏颇的灵活操作是以一端平衡另一端的用中选择，从时间过程和空间展开来看是十分合理的。

　　"亦 A 亦 B"的辩证模式不仅考虑到经济事物的对立面可以在不同的时空下获得统一，也注意到它们在同一时空内的相互协调。例如，《管子》有人所共知的重利说，认为"凡人之情，见利莫能勿就"⑤，并以水作喻，"民之从利也，如水之走下"⑥，故执政之道"在顺民心"，"民恶贫贱，我富贵之"⑦。但《管子》又反转过来，强调为国之道在于

---

① 参见胡寄窗《中国经济思想史》上册，上海财经大学出版社，1998，第 315 页；巫宝三《管子经济思想研究》，中国社会科学出版社，第 159~160 页。
② 黎翔凤：《管子校注》卷 15《正世》，中华书局，2004，第 922 页。
③ 黎翔凤：《管子校注》卷 15《正世》，中华书局，2004，第 920 页。
④ 黎翔凤：《管子校注》卷 24《轻重乙》，中华书局，2004，第 1453~1454 页。
⑤ 黎翔凤：《管子校注》卷 17《禁藏》，中华书局，2004，第 1015 页。
⑥ 黎翔凤：《管子校注》卷 20《形势解》，中华书局，2004，第 1175 页。
⑦ 黎翔凤：《管子校注》卷 1《牧民》，中华书局，2004，第 13 页。

逆民心："为国者，反民性然后可以与民戚。"① 这里的"反民性"说的是道德教化，《管子》认为"政教相似而殊方"②，故一边谈重利一边论道义。③ 治国的经济之策要顺民以"利"，教化之策则须晓民以"德"，这一顺一逆、亦利亦德（"亦 A 亦 B"）的相互补充，才会使民在经济人与道德人之间达成理性的统一。④

前文曾分析过"A 然而 B"体现了对立面"和"的属性，在这里"亦 A 亦 B"也有"和"的内涵，两者都是在用"和"的方式对 A、B 两者相互牵制而不使经济行为偏于一端而失度、失调。当然，"亦 A 亦 B"不像"A 然而 B"那样有主辅之分，而是对 A、B 进行了更为对等的处理，同时它还特别突出了 A、B 在不同时空下的相互补充。这表明，不知"权变"是另一种执拗的偏颇，⑤ 而根据形势变化灵活因应才是真正的执中之道。《宙合》篇讲得直截了当："可浅可深，可沈可浮，可曲可直，可言可默。"⑥ "天不一时，地不一利，人不一事。"⑦ 现实中时不待人，"时之处事精矣，不可藏而舍也"⑧，故善于权变，因时积极而动，因势主动而为，被《管子》奉为高超的艺术，"王者乘时，圣人乘易。"⑨ "欲为大国，大国欲为天下，不通权策，其无能者矣！"⑩ 经济决策的时机把握成为决定性因素，《轻重》篇多次强调要"因""乘"时势而对经济有所"御""调"，《国蓄》篇直言："乘四时之朝夕，御之以轻重之准。"⑪

---

① 黎翔凤：《管子校注》卷 12《侈靡》，中华书局，2004，第 661 页。
② 黎翔凤：《管子校注》卷 12《侈靡》，中华书局，2004，第 636 页。
③ 如《管子》首篇《牧民》就讲国有四维，即礼、义、廉、耻，强调"守国之度，在饰四维"。黎翔凤：《管子校注》卷 1《牧民》，中华书局，2004，第 2 页。
④ 可以补充说明的另一例子是：《管子》既尊重市场的自发力量，用"因"，又重视政府的干预力量，用"御"、用"调"。前文分析了政府利用粮食缓冲储备调节粮食价格使其不甚贵、甚贱（"不 A 不 B"），这就是借助市场和政府的两种力量（"亦 A 亦 B"）相互配合达到的效果。
⑤ 《孟子·尽心上》曰："执中无权，犹执一也。"《孟子注疏》卷 13，载阮元校刻《十三经注疏》，中华书局，2009，第 6025 页。
⑥ 黎翔凤：《管子校注》卷 4《宙合》，中华书局，2004，第 231 页。
⑦ 黎翔凤：《管子校注》卷 4《宙合》，中华书局，2004，第 234 页。
⑧ 黎翔凤：《管子校注》卷 1《乘马》，中华书局，2004，第 103 页。
⑨ 黎翔凤：《管子校注》卷 22《山至数》，中华书局，2004，第 1334 页。
⑩ 黎翔凤：《管子校注》卷 22《山权数》，中华书局，2004，第 1306 页。
⑪ 黎翔凤：《管子校注》卷 22《国蓄》，中华书局，2004，第 1275 页。

二　体、理、用的统一

以上四种辩证论式中，农业与商业、贫富适度与失度、凶年与穰岁、侈靡与节俭、经济人与道德人等构成了经济系统内多个对立的面向，这些都是"阴阳两生"的范式下经济领域"轻—重"关系的具体扩展。进一步来看，协调农商关系的"A 然而 B"与"B 而不 B$^+$"、预防贫富失度的"A 而不 A$^+$"、凶穰之间求平年的"不 A 不 B"、时侈时俭以及义利兼采的"亦 A 亦 B"都清楚地表明，《管子》的经济论者试图在经济事物的矛盾与对立之间寻找到能够协调与统一双方，有利于经济稳定与发展的最佳状态，这便是"阴阳两生而参视"中的"参视"和轻重论中的"衡"。

在孤立的文化系统中，《管子》经济思维的独特价值是难以凸显出来的。但借助世界不同文化系统的横向比较，《管子》经济思想的本质特色就能够较为清晰地辨识出来。这里，"轴心期"概念提供了一个很好的参照系。我们知道，卡尔·雅斯贝斯（Karl Jaspers）在《历史的起源与目标》（*The Origin and Goal of History*）一书中曾提出"轴心期"或"轴心时代"（Axial Period）的概念。雅氏认为公元前 800～前 200 年人类不同文明在相互隔绝的状态下共同经历了一次以贤人哲士发动的精神世界的突破，中国以老子、孔子、墨子等诸子为代表，印度是佛陀，中东是以利亚、以赛亚等，希腊则是荷马、赫拉克利特、柏拉图等。[1] 轴心期精神突破的深远意义在于，它们塑造了各种文明的精神气质，孕育出各具特色的文化系统，并在后来的历史长河中起着范导的作用。那么，值得追问的一个问题是，在轴心期世界不同地区的先哲依着怎样独特的认知和思维方式发展出具有显著差异的文化系统的？雅氏在《历史的起源与目标》中并没有作出进一步的分析，而李约瑟（Joseph Needham）在《中国科学技术史》（*Science and Civilization in China*）"数学卷"一个不太引人注意的脚注中道出了其中的枢机：

---

[1]　雅斯贝斯：《历史的起源与目标》，魏楚雄、俞新天译，华夏出版社，1989，第 7～8 页。

当希腊人和印度人很早就仔细地考虑形式逻辑的时候，中国人则一直倾向于发展辩证逻辑（我们在第二卷已多次谈到这一点）。与此相应，在希腊人和印度人发展原子论的时候，中国人则发展了有机的宇宙哲学，在这方面，"西方"是初等的，而中国是高深的。[①]

在李约瑟看来，古代中国、印度与希腊人的思维方式各有其传统，亦各有其优长，而他所指形成这一分野的"很早时候"应该就是雅斯贝斯所说的"轴心期"。如果这一判断大体无误，那么李约瑟所指"辩证逻辑"便是中国人在轴心期形成的且区别于其他文明的特色思维方式。考察先秦思想史，辩证思维作为一种对后世产生深远影响的认知方式经历了一个漫长的发展历程。其间，诸子皆有重要的贡献，他们都以特有的方式和术语表达了辩证法的一些规律和特征，虽然他们之间争辩不已，却并不妨碍在辩证学说方面常有着相通之处，并且因此形成了对辩证法认知的整个链条的各个环节。[②] 而这最后一环也是最重要的一环便是思想家们适应战国末期学术大融合的趋势，以"一致百虑，殊途同归"的包容原则总结了轴心期的文化创造，消除学派之间的成见，围绕"道"这一最高范畴，建立了一个统贯天、地、人的阴阳哲学体系。[③] 这一体系的思维母题便是我们所熟知的"一阴一阳之谓道"。"一阴一阳之谓道"的提出是中国古代思想文化本体论大厦建设的"封顶典礼"，标志着中国人在轴心期完成了轴心突破（Axial Breakthrough）。

立足于唯物史观，轴心期形上本体论的构筑是扎根于社会生活的。先秦诸子立足于社会存在和社会关切纷纷参与到对"道"的理性思考与理论构建的时代洪流之中，他们在物质世界与精神世界的交相互动中终于淬炼出《易传》"一阴一阳之谓道"的慧思。由是观之，善于"致用"的《管子》讲出"阴阳两生而参视"的哲理是合乎历史逻辑的。两相比较，"一阴一阳之谓道"与"阴阳两生而参视"在思维高度上可谓不分

---

① 李约瑟：《中国科学技术史》第 3 卷《数学》，《中国科学技术史》翻译小组译，科学出版社，1978，第 337 页脚注②。
② 庞朴：《儒家辩证法研究》，中华书局，2009，第 7 页。
③ 余敦康：《易学今昔》增订本，中国人民大学出版社，2016，第 30～31 页。

轩轾，后者甚至更为完整地表达出了辩证思维的理论结构、逻辑过程和价值取向，殊为《管子》的重要贡献。更具时代意义的是，《管子》的撰著者们在此基础上进行了创造性转换，在经济领域独树一帜地发展出了"轻重之道"，以及一套政策体系。从中可以发现，《管子》经济思想善于通过展现经济事物的对立面来揭示其本质，并立足于不偏于一端的整体观认知、分析经济社会，进而协调各种矛盾，使之统一于相生相融的和谐发展目标之下。①

　　经济是社会发展的物质基础，在讨论中国历史中的"轴心期"和"轴心突破"时，我们不能记住了老子、孔子、墨子等先贤，而忽视了一个开风气之先而深入思考经济之"道"的思想群体和他们取得的巨大成就。② 因此，我们有理由说，《管子》顺应时代大势和时代思潮，基于"阴阳两生而参视"的本体论，不同于各家深入探究了经济问题，形成了经济之"道"，实现了中国古人在经济思想领域的"轴心突破"。《管子》即使不是这一突破的唯一贡献者，但至少也是其中最为重要者。它的深远意义在于，《管子》构建的经济学说体系在很大程度上塑造了中国人独有的经济思维方式或经济世界观，其要旨可被进一步概括为"用中致常平"。

　　"用中致常平"可解释为，在整体关照下，对经济社会的思考聚焦于系统功能，以及与之紧密相连的各种辩证关系，它广泛涉及生产、交

---

① 需要补充说明的是，《管子》轻重论的基本特征可以归纳为：简易、变易与不易。轻重论以高度抽象的"轻—重"范畴构建起理论结构，此即简易；轻重论揭示了经济社会在轻重变化之间的动态发展过程，此即变易；轻重论以经济发展的"衡"（"准"）为原则和目标，此即不易。这"三易"与人们所说《易传》"三易"（阴阳辩证思维容含的简易、变易、不易）可谓不谋而合，但这并非偶然。我们知道，《易传》的形成年代与《管子》同样也是悬而未决的问题，但更多的学者认为《易传》的主体完成于先秦，是战国时代的作品。而我们认为《管子》的初本至迟形成于战国晚期。这意味着，善于融汇各家的《管子》兼采《易传》思想是完全可能的。另外，邹衍的阴阳学说对《易传》是有影响的，而邹衍所在稷下学宫又与《管子》有着密切的关系，"阴阳"成为《易传》《管子》所共有的论式也是合乎逻辑的，这就为《管子》吸收和发展《易传》的哲学观念提供了便利的路径。依此看来，《管子》轻重的三易与《易传》三易之间的贯通也就不难理解了。因此可以说，从"阴阳两生而参视"的哲学命题到以轻重范畴为基础的经济论，《管子》思想容含易的哲学和易的思维。

② 中国历史上有关轻重的讨论无出于《管子》之右者，胡寄窗即认为："对古代轻重论阐发最详、保存最多的现只《管子》一书。其余典籍谈轻重论之处固属不少，大都是一知半解，不足为训。"胡寄窗：《中国经济思想史》上册，上海财经大学出版社，1998，第 319 页。

换、分配与消费诸方面及其背后的政府—市场关系、君—民关系、取—予关系、义—利关系乃至更深层次的安—危、治—乱关系，从而构建了以"生产关系"为考察对象的"政治经济学"体系。这一学说体系的核心目标是通过协调生产关系达至经济发展的动态平衡，它的基本原理是一分为三的辩证用中。这里的"三"是在阴阳两生、轻重两生的认识论基础上变无序为有序、化矛盾为和谐的创造过程。"三"哲学地看是"中""用中"，《管子》的经济论将其称为"衡"（"准"），动态地看，这个"衡"就是"衡无数"，即在变化着的经济社会中创造性地实现动态平衡，这个动态平衡的另一种形象的表达就是"常平"。在政策施用上，《管子》将"用中致常平"理念拓展为四种A—B模式，它们相互补充、相互支撑，构成了一套完整的政策组合（见图6-1）。由是观之，虽然《管子》的经济思想看上去变化多端，难以捉摸，但它既有其体——"阴阳两生而参视"，亦有其理——"轻重两生而衡视"，更有其用——四种A—B模式，从而构成了三位一体的严整体系。由此可知，《管子》经济思想是一个万变不离其宗、内在贯通，可从整体上加以把握的学说体系。需要特别指出，这个"宗"虽于理论上看是抽象的"中"与"衡"，但在政策实践中又无不指向具体的"民"，故而"守民""与民戚""积于民""藏于民""调通民利"的民本观念是《管子》经济思想"用中致常平"的应有之义，将轻重之道落实为"人道"是更为根本的不变、不离之宗。

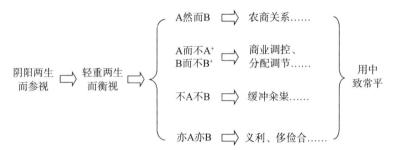

图6-1 用中致常平：《管子》经济思想体、理、用的三位统一

《管子》用中致常平的经济理念对后世的影响十分深远，它奠定了中国传统经济思维鲜明的辩证特质。考察各历史时代对重大经济问题的思考、论辩与实践，不难发现它们大都是自觉地在辩证框架下予以展开的，诸如国家于百姓的取予选择、农与商（本与末）的产业权衡、义与利的伦理之辨、侈与俭的消费之争、干预与放任的政策取舍等，其中最有价值的思想与实践无不是在这些看似矛盾而又相生、相依的"生产关系"之间"参视之"，并按照一分为三的辩证逻辑寻找符合时代需求的用中路线。①

饶有意味的是，当我们再次把目光转向西方经济思想史，会发现几次重大理论革命也是致力于协调经济社会的主要矛盾，以"和"的方式、"中"的路径谋求常平发展。

第四节 西方经济思想中的常平观

一 凯恩斯的"轻—重—衡"

凯恩斯及其后学复活了中国古代的常平仓法，这种"承袭"暗示了凯恩斯经济学与《管子》经济思想用中致常平的理路之间可能隐藏着某种微妙的关联。凯恩斯对货币和利息的独特解读有助于我们发现其中的隐奥，在《通论》第十七章，凯恩斯摆脱前人的思想束缚对货币和利息率展开了深入的分析（对此我们于第四章已有讨论）并形成了一个基本判断，即当货币利息率成为唯一重要的利息率时，人们在资产选择时，货币成为不确定因素的"避风港"。这一认识切中了现代货币经济的要害，也抓住了货币经济条件下的"轻"与"重"。

对于投资者而言，投资的选择在于对各种资产利息率高低（即 $q-c+l$ 的大小）的比较。凯恩斯认为，这一比较是以货币的利息率（l）为衡量标准的。由于货币的利息率具有相对稳定的特点，而非货币资产的利息率又是建立在不稳定的预期基础之上，这样凯恩斯就通过利息率找到了货币与各类资本品之间孰轻孰重的"轻重"关系（在《管子》轻重论语境下，这就是"币"与"万物"之间的轻重关系）。这一分析的重

---

① 从历史的长时段来观察，经济社会总处于结构性的变化之中，世界历史进入近代，西方工商文明兴起，在西力东渐的背景下，传统的农、商关系逐渐发生转换，而适应历史潮流，"A 然而 B"辩证论式就需要动态的转换为"亦 A 亦 B"（亦农亦工商）。晚清兴起的"重商思想"即可视为顺应大势而力求改变传统经济模式的进步思潮。

要意义在于，它能够动态地观察货币、资本品之间的轻—重转换，并以此来剖析宏观经济波动的内在机理：如果币"轻"而资本品"重"，即资本边际效率＞货币利率，那么投资会持续展开，直至资本边际效率＝货币利率，经济也因各种资源的递增利用而处于扩张期和上升期；相反，如果币"重"而资本品"轻"，即资本边际效率＜货币利率，投资者预期不佳，流动性偏好增加，持币规避风险，经济则因各种资源的废弃而陷入衰退之中。

　　货币与资本品"轻重"关系的上述转换解释了造成投资波动的原因。其中，货币是影响经济波动的一个关键因素。凯恩斯指出，货币并非古典学派所认为的那样是中性且无关宏旨的，货币影响真实经济变量，不仅影响投资、产出，还会进一步影响就业。这里，凯恩斯发现了在货币—资本品轻重关系的背后还有另一层重要的轻重关系，即货币—劳动力之间的轻重关系。凯恩斯认为，当投资者预期不佳，"除非利息率以足够快的速度下降，进一步投资的机会就较难以具有吸引力。"① 这意味着，在选择利息率下降最慢的货币并减少或放弃其他资本品时，投资者会相应地减少持有成本（工资）十分高昂的劳动力。因此，事实上存在非自愿失业的现象，而非为古典经济学家所认为的经济社会总处于充分就业状态。

　　基于以上分析，我们可以从轻重论的视角重构凯恩斯的"就业—利息—货币"之间的"通论"。宏观经济中，投资以预期为前提，预期以不稳定的投资收益率即资本品的边际效率或利息率为标准，是否投资取决于资本边际效率与货币利息率之间的高低（轻重）比较。因此，经济社会存在围绕着货币利息率而形成的投资波动，就业因此将受到直接的影响。它们之间的逻辑关系是：币"轻"、资本品"重"——劳动力"重"（被雇佣）——接近或实现充分就业；币"重"、资本品"轻"——劳动力"轻"（被解雇）——非自愿失业。

　　既然借轻重论可以从理论上阐明凯恩斯有关宏观经济波动的要旨，那么"以重射轻，以贱泄平"的法则也应该能够在凯恩斯那里找到对应的政策主张。事实确是如此。在第四章、第五章的讨论中，我们发现凯

---

① 凯恩斯：《就业、利息和货币通论》，高鸿业译，商务印书馆，1999，第36~37页。

恩斯提出的宏观经济调控手段就是"以重射轻"的社会化投资，即当市场以人、物为"轻"，以币为"重"时，政府应逆向操作，以人、物为"重"，以币为"轻"，通过积极的财政政策建立广义的缓冲储备。后凯恩斯经济学家接续了凯恩斯对宏观经济福利——就业的重视，进一步剖析了就业缓冲储备之于宏观经济稳定的重要意义。

考察文本，凯恩斯的经济学文献中并没有出现类似于轻重之类的概念，但他对货币的独特分析已然揭示了以货币及其利息率为标准的经济事物的轻重之别和轻重关系，而且尤其表明了：轻重变化内生于经济社会；轻重是统一的，若无轻重则无投资和经济发展；轻重又是矛盾的，轻重失调会导致宏观经济波动和非自愿失业。

既然有轻重，则必有轻重转换。在《管子》轻重论看来，轻重变化的原因是多样的，其中"四时"的变迁，特别是气候无常的波动导致农业生产出现"岁美""岁凶"的转换是一个典型的诱因。相较于农耕时代，人类追求无所不能的工业社会的经济活动似乎变得更加自主可控，且一旦"理性经济人"启动了"市场机制"这一被很多主流经济学家视为最精妙的装置，经济运行将呈现出恰如牛顿力学般的完美均衡状态。那么，这是否意味着"无常"这一"魔鬼"在现代经济中被成功地"驱逐"了呢？凯恩斯的回答是否定的。"我们发展出的用来研究市场中人如何行为的理论不应拜倒在市场偶像面前。我批判古典经济理论……试图抽象掉我们对未来知之甚少这样的事实来解决现实问题。"[1] 他强调："我们对未来收益进行估计时所依据的知识是极端靠不住的。我们通常对决定投资项目在几年后的收益的各种因素了解很少，并且往往根本缺乏了解。"[2] 因此，"我们积极行动的很大一部分系来源于自发的乐观情绪，而不取决于对前景的数学期望值……我们的大多数决策很可能起源于动物的本能——一种自发的从事行动，而不是无所事事的冲动；它不是用利益的数量乘以概率后而得到的加权平均数所导致的后果。"[3] "而对于

---

① Keynes, J. M., "The General Theory of Employment," *The Quarterly Journal of Economics* 51 (2) (1937): 215.
② 凯恩斯：《就业、利息和货币通论》，高鸿业译，商务印书馆，1999，第153页。
③ 凯恩斯：《就业、利息和货币通论》，高鸿业译，商务印书馆，1999，第165页。

所谓信心状态这一事物，务实的人总是对之加以最密切的注意。"① 这些重要认识正如罗宾逊夫人进一步总结的，是凯恩斯革命真正的革命之处——从均衡观转向历史观：

> 一旦我们承认经济是有时间的，而历史是单向地从过去向未知的未来前进的，那么被喻为像钟摆来回摆动的均衡观就站不住脚了。我们需要对整个传统经济学进行重新考虑。②

在后凯恩斯经济学家戴维森那里，"历史时间"的特质被表述为"非遍历性"（Non-ergodicity）。③ 经济社会是一个开放、演化的系统，呈现出不断有变化、有不同质的变化这些不同于遍历过程的特征，正是因此，政府相机抉择地实施调控以实现动态平衡的必要性才被凸显出来。明乎此，才能认识到凯恩斯革命最为基础的经济哲学观与轻重论的变易观达成了跨越时空的"默契"，常平仓法于是才有了古今遥相呼应的"惊人巧合"。④

基于以上分析可以看出，轻重论与凯恩斯的宏观经济论在思维方式上颇有暗合之处。凯恩斯发现资本主义社会并非古典经济学所坚称的那样恒久地处于充分就业状态，认为"古典理论所假设的特殊情况的属性

---

① 凯恩斯：《就业、利息和货币通论》，高鸿业译，商务印书馆，1999，第 152 页。这里，凯恩斯将《通论》与其早期的著作《概率论》（*Treaties of Probability*，1921）联系了起来，两者在思想上保持了连贯性。凯恩斯在《概率论》中认为，概率本身不可量化，这与主流理论将概率视为可用数字表示，因而是确定的观点是完全不同的，《概率论》的基本认知为凯恩斯后来在经济学分析中用信念理性替代完全理性奠定了重要的理论基础。参见张雪魁《信念理性与凯恩斯经济革命新释——基于凯恩斯〈概率论〉的一种考察》，《哲学分析》2010 年第 4 期。

② 罗宾逊：《凯恩斯革命的结果如何》，载罗宾逊编《凯恩斯以后》，林敬贤译，商务印书馆，2015，第 8 页。

③ Davidson, P., "Rational Expectation: a Fallacious Foundation For Studying Crucial Decision Making Processes," *Journal of Post Keynesian Economics* 5 (2) (1982): 182 – 198.

④ 由于社会形态不同，《管子》"轻重"论与凯恩斯经济学中的"轻重"分析也有显著区别。在《管子》轻重论看来，经济波动主要源自农业生产的供给冲击。在凯恩斯那里，经济波动则主要来自需求冲击，在以雇佣劳动和货币经济为基本特征的工业社会，不稳定的预期所带来的有效需求不足问题替代了传统农业社会不可预知的气候所引致的有效供给不足问题。当然，我们还要强调，《管子》与凯恩斯的异中还有一个共识，即他们都认为世界在不确定中不断地变化，并呈现出一个活泼泼的历史过程。

恰恰不能代表我们实际生活中的经济所含有的属性。"① 真实的资本主义经济因投资的轻重波动引致宏观经济的周期性波动，进而造成非自愿失业，这就需要引入政府干预，实现可持续的充分就业。工业社会背景之下，凯恩斯发现了宏观经济波动背后的轻重规律，凯恩斯及其追随者期望政府建立一个更加广义的缓冲储备，动态地实现经济社会的"衡"。

因此，凯恩斯革命的目标就是让资本主义经济处于"常平"状态，其经济理路在《管子》的语境下被表达为"轻—重—衡"。认识到市场的局限性，在经济亢进与萧条的两极对立之间，凯恩斯主张引入有组织的政府调控来弥补和制衡市场的自发力量。因此，凯恩斯主张协调轻重以用其"中"，他的基本立场十分明确：

> 某种程度的全面的投资社会化将要成为大致取得充分就业的唯一手段；当然，这并不排除一切形式的折衷方案，而通过这种方案，国家当局可以和私人的主动性结合起来。②

以及：

> 对经济力量或因素的自由运行有必要加以制止，或加以引导。尽管如此，仍然会留下广阔的天地使私人在其中运用他们的动力和职能。在这个天地中，传统的个人主义的有利之处仍然会继续存在。③

凯恩斯的理想是让经济效率、社会公正和个体自由达成"和"的统一，充分就业恰是此三者的交点。但是，在马克思—卡莱茨基的逻辑进

---

① 凯恩斯：《就业、利息和货币通论》，高鸿业译，商务印书馆，1999，第 1 页。凯恩斯又借比喻说道："古典学派的理论家们很像置身于非欧氏世界的欧式几何学家们；这些人发现，他们看到的显然为平行的线段却会相交，于是便指责线段没有画直——作为唯一的能够解决矛盾的出路。然而事实上，除了推翻平行线的假设条件以及建立一个非欧氏几何学以外，并不存在别的出路。"凯恩斯：《就业、利息和货币通论》，高鸿业译，商务印书馆，1999，第 21 页。
② 凯恩斯：《就业、利息和货币通论》，高鸿业译，商务印书馆，1999，第 391 页。
③ 凯恩斯：《就业、利息和货币通论》，高鸿业译，商务印书馆，1999，第 393 页。

路中，凯恩斯在轻重之间用中的调控手段从长期看是难以行得通的，其原因如第五章所分析的那样，在于资本主义阶级关系无法支撑起一个充分就业的和谐状态，这无疑切中了资本主义社会的要害，即另一个更为根本的"轻重"关系——若是阶级之间的轻重关系始终向资产阶级倾斜，以资本为本、以资本为重，劳动异化为资本的控制对象和工具，那么无论有怎样的经济调控政策，都不可能解决自由市场难以实现充分就业的痼疾，即便像功能财政、就业缓冲储备这样的治理"诀窍"亦难以突破制度约束的"钟罩"。

二 马克思与斯密的中和理路

在马克思政治经济学体系中，资本主义生产对剩余劳动的榨取表现在分配领域的"轻重失衡"是深入社会肌髓的"基因"，这是宏观经济波动的始源，它通过生产与消费的失衡显著地外化出来，[①] 并演化为周期性爆发的经济危机。因此，各种不触及改变基因的外生调控政策最终都是无效的。这表明，无制度常平则无经济常平，一种在基本制度和经济伦理上的公平、正义是经济常平的重要前提。

相较于凯恩斯，马克思更早地系统分析了资本主义经济危机，他的逻辑进路基于劳动价值论而更具批判性。马克思认为在以生产资料私有和雇佣劳动为基本特征的资本主义制度下，从根本上讲，以利润和工资对立为表现形式的人与人之间的对立，是资本主义体系内在不稳定的始作俑者。《1844 年经济学哲学手稿》已深刻地指明，资本主义经济学中的生产者并非"人"：

[①] 马克思说："直接剥削的条件和实现这种剥削的条件，不是一回事。二者不仅在时间和地点上是分开的，而且在概念上也是分开的。前者只受社会生产力的限制，后者受不同生产部门的比例关系和社会消费力的限制。但是社会消费力既不是取决于绝对的生产力，也不是取决于绝对的消费力，而是取决于以对抗性的分配关系为基础的消费力；这种分配关系，使社会上大多数人的消费缩小到只能在相当狭小的界限以内变动的最低限度。其次，这个消费力还受到追求积累的欲望，扩大资本和扩大剩余价值生产规模的欲望的限制……因此，市场必须不断扩大……这个内部矛盾力图通过扩大生产的外部范围求得解决。但是生产力越发展，它就越和消费关系的狭隘基础发生冲突。"《资本论》第 3 卷，中央编译局译，人民出版社，2004，第 272 ~ 273 页。

国民经济学把**无产者**即既无资本又无地租，全靠劳动而且是靠片面的、抽象的劳动为生的人，仅仅当作**工人**来考察。因此，它可以提出这样一个论点：工人完全像每一匹马一样，只应得到维持劳动所必需的东西。国民经济学不考察不劳动时的工人，不把工人作为人来考察，却把这种考察交给刑事司法、医生、宗教、统计表、政治和乞丐管理人去做。[1]（强调为原文所加）

这亦如《资本论》所言，资本主义生产"对待工人就像对待单纯的生产资料那样，给他饭吃，就如同给锅炉加煤、给机器上油一样。"[2] 因此，"以劳动为原则的国民经济学表面上承认人，其实是彻底实现对人的否定"[3]。这就在维护资本对劳动的优势和控制性地位的同时，给原本从事展现人的平等性、本质性的劳动的劳动者带来了贫困和不平等。劳动的异化使马克思深刻地认识到资本主义制度的历史局限性，故在阶级"轻重对立"的两级之间主张用"中"，所采取的方式是借助社会变革以及生产资料所有制的调整来谋求人与人之间的"和"，在资本主义制度的基础上进化出一个有利于劳动者，让劳动回归为人之本质，成为非阶级属性的人之基本需求，即"每一个人都像其他人一样只是劳动者"[4]，从而有利于全体之人和谐相处的新制度——社会主义。

将历史再回溯至现代经济学之父——亚当·斯密那里。我们知道，斯密在《国富论》中揭示了经济人在"看不见的手"指引下能够增进社会福利的经济原理。但是，在另一本重要的著作《道德情操论》中，斯密又强调经济人"利己"的对立面——"利他"的重要性——基于同情心和正义的道德规范同样能够实现"公民的幸福生活"。这两种观点的"矛盾"与"冲突"被德国历史学派经济学家归结为"亚当·斯密问题"（Das Adam Smith Problem），[5] 而由这一"悖论"引出的经济人与道德人是否应该两

[1]　马克思：《1844年经济学哲学手稿》，中央编译局译，人民出版社，2014，第13页。
[2]　《资本论》第1卷，中央编译局译，人民出版社，2004，第306页。
[3]　马克思：《1844年经济学哲学手稿》，中央编译局译，人民出版社，2014，第71页。
[4]　马克思：《哥达纲领批判》，中央编译局译，人民出版社，2018，第15页。
[5]　晚近对亚当·斯密问题之发端、争论有代表性的评述参见 Montes, L., "Das Adam Smith Problem: Its Origins, the Stages of the Current Debate, and One Implication for Our Understanding of Sympathy," *Journal of the History of Economic Thought* 25 (1), (2003): 63–90.

分的问题也让学者们对经济学该不该"讲道德"展开了争辩。①

　　然而，从《道德情操论》和《国富论》交替创作、修订及其整个研究、写作计划来看，斯密的思想体系在本质上是一致的。② 斯密并非有意制造"经济人"和"道德人"的人格分裂。其实，《国富论》没有放弃同情与正义，③《道德情操论》亦没有放弃人类利己的本性。④ 因此，与其说斯密已预见到人性对立的两极在工商业社会的紧张与冲突，毋宁认为他力图超越两者并使其相得益彰、相互制约、和谐共处。⑤ 这意味着，斯密是站在经济人和道德人之间，执其两端以用"中"。如此看来，从一个更高的层次来认识，"斯密革命"之所以被称为"革命"，其真正的价值与意义或许在于，他从欧洲中世纪的"一"人（"宗教人"）走向近代工商业社会的"二"人（借文艺复兴、启蒙运动发展而出的"新道德人"，以及借工商业进步、市场经济形成而塑造出的"经济人"），再试图从"二"走向"三"（协调两者、超越两者）。如何走向"三"？这

---

① 参见万俊人《论市场经济的道德维度》，《中国社会科学》2000 年第 2 期，第 5 页脚注②。另外，万俊仁的《道德之维：现代经济伦理导论》（广东人民出版社，2000）可视为对这一争论的一次系统回应。

② 参见亚当·斯密《道德情操论》，"译者序言"，蒋自强等译，商务印书馆，1997，第 10 ~ 12 页。

③ 斯密认为："雇主……不应常常鼓励劳动者勤勉，应当要他们适度地工作。"他又说："下层阶级生活状况的改善，是对社会有利呢，或是对社会不利呢？一看就知道，这问题的答案极为明显。各种佣人、劳动者和职工，在任何大政治社会中，都占最大部分。社会最大部分成员境遇的改善，决不能视为对社会全体不利。有大部分成员陷于贫困悲惨状态的社会，绝不能是繁荣幸福的社会。而且，供给社会全体以衣食的人，在自身劳动生产物中，分享一部分，使自己得到过得去的衣食住条件，才算是公正。"（亚当·斯密：《国民财富的性质和原因的研究》，郭大力、王亚南译，商务印书馆，1974，第 76、72 页。）

④ 斯密说："骄傲而冷酷的地主眺望自己的大片土地，却并不想到自己同胞们的需要，而只想独自消费从土地上得到的一切收获物，是徒劳的。眼睛大于肚子，这句朴实而通俗的谚语，用到他身上最为合适。他的胃容量同无底的欲壑不相适应，而且容纳的东西决不会超过一个最普通的农民的胃。他不得不把自己所消费不了的东西分给用最好的方法来烹制他自己享用的那点东西的那些人；分给建造他要在其中消费自己的那一小部分收成的宫殿的那些人；分给提供和整理显贵所使用的各种不同的小玩意儿和小摆设的那些人；就这样，所有这些人由于他生活奢华和具有怪癖而分得生活必需品，如果他们期待他的友善和公平待人，是不可能得到这些东西的。"（亚当·斯密：《道德情操论》，蒋自强等译，商务印书馆，1997，第 229 页）

⑤ 对这一问题更为生动的阐释可参见怀特《拯救亚当·斯密》，彭一勃等译，中国人民大学出版社，2009。

是一个现代性的大课题。但遗憾的是，斯密潜在地提出的这个极富价值的论题在后来的西方主流经济学分析中被"无情"地分解了，由"三"倒退至别然相背、分道扬镳的两分法，再由两分法退化为理性经济人的一元论，这不仅使理性经济人统治了经济学，而且蔓延至其他人文、社会科学领域，蛮横地替代了以利他为出发点和归宿的人类理性的多重面向，导致现代思想文化出现了极端利己主义、自由主义的认识误区，对当今世界造成了极大的负面影响。

以上分析表明，三位经济思想家立足于所处时代的现实与矛盾，整体地而非割裂地，综合地而非单向度地分析经济问题。斯密、凯恩斯、马克思所针对的都是偏颇之论，无论是斯密所否定的人性一元论，还是凯恩斯所反对的古典经济学的自由放任论，抑或马克思所批判的资本主义和谐论，他们都意在说明，经济分析只见一端不见整体，抑或虽见整体但仍执着一端，必然会陷入理论与现实的巨大危机之中。[①] 遗憾的是，当代西方主流经济学并没有深刻地把握经典著作中的大智慧，要么将其改扮，要么将其视为异端。历史极具讽刺性，2008 年爆发的金融危机为西方主流经济学的理论危机作了生动的注脚：迷信于经济理性、自由市场、资本主义终结历史等教条——这些在后危机时代被人们所总结的种种教训，不早已在历史中被思想家们警示或预言过了吗？

饶有意味的是，当我们再次将目光转回用中、尚中传统的原生地，会发现与西方主流教条形成鲜明对照的是，当代中国在改革、开放的探索历程中逐渐寻找到了一条符合社会主义初级阶段的"中道"，它不仅维持了经济社会发展的"常平"，更创造了中国奇迹。

第五节　流动的传统与"常平律"

一　整体协同的改革道路

曾经在一段时期内，由于认为"社会主义—公有制—计划经济"与

[①]　虽然马克思与凯恩斯是气质完全不同的经济学家，但站在斯密的立场，马克思、凯恩斯的经济理论有一点是相同的，即他们的经济学都包含了强烈的人文关怀，他们都回应了斯密提出的那个现代性问题，即怎样在现代社会将经济人与道德人统一起来。

"资本主义—私有制—市场经济"是各自独立展开的逻辑，人们坚信这两种经济范畴是水火不容的对立两极。然而在历史实践的不断探索之中，中国人逐渐发现"计划姓社""市场姓资"这种非此即彼的判断是教条僵化的、片面两分的认识。例如，将"社会主义"放在发育、成长的历史过程中考察，"初级阶段"的社会主义就有其不足，既然有不足，就需要以有效的手段弥补之、充实之、强大之，市场经济就是一个好的手段。在改革开放总设计师邓小平看来，社会主义与市场经济完全可以协调，两者不存在根本性的矛盾，他在"南方谈话"中提出了著名论断：

> 计划多一点还是市场多一点，不是社会主义与资本主义的本质区别。计划经济不等于社会主义，资本主义也有计划；市场经济不等于资本主义，社会主义也有市场。计划和市场都是经济手段。社会主义的本质，是解放生产力，发展生产力，消灭剥削，消除两极分化，最终达到共同富裕。[①]

恩格斯指明："马克思的整个世界观不是教义，而是方法。它提供的不是现成的教条，而是进一步研究的出发点和**供**这种研究**使用**的方法。"[②]（强调为原文所加）抛弃本本主义，当代中国之所以将"社会主义市场经济"规定为初级阶段经济体制的大根本，就是因为智慧的设计师以唯物史观和辩证的**方法**看到了市场经济能够支撑、壮大初级阶段的社会主义，社会主义与市场经济完全可以兼容、统一。中国经济发展所取得的巨大成就表明，这种"合二为一"的经济体制在不失基本原则的条件下为中国经济提供了广阔的发展空间和创造空间。

如果对"社会主义市场经济"理论的辩证逻辑作出进一步的抽象，我们依然可以将其还原为一种 A—B 模式，即"A 然而 B"。其中，A 是"社会主义"，B 是"市场经济"。社会主义 A 是主体，市场经济 B 是协助社会主义发展的有用工具。社会主义是好的制度，但单一的范畴在具

---

① 《邓小平文选》第 3 卷《在武昌、深圳、珠海、上海等地的谈话要点（二）》，人民出版社，1993，第 373 页。

② 《马克思恩格斯全集》第 39 卷《致威纳尔·桑巴特》，中央编译局编译，人民出版社，1974，第 406 页。

体的历史条件下会表现出它的不足性，特别是当中国的社会主义仍处于初级阶段时，就需要以 B 援 A，以补 A 之不足，并维持 A 的主体地位。1991 年，邓小平视察上海时明确地讲道："不要以为，一说计划经济就是社会主义，一说市场经济就是资本主义，不是那么回事，两者都是手段，市场也可以为社会主义服务。"① 这意味着，虽然社会主义 A 是主体，但市场经济 B 不可或缺，因为没有市场经济，社会主义的本质、社会主义的优越性在初级阶段就无法体现出来。所以，在社会主义市场经济"A 然而 B"的辩证模式中，A 的制度理性就需要展现出对 B 的谦虚采纳。当然，在"A 然而 B"的模式中，以 A 制衡 B，以防止 B 走向趋利的极端（可表达为"B 而不 B^+"）也是这一模式的应有之义，即中国的市场经济必须以社会主义基本制度为前提，市场经济要服务于社会主义的大方向。

然而，这样的制度在西方主流经济理论中是无法找到依据的，社会主义、公有制与市场经济、市场竞争不能相容共生甚至相互排斥依然是它们的"经典"教条。对于中国人而言，用中的智慧则发现了看似矛盾的范畴之间存在兼容性，"中"之理以"和"的方式将社会主义与市场经济协调、统一起来，形成了中国道路的鲜明特色。②

照此逻辑，我们可以进一步提炼出中国当代经济同样存在几种典型的 A—B 模式，兹以例证加以说明。

第一种：基本经济制度的选择。若公有制是 A，多种所有制是 B，那么，以公有制为主体多种所有制共同发展的基本经济制度就是"A 然而 B"，这是与"社会主义市场经济"体制相适应的辩证模式。其中，公有制 A 是社会制度的基本保障，多种所有制 B 是市场经济的内在要求。

---

① 《邓小平文选》第 3 卷《视察上海时的谈话》，人民出版社，1993，第 367 页。
② 20 世纪 30 年代，波兰经济学家兰格将西方主流经济学和马克思政治经济学结合起来，在理论上最早突破了这一彼此对立的教条模式。兰格认为，市场竞争与公有制不仅不相矛盾而且可以兼容；竞争的市场与中央计划在配置资源方面可以相互补充、有机结合；利用竞争市场的原理配置资源与社会主义按劳分配原则是可以相互结合的。（参见罗卫东、蒋自强《兰格模式与社会主义市场经济理论——社会主义市场经济理论的历史渊源》，《学术月刊》1994 年第 5 期）中国社会主义市场经济体制的探索过程虽然对于像兰格这样的理论有所借鉴，但我们认为中国人的辩证思维传统应是更为根本的原因。

以公有制（A）为主体多种所有制（B）共同发展是中国在经济体制转型过程中不断探索、总结出的常平之道。改革开放之始，面对庞大、低效的国有经济，国家并未急于推进存量改革，而是以渐进的方式在体制外积极引入、发展多种所有制经济形式，通过增量改革提高了经济的运行效率和稳定性。降低了改革风险后，国家在经济体制转型的有利大环境下倒逼出国有经济适应市场化的一系列改革。以公有制为主体多种所有制经济共同发展的改革路径很好地诠释了"A 然而 B"的辩证逻辑——引入 B，以 B 济 A，以 B 促 A，在看似矛盾的双方之间引导出有利于经济发展的推动力，让 A、B 共同形成竞争且充满活力的市场，并在此基础上进一步巩固 A 的主体地位，进而巩固社会主义制度。

　　为了更好地促进公有制经济的发展，2015 年 9 月出台的《中共中央、国务院关于深化国有企业改革的指导意见》进一步引导在公有制经济内部以多种形式引入非公有制成分，通过混合所有制改革完善治理，增强公有制经济的市场竞争力和活力，提高国有资本的配置效率。党的十九大报告将此进一步概括为"深化国有企业改革，发展混合所有制经济"，这就是在 A 的内部又形成了一个"A 然而 B"的子模式，其目的是"促进国有资产保值增值，推动国有资本做强做优做大"，"培育具有全球竞争力的世界一流企业"。[①]

　　在巩固发展公有制经济之时，中国长期坚持的另一项协同政策就是鼓励非公有制经济发展。特别的，通过落实和完善支持民营经济发展的政策措施，消除阻碍民营经济发展的各种不合理障碍，放宽和推进民营企业准入领域，中国民营经济、民营企业 40 年间不断发展壮大，成为国民经济发展的重要支柱和有机组成部分。由此，在改革开放的理论和实践探索过程中，中国形成了具有鲜明特色的"两个毫不动摇"（即毫不动摇巩固和发展公有制经济，毫不动摇鼓励、支持、引导非公有制经济发展）的基本经济制度。如果充分认识到"两个毫不动摇"思想的辩证逻辑，所谓"国进民退"之说就可以作出辩证的解释了。当经济处于下行阶段，国进是为了不让一些符合国家发展战略和产业政策的民营企业

---

① 习近平：《决胜全面建成小康社会 夺取新时代中国特色社会主义伟大胜利——在中国共产党第十九次全国代表大会上的报告》（以下简称《十九大报告》），人民出版社，2017，第 33 页。

倒下，这应是扶助而不是"抄底"。当经济处于繁荣稳定时期，国退民进，民营企业回归市场、回归本位。由此可见，国有经济本就是常平仓，本具有常平仓功能。经济波动中，国进民退是从市场收蓄资源，国退民进则是向市场释放资源，两者都是为了维持经济发展的动态平衡。

第二种：坚守行业基本功能，防止行业过度、畸形发展。若 A 是经济事物的正常状态，A⁺是走向极端，那么"A 而不 A⁺"就是避免过犹不及的政策选择。例如，服务于实体经济，以虚运实、以虚济实原本是金融业的基本功能，但因金融业潜藏着风险，金融市场的投机活动极易使 A 走向 A⁺，表现为高度杠杆化的金融"亢奋"，自我膨胀，在空转的过程中不断制造泡沫，最终演化为系统性危机。《周易·乾·文言》早有警示："亢之为言也，知进而不知退，知存而不知亡，知得而不知丧。"[1] 2008 年金融危机便是贪婪的金融资本"A 而 A⁺"的典型教训。因此，中国近年在积极发展金融市场的同时不断加强金融监管，并注意防止一些产业（如房地产业）因金融化而脱实向虚，[2] 通过抑制投机、去杠杆、挤泡沫的方式消除可能的风险，以保持"A 而不 A⁺"的良性状态。如果说"A 然而 B"体现了当代中国在社会主义条件下经济辩证观的兼容性，那么"A 而不 A⁺"则很好地体现出它的忧患意识。强调经济发展稳妥审慎、从坏处准备的"底线思维"其实就是对"A 而不 A⁺"的逆向认知，即站在 A⁺ 的情势下看待 A，这一方面是为了防患于未然，另一方面是更好地认识 A 的本质。"A 而不 A⁺"是经济领域一个很难把控的治理模式，深入剖析西方资本主义社会的经济与金融危机，深刻认知市场经济条件下货币与金融的本质，在理论上跳出西方主流经济学货币中性论的认识误区，在政策实践中见微知著，下好先手棋，构筑稳健的金融货币体系，保持"A 而不 A⁺"，这是确保当代中国经济稳定发展的一项重大课题。"知止不殆，可以长久"[3]，"深化金融体制改革，增强金融服务实体经济能力……健全金融监管体系，守住不发生系统

---

① 《周易正义》卷 1，载阮元校刻《十三经注疏》，中华书局，2009，第 30 页。
② 此即《十九大报告》所指出的："坚持房子是用来住的、不是用来炒的定位。"习近平：《十九大报告》，人民出版社，2017，第 47 页。
③ 陈鼓应：《老子译注及评介》，中华书局，1984，第 239 页。

性金融风险的底线"①，这已为金融行业的"A 而不 A⁺"设定了基本原则。

第三种：经济波动的区间调控。若经济过度繁荣为 A，经济萧条为 B，"不 A 不 B"就是区间调控的用中选择。这在中国的宏观政策中常常被表达为"防止经济大起大落"，以及"让宏观经济运行处于一个合理的区间之内"。"不 A 不 B"是"A 然而 B"的否命题，在"A 然而 B"的形式里，A 是主体，用 B 是为了辅助 A、发展 A，并维持 A 的主体地位。在"A 而不 A⁺"的形式里，A 仍是主体，不 A⁺ 的认识是为了防止 A 滑向极端。而到了"不 A 不 B"，则是要求不走向任意一边。相较于前两者，"不 A 不 B"更直观地表现出辩证思维的平衡观，让 A、B 均受到节制。改革开放以来，随着宏观经济调控能力不断增强，面对体制转型和国内外不断变化的情势（如价格闯关、东南亚金融危机、全球金融危机、新旧动能转换），中国经济适时调整因应，宏观政策整体上既不过紧过松，亦不忽紧忽松，保证了经济发展不同阶段的平滑衔接（见图 6 - 2）。

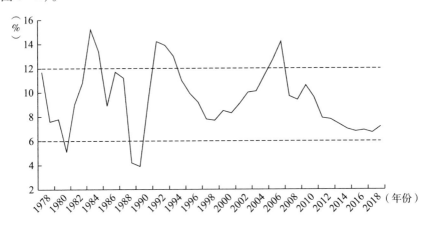

图 6 - 2　中国年 GDP 增长率

资料来源：国家统计局网站，https://data. stats. gov. cn/easyquery. htm? cn = C01&zb = A0208&sj = 2019。

第四种：处理经济发展和环境保护的关系。环境保护是 A，经济发展是 B，由此而生成"亦 A 亦 B"的模式。习近平总书记的"两山论"——"绿水青山就是金山银山"以及"既要绿水青山，也要金山银

①　习近平：《十九大报告》，人民出版社，2017，第 34 页。

山"就是典型的"亦 A 亦 B"模式，它将环境保护与经济发展、短期经济效益和长期社会与资源环境效益协调为一个整体。"亦 A 亦 B"是"不 A 不 B"的否命题。如果认为上述"不 A 不 B"最好地表现出了用"中"，那么"亦 A 亦 B"则最好地表达了"和"。也就是说，让经济发展和环境保护两者形成良性互动之势，实现相得益彰、相互促进的目标。

"亦 A 亦 B"是"A 然而 B"的进一步发展。"A 然而 B"中只有一个主体 A，但"亦 A 亦 B"中 A、B 都是主体，处于同等地位。也就是说，在制定政策时，经济发展和环境保护要对等考虑。但是，如果在既有的条件下 A、B 不能协调好关系去实现"和"，比如某一地区在发展经济时面临生态脆弱即生态系统一旦遭到破坏就难以恢复的现实，那么针对这样的突出矛盾，显然不能在现有的能力和技术条件下做到"亦 A 亦 B"。若 A、B 不能两全，就要诉诸国民福祉和发展理念的总纲——"社会主义"，结论就是整体、长远利益高于局部、短期利益，摒弃以牺牲生态环境换取一时一地经济增长的做法，即"宁要绿水青山，不要金山银山"。由此看来，"亦 A 亦 B"还包含因时、因地而"亦 A"或"亦 B"的内在要求，"坚持具体问题具体分析，一切以时间、地点、条件为转移"，"既要讲两点论，又要讲重点论。"[1] "两山论"中，"宁要绿水青山，不要金山银山"的重点论虽看似偏于一端（"绿水青山"），实乃基于 A、B 相"和"的整体观长远地保全了另一端（"金山银山"）。

在中国特色社会主义经济发展道路中，"亦 A 亦 B"的模式还有一个典型例证。我们知道，比较优势与全面赶超（逆比较优势）战略是后发国家工业化可以采取的两种产业路径，前者利用市场机制选择性地发展成本优势产业，后者则更多地依靠国家力量构建产业体系。综合评价，两种产业战略各有其利，亦各有其弊。[2] 改革开放后，中国的产业战略在实践中既汲取了计划经济时代的经验教训，又没有走上完全依赖市场

---

[1]　中共中央宣传部编《习近平新时代中国特色社会主义思想三十讲》，学习出版社，2018，第 112、332 页。

[2]　关于比较优势和全面赶超（逆比较优势）战略孰优孰劣的问题学术界一直争辩不已。两相比较可以看出，比较优势虽遵循了市场原则，但在国家竞争的现实中却存在阻碍产业升级的"比较优势陷阱"；而全面赶超虽可借助政府干预的方式避免产业发展陷入"比较优势陷阱"，但所建立起的工业体系由于在很大程度上隔离了市场，从而使产业发展缺乏"自生能力"而不具有产业发展的可持续性。

选择产业的道路，而是将比较优势与逆比较优势结合了起来，实现了两者的优势互补、劣势互祛，走出了一条"亦 A 亦 B"的可称为"适度赶超"的产业发展道路，① 形成了产业体系的"双重结构"，即一部分企业参与全球价值链和产业分工，而另一部分企业则走独立自主的发展道路。这种注重发挥主体创造性同时又充分利用市场规律因势利导的"混合"产业政策，既使产业发展具有了"自生能力"，又在一些关键领域抓住机遇，以我为主，自力更生，实现了重大突破。

"亦 A 亦 B"的辩证模式在中国改革中还有很多实践，如计划经济向市场经济过渡时期实行的商品国家统一定价和市场调节价并存的价格管理制度（价格双轨制），改革开放兼顾发展与稳定的关系，宏观经济管理发挥中央和地方两个积极性，以及统筹与协调各区域经济社会发展等。

需要指出的是，以上例证并不表明中国在整体上保持协同的经济发展道路不存在这样或那样的问题。必须认识到，一刀切、片面化、机械化处理问题之弊依然多见于各领域。当改革进入攻坚阶段，经济发展中原本存在的各种结构性的、不相协调的问题和矛盾亦变得更加突出，这就要求我们将逐步成熟的具有中国特色经济思想与实践进一步自觉地提升为基本的方法论和律则，以便更好地服务于经济发展。

二 "常平律"

中国人将辩证思维方式运用在确定经济体制、解决重大经济问题的改革过程之中，将它们联系起来就能观察到其中的独特之处，即把经济社会视为一个有机的系统，将注意力首先放在整体上，面对问题与矛盾，不是用非此即彼的简单方式解决之，因为只顾及"此一端"就会失去"彼一端"，而"此一端"最终也难以存续，所采取的方式是见对立而兼收并蓄、协同各方、通达权变、避走极端，走包容尚中之路，形成以综合平衡、协调统筹、综合施策为主要特征的经济体制与政策体系。这样，就能够抓住经济社会矛盾各方的互补性、同一性，算大账，算整体账，把握经济事物发展的合理之"度"，站在一个更高的层次上动态地、更富弹

---

① 参见线文、李大伟《后发大国的发展战略：从比较优势到适度赶超》，《宁夏社会科学》2016 年第 5 期。

性地确定最佳政策，使经济布局具有全局性、战略性，经济发展具有稳定性、灵活性、适应性、坚韧性，有效地防止由安向危的转变，为经济增长创造了巨大的上升空间，为经济调整提供了进退自如的转圜空间，从而能够有效消解、缓冲和避免各种负向冲击，变大波浪为小起伏，化危为机，保证了中国经济数十年的稳定发展。从发展过程来看，它虽然是渐进的，但从中、长期的成果（见图6-3、图6-4）来看，则是行稳致远，累积出为世人所惊叹的中国奇迹。

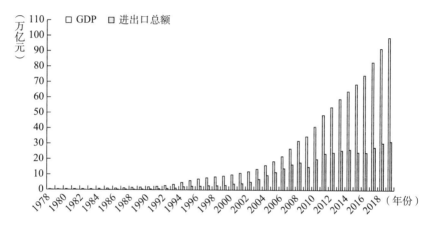

图6-3　中国 GDP 与进出口总额

资料来源：国家统计局网站，https://data. stats. gov. cn/easyquery. htm？cn=C01。

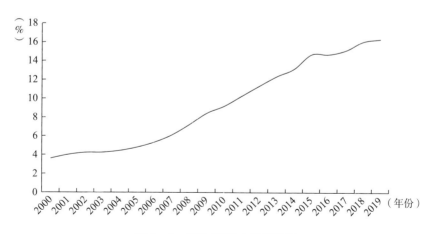

图6-4　中国 GDP 占世界比重

资料来源：世界银行网站，https://data. worldbank. org. cn/indicator/NY. GDP. MK-TP. CD？end=2019&name_ desc=false&start=1960&view=chart。

纵观中国改革开放以来的经济发展道路，中国经济之所以能够取得巨大成就，在社会主义大方向下用中致常平是条主脉，它可以解释中国经济行稳致远的所以然。当历史与现实的逻辑一并呈现在面前，也许会令人大吃一惊。用中致常平的经济传统在古今之间竟然是贯通的，它一直沉潜在中国人的思维基因中，它一直活着。

有生命力的传统必然蕴含规律性的因素，经以上讨论，我们可以作出如下归纳。

20世纪，中国之所以在各种西方经济思想中择取秉持辩证唯物论的马克思主义（经济学）作为理论的主干，一个容易被忽视但又极为重要的原因就是它与中国的（经济）思维传统有着库恩（Thomas Kuhn）在"范式"（paradigm）意义上的"可通约性"（commensurability）。也就是说，马克思主义（经济学）在中国落地、生根与再造有着发端于轴心期原生思想文化系统的内在"接引"，这一原生思想文化系统的核心便是本章第三节集中讨论的辩证思维模式，在中国语境下此一模式最简易的表达式就是"一阴一阳之谓道"以及"阴阳两生而参视"的"有对"之说。[1] 由此可以这样认为：用中致常平的认识论基础——辩证思维在中国的古与今之间是连通的，中国人在20世纪借助马克思主义（经济学）这一现代理论体系发明、继承、发展了中国这一优秀的文化传统，这一优秀的文化传统又将马克思主义（经济学）本土化，通过创造性转换为我所用。

中国的辩证思维传统深刻地认识到，事物存在对立面或矛盾的双方，但它们又是一个不可分割的统一体。老子谓"曲则全，枉则直，洼则盈，弊则新"[2]。马克思借生产和消费讲得更清楚："两者的每一方不仅直接就是对方，不仅中介着对方，而且，两者的每一方由于自己的实现才创造对方；每一方是把自己当作对方创造出来。"[3] 这种统一或同一性要求认知主体须以"抱一为天下式"[4]，即只有着眼于一体观而非孤立、片面

---

① 程颢谓："万物莫不有对，一阴一阳，一善一恶……斯理也，推之其远乎？"程颢、程颐：《河南程氏遗书》卷11，《二程集》，王孝鱼点校，中华书局，2004，第123页。

② 陈鼓应：《老子注释及评介》，中华书局，1984，第154页。

③ 《马克思恩格斯全集》第30卷《1857—58经济学手稿　导言》，中央编译局编译，人民出版社，1995，第34页。

④ 陈鼓应：《老子注释及评介》，中华书局，1984，第154页。

的认识才能深刻地把握事物的本质。因此，由二而三的协调统一①——实现事物整体的内在平衡，以有利于其发展就成为重要的方法论，这是用中致常平的"体理"。"体理"是不变的"一"，但落实于"用"便存在针对不同问题、不同情势的"分殊"。因此，用中致常平所用之"中"绝非简单的几何、代数意义上的中点、中值。在实践中，用中转化为四种 A—B 模式，将"A 然而 B""A（B）而不 A⁺（B⁺）""不 A 不 B""亦 A 亦 B"统合在一起就会发现，这个"中"是根据不同问题、不同情势，灵活因应而得出的时间或空间中对立两面 A、B 之间的任意一点，但同时又是在具体时空中确定的一点，它不是无原则的妥协与折中，更不是某一固定、唯一乃至僵化的状态点。也就是说，四种 A—B 模式涵盖了所有统一、协调 A—B 的可能性。这无数种可能性（即任意一点）虽然都在 A、B 之间，但又超越了 A、B，是一系列更高层次的平衡，即审时度势、与时俱进的动态平衡，它们的经济表现形式就是"常平"。

　　统合起来，这四种 A—B 模式构成了一个逻辑严密、相互补充、相互支撑的用中组合，因而我们完全有理由将其统称为"常平律"。常平律以辩证思维指明了一条实践的路径，即经济社会的发展须着眼于整体，系统地予以推进，唯此方能在全域的视野下，掌控发展之度，积极应对不确定性，明确发展目标。在认识论和方法论上，常平律抛弃了非黑即白的认知，以"和"的方式统一矛盾各方，这个统一就是"用中"，在看似混沌的"灰度"状态下有效运用、引导、调节矛盾内生的"势差"和"能量"，不断创造性地让经济社会在相对稳定的状态下保持发展势头。用中既依赖于经济事物的各个方面，又超越了各方，而唯有超越各方才能达至常平态，"用中致常平"因此揭示了经济领域的一条因果律，此因果律针对不同问题和不同的情势分解为四种 A—B 模式，是常平律的具体呈现。这其中，"A 然而 B"尤其不易理解和把握。在认识到 A 的价值并坚守 A 的同时，又深刻地认识到 A 在具体时空条件下的不足，用与它相对立的工具手段 B 予以辅助、补足，这就彻底摆脱了对某种经济理念或

①　这里的综合不是简单的综合，其中还包含深入的分析。例如，《管子》在对"商"有全面认知的基础上，才会将农、商关系处理为"A 然而 B"的辩证模式。在当代中国社会主义条件下，只有对市场经济规律有深入的理解，才会有"A 然而 B"的社会主义市场经济体制。

经济事物形而上学、教条化的理解，"辩证法不崇拜任何东西，按其本质来说，它是批判的和革命的。"① "A 然而 B" 突破了截然的两分对立，开出了批判和创新认知的路径，展现出中国经济思想与实践的鲜明特色。

　　严格地说，常平律的四种辩证模式并非并列的关系，而是有内在层次和结构的，其中，"A 然而 B" 在确定基本经济形态方面具有基础性和决定性的地位。例如，当代中国经济的辩证用中模式均受社会主义市场经济体制（"A 然而 B"）这一总纲的统领和约束（见表 6 - 2）。如果没有社会主义和市场经济的统一、价值理性和工具理性的统一、义与利的统一，我们所讨论的各种用中实践（比如以公有制为主体多种所有制共同发展的基本经济制度、市场调节和政府调控相结合的宏观政策）都将无从谈起。另外，在协调重大经济关系和矛盾之时，从社会主义的本质要求和核心价值出发，遵从社会主义终极的价值理性，又是处理经济社会问题的基本纲领和制高点。因此，常平律一方面随时空转换而灵活因应，另一方面又是在变中有所不变，这个不变就是"中"，以及隐含其中的一个大写的"天下为公"。为何"中"里面有"公"呢？老子说："容乃公。"② 包容尚中展现出的正是公的胸怀。反过来看更易理解，若是没有了"公"，如何能跳脱一己之私、一群之私的大局限而真正看到经济事物之整体而辩证用中呢？

表 6 - 2　以社会主义市场经济体制为统领的"常平律"例证

A 然而 B：社会主义市场经济体制（价值理性与工具理性的统一）			
A 然而 B	A 而不 A⁺	不 A 不 B	亦 A 亦 B
服务于社会主义的"和合所有制"：以公有制为主体多种所有制共同发展的基本经济制度。	居安思危的底线论：把防控金融风险放在更加重要的位置，坚决守住不发生系统性风险的底线。	宏观经济稳中求进的总基调：经济发展防止经济大起大落，将经济发展稳定在一个合理的区间之内。	两点论与重点论：协调经济发展与环境保护的原则是"既要金山银山，也要绿水青山""宁要绿水青山，不要金山银山"。

　　如果我们将常平所包含的哲学观、方法论视为"律"，那么"常"就不能简单地解释为"经常""常有"之"常"了，它还包含老子意义

---

①　《资本论》"第二版跋"，中央编译局译，人民出版社，2004，第 22 页。
②　陈鼓应：《老子注释及评介》，中华书局，1984，第 124 页。

上的在"道"这一层次上对"常"的理解，即不变的律则——"复命曰常，知常曰明。不知常，妄作凶。"[①] 基于辩证思维而生成的常平律是中国人在经济领域的独特创造，是中国人对经济理论的重要贡献。

历史地考察，A、B 的经济内涵是不断演进的（即由 A_1—B_1 到 A_2—B_2 再到 A_3—B_3……的不断演化过程）。因此，常平律是一个可以自我变革的动态理论体系。《管子》在"轻—重—衡"的理路下已断言"衡无数"，这不仅是说衡的数量绵延无尽，更是说衡的内容和结构处于不断变迁的宏大流程之中，故而人们须与时俱进，"视时而立仪"。在全球化大势下，在新的历史条件下，在社会主义新时代，中国人站在古今、中西的交会点上，将理论逻辑、历史逻辑统一于实践逻辑之中，以更加包容、开放的整体观，赋予常平律以全新的内涵，常平律的自我维新与复兴释放出巨大的能量，经济传统的现代转换使常平律完成了一次重要的历史超越。

在曲折与幽明之间，从常平仓到常平律，我们已经走得很远了，下面的讨论将再次回到常平仓，基于新时代中国特色社会主义经济发展的内在要求，提出一个明确的政策体系。

---

① 陈鼓应：《老子注释及评介》，中华书局，1984，第 124 页。

第七章　建设现代大常平仓

> 子曰："危者，安其位者也。亡者，保其存者也。乱者，有其治者也。是故君子安而不忘危，存而不忘亡，治而不忘乱，是以身安而国家可保也。"
>
> ——《周易·系辞下》
>
> 昔先圣王之治天下也，必先公。公则天下平矣。
>
> ——《吕氏春秋·孟春纪·贵公》

中国特色社会主义进入新时代，社会主要矛盾已转化为人民对日益增长的美好生活的需要和不平衡不充分的发展之间的矛盾，诸如产业结构升级、乡村振兴承接脱贫攻坚、资源环境约束等一系列问题与挑战都需要在一个时期内予以应对并逐一破解，以确保经济社会的长期可持续发展。从常平仓古今、中西演变之间获得的种种深刻启示为中国顺应经济战略转型，推动经济治理体系、治理能力现代化提供了一条可行的进路。从国情出发，本章提出将人口、资源（物资）、环境"三位一体"地纳入"现代大常平仓"的政策框架。其基本内涵是灵活运用缓冲籴粜原理，构建起以充分就业为基础，资源永续利用（重要物资充裕可用）、环境友好为保障，以普惠、稳定、安全以及可持续发展为基本要求，具有新时代中国特色的社会主义现代大常平仓。

第一节　以人为本：社会主义劳动力常平仓

社会主义劳动力常平仓是以充分就业为目标，政府与市场、社会相协调，依托公共工程、公共产品，收蓄、涵养、释放劳动力的缓冲稳定制度。劳动力常平仓的理论内涵前章已有具体分析，需要强调的是，后凯恩斯经济学提出的就业缓冲储备理论在社会制度层面存在"卡莱茨基困境"，资本主义与充分就业的不相容决定了就业缓冲储备不可能转化为资本主义社会的长效机制。但是，在社会主义市场经济条件下，劳动既是手段亦是目的，劳动力常平仓具有制度性保障，《十九大报告》对公平就业、充分就业、人尽其用作出了明确的规定："提高就业质量和人民收入水平。就业是最大的民生……破除妨碍劳动力、人才社会性流动的体制机制弊端，使人人都有通过辛勤劳动实现自身发展的机会。"[1]

改革开放后，针对中国经济总量小、经济实力弱的国情，保持经济快速增长在一个时期内被放在宏观经济目标的优先位置，抓产出、保增长（如将年 GDP 增长率"保八"确定为基本目标）的政策一直延续到21世纪。将这一目标放在经济发展的特定历史阶段来看无疑是合理的，但随着经济规模不断扩大，宏观指标显现出了结构性问题，与经济发展不相适应、不协调的弊端逐渐暴露出来。针对这样的问题，中国的经济发展观已作出了重大调整，"在经济发展水平落后的情况下，一段时间的主要任务是要跑得快，但跑过一定路程后，就要注意调整关系，注重发展的整体效能，否则'木桶效应'就会愈加显现，一系列社会矛盾会不断加深。"[2] 例如，有研究对中国一段时期的宏观数据进行检验时，发现实际 GDP 增长率和失业率变动之间不存在显著的相关关系，即中国并不存在奥肯定律所揭示的经验关系。因此，如果"在这一经验关系不存在的条件下，仅仅通过货币政策和财政政策调节经济增长速度，并不能取得治理失业的效果"，进一步来看，"经济增长是就业的必要条件"，但"经济增长却不是就业扩大的充分条件"。[3]

近年来，中国经济战略转型稳步推进，"民生"被确定为推动国民经济健康发展的重要抓手。其中，就业已成为经济政策的一个独立目标，"就业优先""稳定就业"既是中国经济顺利完成转型升级的重要保障，也是一道需要破解的难题。例如，在经济发展新旧动能转换时期，大量与长期发展方向不相适应的产业与过剩产能将被渐次淘汰，而问题亦

---

① 习近平：《十九大报告》，人民出版社，2017，第46页。
② 中共中央宣传部编《习近平新时代中国特色社会主义思想三十讲》，学习出版社，2018，第108页。
③ 蔡昉：《为什么"奥肯定律"在中国失灵——再论经济增长与就业的关系》，《宏观经济研究》2007年第1期，第14页。

随之而来，如何让过剩产能挤出的劳动力再次顺利就业？再如，逐年显现的人口老龄化问题与经济战略转型交织叠加，面对适龄劳动力总量自 2012 年开始逐年下降这一人口变化新趋势，除了调整人口政策，如何充分利用劳动力资源从而维持一个高水平的劳动参与率无疑也是一项挑战。

人口大国满足就业需求本就承担着不小的压力，加之经济社会处于转型升级的关键阶段，就业面临更为严峻的形势。不过转换视角就会发现，此一问题在很大程度上可通过应对另一问题而得以有效解决，随着经济社会快速发展，中国城乡公共产品在供给数量、质量和结构方面的问题十分突出。在城市化加速、脱贫攻坚—乡村振兴共同推进的发展阶段，公共产品供求矛盾已成为制约经济社会发展的短板，与生产生活密切相关的托幼、教育、医疗、养老、交通、水利、能源、生态环保、农业农村、社会管理以及应急管理、防灾减灾等重点领域都需要不断增加投入。如此看来，供给侧结构性改革在优化市场供给的同时，还面临增加和优化公共产品供给的艰巨任务。矛盾即机遇，差距提供了增长潜力和发展空间，此一艰巨任务蕴藏着大量有价值的就业岗位，若被有效地开发出来，则可以在持续地满足就业需求的同时，补齐短板，释放由不均衡向均衡发展所蕴藏的巨大能量。

综上所述，中国的就业格局随着经济社会的转型升级，正处于重要的历史转换期。从供给侧结构性改革的视角观之，它至少包含以下基本特征。第一，落后产业、过剩产能对经济社会发展的边际贡献率为负，劳动力从中退出是必然趋势。第二，新兴产业发展与传统产业升级存在劳动力供给缺口，市场对具有更高素质劳动者的需求将长期处于扩张状态。第三，城乡公共产品供求矛盾突出成为制约供给侧结构性改革的重要因素。辩证地看，此一矛盾又意味着各种有着巨大需求、潜在价值的公共岗位亟待被开发出来。第四，若保证国民经济的健康、平稳发展，需要大力开发公共领域的就业潜力，同时建立起能够在劳动力市场和公共就业领域之间可以动态、灵活流转的就业机制。它一方面可以保证市场因周期性和结构性调整而挤出的劳动力无碍地进入有巨大吸纳能力的公共就业领域；另一方面，可以使公共就业领域成为人力资源储备库，通过公共岗位的技能培训与工作实践，提升人力资本，积蓄势能，以满足经济社会中长期发展需求。总之，在不断发展和完善劳动力市场的同时，系统地构建劳动力常平仓亦正逢其时，它能够有效应对中国就业形势与结构转换出现的新问题、新矛盾，适应中国经济发展的战略转型，发挥保就业、促稳定、促发展的重要功能。

需要说明的是，公共产品严格来讲是公共工程的主要组成部分。从直接创造就业的效果来看，公共工程可分为两类，即硬工程和软工程。比较而言，硬工程更多的是"料多工少"的有形产品（如公共基础设施建设），软工程则主要是"工多料少"的无形产品或轻产品（如与公共基础设施相配套的公共服务）。软工程既有可观的岗位提供能力，又有巨大的社会需求，就业效果立竿见影。因此，像公共服务一类的"绿色"工程在劳动力常平仓建设中应给予足够的重视。兹用以下两个例子来进行分析。

例一：社会文化发展领域，城镇社区的文化活动需要纳入有管理、有规范的轨道上来，它不仅需要有序的组织与开展，更需要加以正向引导。仅就这一项社区服务职能，就可以创造出可观的就业岗位。由此联系到广大农村地区，与生产生活物质条件不断改善形成较大反差的是，精神文化建设在农村各项事业中仍是一个明显的短板。例如，"农业文化站"建设就存在滞后的问题。近年来，一些地区为重建农村文化基础设施，实施了像"农村书屋"一类的文化工程。不过，虽然硬件条件借此得以改善，但人员配置、服务能力仍显滞后。针对这样的问题，如果有效地开发出就业岗位，将硬件建设与软件服务有机结合，就能够让农村文化站成为集教科文卫知识宣传与普及、文化活动开发与开展、乡土资源发掘与保护等各类"微"事业于一体的大平台，在动态优化中，补齐农村基层公共文化领域的短板。

为实现高水平小康社会的建设目标，各级政府肩负着全面完成脱贫攻坚和持续推进乡村振兴的艰巨任务，加快公共产品向乡镇、村社延伸，完成基本公共服务农村地区全覆盖，并进一步实现城乡公共服务均等化应是这一任务的应有之义。构建农村公共就业常平仓，既有助于补齐广大农村地区公共产品供给短板、强化乡村治理，又能涵养、开发服务于基层的人力资源，可谓一举多得。与脱贫攻坚、乡村振兴相适应的我国农村地区公共就业岗位创造举例见表 7 - 1。

表 7 – 1　与脱贫攻坚、乡村振兴相适应的我国农村地区
公共就业岗位创造举例

岗位类型	岗位对应的公共服务	就业群体
基础设施养护	在加大农村地区基础设施建设的同时，后续的长期养护工作需要及时跟进。	受训中青年求职农民、有返乡意愿的民工（以男性为主）
农村基层基本卫生健康服务	农村基层社区基本医疗卫生、健康防疫资源配置不足，建立农村基层全覆盖的卫生健康服务体系，补齐公共卫生短板。	本专科毕业生
农村文化站建设与管理	农村地区文化类公共产品供给滞后。推进农村社区文化站建设与管理，使其成为农村提供教科文服务的基层组织。	本专科毕业生、具有高中学历的受训中青年求职农民、有返乡意愿的农民工
农村生产生活垃圾处理	因地制宜地建立农村地区全覆盖的垃圾收集、分类与集中处理系统，推进农村环境整治。	受训中青年求职农民、有返乡意愿的农民工
农村留守老人与儿童照料	农村留守老人与儿童的照料应落实于相关公共产品的供给，因地制宜地建设农村养老、托幼机构。	本专科毕业生、具有高中学历的受训中青年求职农民、有返乡意愿的农民工（以女性为主）
农村紧急救助服务	农村地区特别是偏远地区紧急救助资源配置不足，建立网络化、便捷化、全覆盖的综合救助体系。	本专科毕业生、具有高中学历的受训中青年求职农民、有返乡意愿的农民工
农村公共治安辅助服务	农村基层公共治安日常辅助服务，一村一辅警实现全覆盖。	受训中青年求职农民、有返乡意愿的农民工（以男性为主）
资源环境、自然灾害调查、监测与保护、预防	农村地区建立完备的国土资源环境、自然灾害调查、监测与保护、预防网络体系，促进农业可持续发展。	本专科毕业生、具有高中学历的受训中青年求职农民、有返乡意愿的农民工
农村地区社会调查	开展全面、深入、持续的农村地区社会调查工作，以为政府及相关机构提供研究、决策的一手资料。	本专科毕业生

例二：大学生就业是近年来中国新生劳动力就业的焦点和难点。由于市场对劳动者综合素质、职业经历的要求越来越高，新毕业大学生的入职压力不断上升。相应的，政府和社会不断探索并实施了多种应对之策。其中，"高校毕业生基层培养计划"下的子项目"大学生村官计划"、"大学生志愿服务西部计划"、"三支一扶"以及"农村义务教育教师特设岗计划"就是政府解决高校毕业生就业、人才培养与选拔较为成

熟与成功的案例（见表7-2）。事实上，这些制度安排都可视为劳动力常平仓，政府创造、购买公共服务产品，建立就业缓冲储备，它们一方面以特定的岗位促进了特定地区基本公共事业的发展，另一方面又磨炼了大学毕业生，缓冲了就业压力。经过一个历练和孵化过程，"高校毕业生基层培养计划"释放出的青年劳动力更具竞争力，对自身的社会定位与职业发展规划有更加清晰的认识。因此，只要岗位设计合理，有配套的激励、约束机制作保障，就可以营建起"下得去、待得住、干得好、流得动、有发展"的大学生人才培养和人力资源开发缓冲储备池，不断为社会涵养、输送新鲜血液，为创业、创新提供生力军。[1]

表7-2　"高校毕业生基层培养计划"子项目

名称	实施主体	主要内容	工作时间
大学生村官计划	中组部	招募、选派高校毕业生到基层农村任职，履行宣传落实政策、促进经济发展、联系服务群众、推广科技文化、参与村务管理、加强基层组织建设等职责。	2年以上
农村义务教育教师特设岗计划	教育部	招募高校毕业生到西部"两基"攻坚县县以下农村义务教育阶段学校任教，逐步解决农村师资总量不足和结构不合理等问题，提高农村教师队伍的整体素质。	3年
高校毕业生"三支一扶"计划	人力资源和社会保障部	招募高校毕业生到乡镇从事支教、支农、支医和扶贫工作。服务期满后，进入市场自主择业。	2年
大学生志愿服务西部计划	共青团中央	招募高校毕业生或在读研究生到西部基层开展志愿服务工作，鼓励志愿者服务期满后扎根当地就业创业。服务内容分为基础教育、服务三农、医疗卫生、基层青年工作、基层社会管理、服务新疆、服务西藏7个专项。	1～3年

说明："两基"是指基本实施九年义务教育和基本扫除青壮年文盲。

资料来源：《高校毕业生基层培养计划实施方案》，中华人民共和国教育部网站，http://www.moe.gov.cn/jyb_xxgk/moe_1777/moe_1779/201105/t20110530_124093.html，以及相关子项目网站。

---

[1]　大学生村官计划是晚近被关注的一个焦点，一些基于广泛和深入的调查研究认为该计划虽在实施过程中遇到了一些问题，但其深远意义是不可低估的，因而通过制度再设计，大学生村官计划可有更好的发展前景。参见骆江玲《大学生村官制度和问题研究》，中国社会科学出版社，2017；余宇《"村官"小政策，人才大战略：大学生村官政策评估研究》，中国发展出版社，2013。

不过，相较于中国每年数百万的高校毕业生规模，这些计划的岗位容量仍显不足。对于国家、社会而言，高等教育体系多年培养出来的具备较高文化素质的青年劳动力如果毕业即待业，其人力资本贬值所带来的潜在损失是难以估算的，公共财政在高等教育体系的投入效率也会因就业不畅而大打折扣。因此，政府、社会和市场可多方协同，因地制宜，系统地规划、开发公共岗位，对接大学生就业。特殊时期，还可进一步相机提高大学毕业生深造比例，延长培养过程与提高培养质量并举，进一步扩充劳动者缓冲储备规模，为国家长期发展积蓄高素质劳动者。整体思路有三方面。第一，设立公共就业专项基金，各地区充分调动市场和社会资源，开发、拓展与基层（社区）服务计划、基层（社区）青年成长计划紧密相关的公共就业岗位，以及各类专项培训、见习计划，以实用技能、下沉岗位、轮替岗位精准对接公共产品供给与就业需求。第二，高等院校、科研院所联合企事业单位，基于国家、地区发展规划，制定动态可调的"专业深造 + 专业实践"扩容储备预案，能够针对具体情势对相关专业的本科生、研究生实施弹性、精准的升级和扩招计划，以进一步缓冲就业压力。第三，通过系统整合，上述政策可以合并为一个容量更大的大学生就业常平仓，因时因地、动态灵活地设计和利用流入—流出机制，缓解大学生就业压力，在弥补基层公共服务缺口，提升公共产品供给水平的同时，为经济社会涵养、储备、输送宝贵的人力资源。

中国经济正在经历的新一轮战略转型要求就业政策在顶层设计上进行新的调适。劳动力常平仓可作为其中的核心构件以保障经济社会在结构升级中的平稳过渡。值得注意的是，中国近年来推动的"政府购买公共服务"为构建劳动力常平仓作出了政策铺垫。[①] 公共财政提供资金，行政事业机构、非营利性组织和企业开发、创造公共服务岗位，协力满足各项公共事业的需求，这就为劳动力常平仓提供了一种可行的政策操作模式。它的优势在于能够有效调动社会和市场资源，根据

---

① 这一政策的框架性规定，可参见 2013 年 9 月 26 日国务院办公厅颁布的《关于政府向社会力量购买服务的指导意见》，http://www.gov.cn/xxgk/pub/govpublic/mrlm/201309/t20130930_66438.html。

公共领域特别是基层公共领域（如社区服务）的真实需求，灵活创造岗位，精准开发岗位，精准对接就业，提高了公共服务与公共就业的效率（见图7-1）。需要特别指出，社会性企业可在劳动力常平仓中发挥更大的作用。社会性企业兼具收益性（收益用于维持经营，但不追求利润最大化）和公共性（致力于公共事业发展与服务）特征，在一些发达市场经济国家是政府积极发展的解决特殊群体就业的重要载体。[①] 事实上，社会性企业的原型可追溯至朱子社仓（借政府、民间的资助与互助，在微利保证仓储可维持运转的条件下援济贫困农户），[②] 将朱子社仓的传统资源进行创造性转化，完全可以发展出中国特色的社会性企业（如扶贫车间、社区养老机构），在劳动力常平仓中扮演关键性角色。

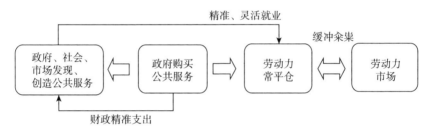

图 7 - 1 劳动力常平仓、政府购买公共服务与精准就业

供给侧结构性改革要求政府在公共领域向全体国民提供更加普惠、专业和多样化的产品与服务，但当前仍存在不少短板和大量有待开发、升级和完善之处，这其中蕴藏着一个巨大的公共就业常平仓，如果相关岗位被创造出来，并以数字技术赋能，推动绿色工程建设，加快公共人才队伍建设，它们释放的稳定力以及产生的直接、间接经济社会价值将是难以估量的。通过政府、市场、社会多方协同，各种有益的、下沉到城乡基层的就业政策可被整合为一个系统的政策平台，让缓冲、储备、释放人力资源的常平仓发挥出经济稳定器与助推器的功能。正如第四章所分析的，只有盯住"人"这一最为关键的资源要素，并让人始终围绕

---

① 孙明华：《西方国家社会性企业运营概况及启示》，《社会工作》2008 年第 5 期下。

② 参见权相佑《儒教型社会性企业的探索——以朱子"社仓制"的现代转型为中心》，《当代儒学》2014 年第 6 辑。

着"劳动这个太阳旋转"，宏观经济的稳定发展才会获得根本保障。[①]

第二节　经济战略安全屏障：资源、环境常平仓

强调劳动力常平仓的重要性并不意味着其他类型的常平仓就没有了用武之地，一些事件可以很好地说明这一问题。2011 年 3 月，日本地震引发海啸并导致核危机后，国内部分地区的食盐需求因谣言、投机以及民众的非理性抢购而瞬间暴增，食盐一时奇货可居，甚至相关替代品价格也陡然上涨。但因为保有充裕的储备，政府迅速向市场投放食盐，遂在一夜之间平抑了价格。设想，若政府没有足够的"食盐常平储备"，一场超乎预料的经济波澜岂可避免？"食盐风波"或许已被人们忘记，但 2020 年初新冠肺炎疫情暴发期间，一些基本卫生医疗物资短缺的情形则足以给国人留下深刻记忆。十年内，一大一小两个典型案例为中国立足长远，规划和制定相关政策提供了深刻启示。

2008 年前后，国际市场主要商品和食品价格大幅波动（见图 7 - 2、图 7 - 3）对世界经济造成的冲击引起了广泛关注。人们发现巨额金融资本为攫取高额收益脱离实体经济投机于商品交易是造成价格波动的一个重要原因，而房地产业过度金融化更成为美国次贷危机爆发并延烧全球的始作俑者。除了加强金融监管抑制过度金融投机之外，已有人重新提出了久被遗忘的缓冲储备思想。中国政府也认识到缓冲储备对于经济稳定、经济安全的重要性，并实施了相关政策，如在全国稳步推进石油战略储备布局与建设。

[①] 需要指出的是，与劳动力常平仓相协调，政策上还可灵活地拓展出其他类型的常平仓，例如，有学者提出的保障性住房制度就是一个围绕城市劳动力和就业而构筑的"住房常平仓"。这一制度设计的核心内容是实行住房双轨制，即拥有商品房者不能购买保障房，而发挥去价保量功能的保障房不能以市场价格出售，只可在保障对象内部循环。同时，住房保障对象与城市户籍脱钩，与就业挂钩。（详参赵燕菁《把保障房制度上升为国家战略》，《第一财经日报》2020 年 5 月 12 日，第 A11 版）不难看出，以双轨制建设保障房为城市化人口营建了安居缓冲池，它既可为劳动力提供良好的居住空间，又能抑制房市投机，从而构筑起"住房常平仓"，这一特殊的常平仓在拉动消费的同时，又有助于形成充分城市化、充分就业、抑制发展泡沫的经济稳定机制。

各种现实的挑战提示我们，面对充满不确定性的经济环境，以及中国在发展中遇到的资源、环境约束，构建并完善战略性物资与战略性资源常平仓势在必行。此类常平仓可分为三个系列：农业常平仓、工业常平仓、基本资源常平仓。

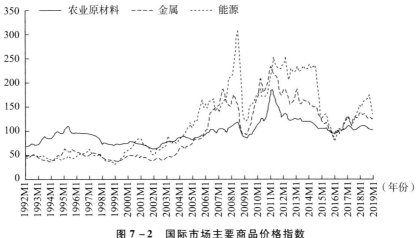

图 7 - 2　国际市场主要商品价格指数

资料来源：国际货币基金组织网站，https://www.imf.org/en/Research/commodity-prices，其中 2016 = 100，农业原材料包括木材、棉花、羊毛、橡胶和皮革；主要金属包括铝、钴、铜、铁矿石、铅、钼、镍、锡、铀和锌；能源包括石油、天然气、煤炭和丙烷。

图 7 - 3　世界食品价格指数

资料来源：联合国粮农组织网站，http://www.fao.org/worldfoodsituation/foodpricesindex/zh/。

农业常平仓

中国有 14 亿人口，农业是国计民生之根本，粮食供求与价格稳定已然超越经济成为国家战略安全的重要组成部分。自中华人民共和国成立以来，中国政府一直推动粮食储备制度的建设。1999 年，国家着手建立中央储备粮垂直管理体系，将原国家粮食储备局改为国家粮食局，[①] 同时组建中国储备粮食管理总公司（以下简称"中储粮"），负责中央储备粮的经营管理。2003 年，国务院颁布了第一部规范中央储备粮食管理的行政法规《中央储备粮管理条例》。《中央储备粮管理条例》第一章（总则）第一条规定，中央储备粮的作用在于"保护农民利益，维护粮食市场稳定，有效发挥中央储备粮在国家宏观调控中的作用"。第二条规定："本条例所称中央储备粮，是指中央政府储备的用于调节全国粮食供求总量，稳定粮食市场，以及应对重大自然灾害或者其他突发事件等情况的粮食和食用油。"[②] 从"管理机构—经营主体—制度规范"的逐层构建可以看出，中国已建立起完整的现代粮食常平仓体系。

中储粮自成立以来，除了收储新粮作为国家战略储备粮之外，还在粮食主产区对粮食实行了最低保护价收购政策，即如果市场价格低于国家公布的最低收购价，就会启动"托市收购"，从而确保农民手中的粮食卖得出去。[③] 一段时期内，这一政策为保护和调动农民种粮积极性以及实现粮食增产目标发挥了积极的作用，但随着最低收购价逐步提升，也曾产生一些问题，如由于托市价格（即入库价格）节节攀升，中储粮出库价格也不断上涨，出现了"出库难"，遂使中储粮"入库—出库"难以形成良性周转与循环。与此同时，托市价格也影响市场，不仅增加了下游产业的经营成本，而且使国内和国际粮食价格倒挂，国内价格高的粮食品种及其替代品种进口量不断增加，由此导致高产量、高库存、高进口量"三高"并存的局面。

---

① 2018 年，国家整合多部门相关功能与职责设立国家粮食与物资储备局，不再保留国家粮食局。

② 参见中华人民共和国国务院网站国务院令第 388 号，http://www.gov.cn/gongbao/content/2003/content_62392.htm。

③ 托市收购最初主要是针对水稻和小麦，2008 年之后国家对玉米、大豆、油菜籽、棉花等大宗农产品在一些主产区实行临时收储，临时收储与最低收购价政策类似，均属于托市收购范围。

中储粮是一个体量庞大的稳定器，正常时期，当它与市场形成某种程度的竞争关系时，反而不利于粮食调控。这又回到了一个老问题，常平仓发挥功能的关键在于它能够与市场形成互补与互动之势。也就是说，常平仓虽看似是与市场对立的机制，但两者也是统一的，若没有了市场，或者说常平仓挤出了市场，常平仓又去"平"谁呢？其结果反倒是"常平不平"。因此，无论何种常平仓，除了应对重大安全风险事件，其常态政策目标都是调控和平抑市场而不是冲击甚至替代市场。本质上，市场与常平仓是相互定义的关系，一个好的市场是一个好的常平仓存在的应有之义，反过来，一个好的常平仓也有利于培育一个好的市场。近年来，随着粮食供给相对充足，中国通过构建多元市场主体，健全市场交易体系，提升粮食市场服务水平，不断创新完善粮食市场体系。同时，政府深化粮食收储制度和价格形成机制改革，合理地确定了中央和地方储备的功能与定位。[①] 让市场的归市场，常平仓的归常平仓，两者各归其位而不越位，才能各显其能。

需要认识到，农业领域的常平仓不仅仅限于"藏粮于器"，美国农业部部长华莱士推动实施的农业常平仓计划就包含土地之"仓"、金融之"仓"和科技之"仓"。"粟之藏易弊，而田之入无穷。"[②] 涵养与储备耕地，建立无形的耕地常平仓与有形的粮食常平仓应形成协调之势。因此，持续改造涵养中低产田、永久保护高质量土地、推行轮作休耕制度等这些"藏粮于地"的政策是中国农业常平仓建设中不可或缺的重要组成部分。与此同时，"藏粮于技"（即充分利用科技手段持续推动农业研发、生产和农产品储运技术提升）、"藏粮于币"（即充分利用财政、金融手段形成对农产品价格、农民收入和农业经济的支持）以及"藏粮于水利"皆为农业常平仓建设的应有之义。另外，随着中国海洋战略深入推进，保护和开发海洋资源、建立"蓝色农业常平仓"也应成为拓展农业常平仓的重要领域。

当今全球极端气候事件与重大灾害频发，世界粮食安全面临长期挑

---

① 参见国务院新闻办公室 2019 年 10 月 14 日发布的《中国的粮食安全》白皮书，http://www.scio.gov.cn/zfbps/ndhf/39911/Document/1666231/1666231.htm。

② 林希逸：《竹溪鬳斋十一稿续集》卷 11《跋浙西提举司社仓规》，《景印文渊阁四库全书》集部第 1185 册，台湾商务印书馆，1986，第 679 页。

战。中国政府 2019 年发布的《中国的粮食安全》白皮书指出："从中长期看，中国的粮食产需将维持紧平衡态势，确保国家粮食安全这根弦一刻也不能放松。"[①] 构建系统的农业常平仓可以让中国人的饭碗端得牢、端得平、端得稳。1978～2018 年中国粮食总产量见图 7-4。

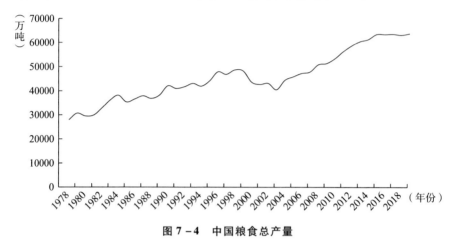

图 7-4 中国粮食总产量

资料来源：国家统计局网站，https://data.stats.gov.cn/easyquery.htm? cn = C01。

工业常平仓与基本资源常平仓

这里所说的工业常平仓是针对不可再生能源、重要工业原材料资源构建的常平仓体系。

工业常平仓在国民经济发展、战略安全布局中占有举足轻重的地位。除了石油、天然气、煤、铁矿等大宗工业资源外，对于战略性、关键性工业原材料（如稀土金属、稀有金属、稀散金属此三稀资源），都应细细摸清家底，加强常平仓建设，并相应地巩固和提升这些资源开发利用的国际话语权。近年来，国家在稀土行业不断加强资源保护和调控力度，全面提升开发利用能力，而围绕稀土资源建设战略常平仓可为相关政策深入推进提供有效的抓手。世界历史反复证明，一个国家尽管拥有某些丰富的资源，但如果不惜用之而贱用之，就会被"资源诅咒"甚至掉入贫困陷阱。但若惜用之、善用之，这些资源就会成为一国发展和崛起的有力助推器。中国经济社会发展正处于重要战略机遇期，丰富的稀土资

---

① 参见《中国的粮食安全》白皮书，第四部分"未来展望与政策主张"，http://www.scio.gov.cn/zfbps/ndhf/39911/Document/1666231/1666231.htm。

源毫无疑问为抓住技术革命的赶超时机提供了关键性的资源保障。① 因此，集约开发利用重要工业原材料资源，自主拉长产业链并迈向高端就是更好地保护和储备了这些资源。当越来越多的高技术材料、产品愈加依赖稀土这一"工业维生素"时，构建集保护储备、开发利用、市场调控于一体的稀土常平仓就是在构建国家未来的核心竞争力。

资源约束是制约中国未来经济社会可持续发展的瓶颈。与国际标准相比较，土地和淡水这两种基本自然资源的保护、开发与利用之间的矛盾在中国十分突出。世界及中国人均耕地面积见图 7 - 5。长效的应对之策是建设土地资源常平仓和水资源常平仓。土地常平仓主要以尚未开发、低效开发、过度开发和在生产、生活中因各种原因废弃的森林、草原、耕地以及其他各类土地资源为永久性或阶段性储备、涵养、恢复和保护对象。土地常平仓在收储的同时须对土地资源加以综合整治，以为将来面向市场、公共领域的释放、开发利用作好准备。同样的，水资源常平仓主要以尚未开发、低效开发、过度开发和在生产、生活中因各种原因废弃的水资源（如江河源头、江河水资源涵养区、湖泊湿地，以及被污染的地上、地下水资源等）、各类水利设施为储备和治理对象，通过对水资源的综合保护、开发和利用，满足国民经济发展的常平供给。

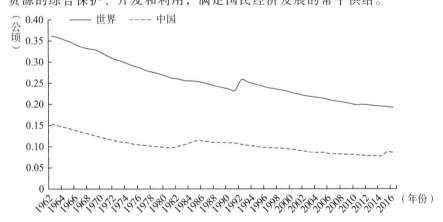

图 7 - 5 世界及中国人均耕地面积

资料来源：世界银行网站，https://data. worldbank. org. cn/indicator/AG. LND. AR-BL. HA. PC？ locations = CN&name_ desc = true&view = chart。

---

① 贾根良、刘琳：《中国稀土问题的经济史透视与演化经济学分析》，《北京大学学报》（哲学社会科学版）2011 年第 4 期。

　　跨时空调节配置水资源是水资源常平仓的一项重要功能，因而除了一般意义上的调蓄水设施（如水库）之外，调水工程如"南水北调"也是一个典型的水资源常平仓。"南水北调"沿线的中东部地区是中国重要工农业区，利用这一工程，沿线的水资源被有效地整合为一体，实现了跨空间、跨时间的"均输"与"平准"。重大调水工程是一类更高层级的水资源常平仓，它能够将关联地区的水资源和局部地域的水资源常平仓连通为网络，形成一个更大范围的常平仓系统，在更高水平上确保水资源在国民经济发展中的常平供给。由此可进一步推知，中国西北地区有广袤的国土空间，水资源的严重匮乏极大地限制了这一地区的发展。如果南水北调西线工程付诸实施，便能够在西北地区建立起有效整合、配置水资源和土地资源的超级"水—土资源常平仓"，土壤由干旱变湿润，生态环境将发生显著改善和逆转，这对于该地区工农业发展、城市化、"一带一路"倡议以及在全域国土空间内转圜、配置土地资源都将产生不可估量的巨大影响，"胡焕庸线"终将因区域发展差异消弭而成为一个历史名词。

　　重要的自然资源常平仓并不只限于土地和淡水，与国计民生关系重大的生态资源都可以通过扩大保护、涵养、恢复的方式形成永久储备或储备—释放的常平机制。例如，在中国城市化加速发展时期，为解决因人口、资源与环境之间的矛盾带来的一系列城市问题，"海绵城市"被越来越多的地区纳入城市规划、建设和改造的目标之中。海绵城市其实就是围绕城市可持续发展而构建的资源常平仓，围绕城市地区的水、土地、大气等生态要素，山、林、湖、草等更大范围的生态系统都可以纳入广义的"蓄、渗、净、释"的缓冲调控体系中。

　　总之，针对中国资源约束和可持续发展的突出矛盾，自然资源的开发与利用从"开源节流"向"节源节流—循环利用—永续利用"的转换已成必然之势。《十九大报告》提出："实施重要生态系统保护和修复重大工程，优化生态安全屏障体系，构建生态廊道和生物多样性保护网络，提升生态系统质量和稳定性。完成生态保护红线、永久基本农田、城镇开发边界三条控制线划定工作。开展国土绿化行动，推进荒漠化、石漠化、水土流失综合治理，强化湿地保护和恢复，加强地质灾害防治。完善天然林保护制度，扩大退耕还林还草。严格保护耕地，扩大轮作休耕试点，健全耕地草原森林河流湖泊休养生息制度，建立市场化、多元化生态补偿机制。"① 建设一个广义的大常平仓，可以为这些目标提供统一的政策框架和灵活的操作空间。2018 年国家机构改革方案中，有五个新设立部门（见表 7 - 3）具备常平仓的相关功能，国家的顶层设计已然清晰可见。

表 7 - 3　建设大常平仓：政府新设部门及其职责

部门名称	相关职责
自然资源部	对自然资源开发利用和保护进行监管，建立空间规划体系并监督实施，履行全民所有各类自然资源资产所有者职责，统一调查和确权登记，建立自然资源有偿使用制度，负责测绘和地质勘查行业管理等。
生态环境部	拟订并组织实施生态环境政策、规划和标准，统一负责生态环境监测和执法工作，监督管理污染防治、核与辐射安全，组织开展中央环境保护督察等。
应急管理部	建立灾情报告系统并统一发布灾情，统筹应急力量建设和物资储备并在救灾时统一调度，组织灾害救助体系建设，指导安全生产类、自然灾害类应急救援，承担国家应对特别重大灾害指挥部工作。指导火灾、水旱灾害、地质灾害等防治。
国家粮食和物资储备局	根据国家储备总体发展规划和品种目录，组织实施国家战略和应急储备物资的收储、轮换、管理，统一负责储备基础设施的建设与管理，对管理的政府储备、企业储备以及储备政策落实情况进行监督检查，负责粮食流通行业管理和中央储备粮棉行政管理等。
国家林业和草原局	监督管理森林、草原、湿地、荒漠和陆生野生动植物资源开发利用和保护，组织生态保护和修复，开展造林绿化工作，管理国家公园等各类自然保护地等。

说明：本表中所列"应急管理部"的职责为部分内容。

资料来源：《深化党和国家机构改革方案》，中华人民共和国中央人民政府网站，http://www.gov.cn/zhengce/2018 - 03/21/content_5276191.htm#1。

以上新设部门中，有两个需要予以特别说明。第一个是粮食和物资储备局。该部门将国家粮食与物资储备置于统一管理之下，说明一系列重要物资的缓冲储备与粮食缓冲储备具有同等战略地位。因此，构建处置重大突发或安全事件所必需的重要物资的生产、储备、输运、投放，以及储备结构动态优化的全域网络体系是大常平仓建设的又一项重要内容。第二个是应急管理部。应急管理部是组织各方构建储备，配置储备，制订和优化配置流程，并能够快速反应，有效应对重大突发或安全事件的关键

① 习近平：《十九大报告》，人民出版社，2017，第51~52页。

部门。从功能上看，应急管理部在大常平仓建设中应居于中枢地位。常态时期，应急管理部处于"备战"状态，协调各方建设、充实与完善大常平仓。特殊时期，应急管理部则处于"应战"状态，能够快速联动，高效收蓄与投放储备，精准应对，化解重大风险。

大常平仓是多方参与的系统，市场中的企业应成为常平仓建设的主体之一。在最为卓越的企业家看来，缓冲储备是保证企业成功的必要构件——松下幸之助尤其强调企业不论大小、行业差异，都应遵循"水坝式"这种看似保守实则积极的余裕经营原则——如果能像水坝一样储备一定量的资金、设备、人才、库存、技术、企划和新产品开发等，即便外界有变，也不会大受影响。松下认为水坝式经营法知易行难，但为了稳定的经营，企业一定要支付这笔保险，断然实施之，并加以大力推广。水坝式经营法是松下幸之助管理哲学的重要内容，其要旨无外乎常平仓的缓冲籴粜机制，其目标亦无外乎以储备应对可能的危机，以储备迎接可能的机遇。[1] 松下将常平仓法移植到企业之中，为市场主体基于长远利益参与大常平仓建设，以智慧的企业行为优化大常平仓的储备结构、提高大常平仓的储备效率提供了理论和实践的基础。

当然，在"顶层"，政府仍居于核心地位，职责在于统筹、协调、组织中央与地方多层次、多元化储备，国内、国际两个储备布局，政府、市场、社会三方协同共筑的大常平体系。政府应鼓励通过多种技术手段（如互联网、大数据和智能技术）实现体系互联互通精准管理，确保相关部门能够无缝对接，快速完成状态转换，有效发挥缓冲籴粜的常平功能。总之，只有将人口、资源（物资）、环境系统地整合进常平体系，[2] 构建起有形与无形、静态与动态储备相结合的广义大常平仓，才能较之

---

[1]　以储备应对可能的危机：企业不要以为景气会持续下去，要考虑经济会出现不景气的情况，在资金有余裕时作好各种储备。以储备迎接可能的机遇：企业即使只使用80%～90%的生产设备，也有获利的能力。当市场需求突然增加时，可立即提高产量，满足市场需求。松下特别指出，水库式经营是有意而为之的余裕，而不是由错误决策导致的剩余。参见松下幸之助《经营管理全集之5·自来水经营理念》，名人出版事业股份有限公司，1984，第27～29页。

[2]　各常平仓既是独立的，又应是相互关联的。例如，劳动力常平仓向自然资源常平仓注入人力资源参与其建设，既可使仓与仓之间形成良性互动，又能实现一箭双雕、事半功倍的效果。

单一形态的常平仓更好地保障国家战略安全、经济安全与长期可持续发展。①

对人类开发和利用的大自然抱以敬畏之心，树立经济社会发展的危机、忧患意识是常平仓的立仓之本，而正确定位政府在现代市场经济中的功能与角色为常平仓树立了基本原则。市场放弃时，政府取之、涵养之；市场取之时，政府供给之，并规范市场取之。在经济效益与社会效益之间、短期与长期之间、整体与局部之间，政府与市场、社会达成了协调稳定机制，提高了经济、环境、生态诸系统的稳定性，以及重要资源跨时间、跨空间配置的综合效能。

常平仓的运作虽然基于简易的籴粜机制，但在具体实施过程中，要有相当的灵活性和适应性。如果常平仓机械地执行籴粜操作不仅不能起到稳定效果反而会被市场投机所利用，而过度强化政府干预又会出现"常平不平"的反向效果。在实践中，根据储备的对象及其相关市场的特点，各类常平仓应适应经济社会的动态变化，形成相对独立和灵活的籴粜操作机制。从这层意义来看，缓冲籴粜与常平储备所需把握的轻重缓急、相机抉择以及恰到好处的"度"已然超越了严格甚至有些呆板的理论分析。

建设大常平仓毫无疑问需要政府的支持，人们或许担心由此而产生的庞大支出和财政赤字问题，（新）功能财政论给予我们的启示是，如果财政支出内生于利国利民的正确选择——盯住真正支撑经济社会可持续发展的人口、资源（物资）、环境，并将其作为"真实本位"，那么由此产生的赤字就是好的赤字，就能产生正反馈机制，并最终有利于常平发展。由此看来，建设人口—资源（物资）—环境相协调、居安思危、未雨绸缪的大常平仓体系不应自缚于财政支出在"量"上的某种约束，大常平仓所肩负的经济功能和社会责任还需要从动态的、结构的"质"上加以考察。"敬天养民"，这一传统的宏观伦理诉求在今日的社会主义中国依然不失其积极意义。

---

① 设立统一的基金，储备资产的保值、增值以及构建相应的法律体系都是构筑大常平仓的应有之义。相关论述参见张青《国家商品储备：安全与稳定》，经济科学出版社，2007，第210~226页。

结语　中国经济传统的中道精神

> 圣人知心术之患，见蔽塞之祸，故无欲无恶，无始无终，无近无远，无博无浅，无古无今，兼陈万物而中悬衡焉。
>
> ——（战国）荀子

> 中国今后最要急起直追者，却不是追随西方，乃在能追随中国古人那一种自创自辟的精神。
>
> ——钱穆

陈焕章在《孔门理财学》的"结论"一章中说："如果我们将中西历史进行整体比较，那么，中国人将不会有羞愧之感。"他认为中国古代文明绝不输于西方，然而问题在于，"在中国政府效率最差之时，稍早于中国崛起的现代国家，闯进她的大门，干涉她的事务。"①近代以来，西力东渐，中国的发展之于西方世界在一百多年的时间里处于相对弱势的地位。如今，中国随着经济腾飞而再次崛起，并深刻地影响和塑造着世界格局。此时的历史大势与彼时已完全不同，中国在新旧变局的交替转换中对自身（经济）传统的认知站到了一个再出发的新起点上。今天，回看历史、审度当下，中国人不但不必羞愧，而且要充满自信。

中国经济传统是一个包含本根的思维方式以及由此而生成的经济思想、经济政策与经济实践共同组成的有机整体，其形成、发展、改良与创新的漫长历史过程彰显出独特、深厚的价值与底蕴，它既是一座蕴藏丰富的宝藏，又是今日之国人阐释经济立场、开出经济方案、弘扬具有中国气象经济学之根脉。当然，这并不是说我们钻入故纸堆中就能有所发现、发明。在古今、中外会通的时代背景之下，以比较的方法、多样的思路和宽广的视野审视传统，不仅能够使我们获得更为深彻的理解，

---

① 陈焕章：《孔门理财学》，韩华译，商务印书馆，2015，第 577~578 页。

还会有"新大陆"的发现。这意味着，此一宝藏只有以新方法开掘，以新眼光拣选，才能让其与现代经济理论、政策与实践展开平等的沟通与对话，从而重构两者的关系，并进一步对其进行现代转换与再塑造。唯此，才能真正将古为今用落到实处。

本研究以常平仓为例、为切入点，游走于古今、中西经济（思想）史之间的研究，即试图在此方向上予以尝试，让相距千年的经济（思想）史在跨期比较中相互发现、相互发明。在以常平仓为线索的考察中我们发现，中国古代的常平仓法与罗斯福新政、格雷厄姆以及凯恩斯、后凯恩斯经济学提出的政策、理论都遵循了共通的缓冲籴粜原理。后者适应工业社会与市场经济之需求，对常平仓的"复活"不断地赋予这一经济原理以新内涵。但是，基于马克思—卡莱茨基进路对后凯恩斯经济学就业缓冲储备理论的批判揭示了更深层次的"常平"之于现代经济社会的重要意义，即基于生产关系的人与人之间的"常平"才是谋求经济常平最根本的制度基础。由此，本研究已超越常平仓本身，获得了更深一层次的理解，即致力于谋求宏观福利、分配正义、劳动价值、以人为本的"社会主义"是实现经济常平的制度前提。幸运的是，厚积的德性主义与辩证思维传统与马克思主义的有机结合让中国人在当代选择了"社会主义"。因此，通过创造性转换，一个根植于传统，借鉴古今、中西的新常平仓传统在新时代的社会主义中国必大有用武之地。

我们的研究表明，古老的常平仓法非但没有因时间、空间的阻隔而暗淡下去，反而在历史中不断地获得超越，这促使我们进一步追问：此种发明，中国古人何以可能呢？

中国在久远的历史中就俨然一个大一统的且在一定意义上具备"现代性"的国家，借助经济管理保障百姓的福祉早已成为治国理念"民本""仁政"的基本要求。两千年的常平仓传统说明中国向有宏观经济思想，从华莱士到凯恩斯，常平仓的再次发现恰恰说明中国古人早已体察到宏观经济的内在之"道"。这样看来，常平仓法的创生和发展还另有一层为人所忽视的原因。从常平仓的"用"，到《管子》轻重论的"理"，再到辩证用中的"体"，我们按图索骥地发现，中国人的执"中"之道才是常平仓法背后经济思维的本体之源。因此，当我们再次期望中国人实现对常平仓的历史超越时，首要的任务是"返本"，唯此方可"开新"。

　　追溯到先秦诸子生活的那个伟大时代，我们发现，在擅长经济分析的《管子》之中，看似杂陈无章的经济言论背后实则隐藏着一个完整的经济之"道"。这个经济之"道"的体是"阴阳两生而参视"，理为"轻重两生而衡视"，在用上体现为四种灵活变通的 A—B 模式。《管子》通过辩证思维对经济之"道"的发现，标志着中国人在世界文明史的轴心时代完成了经济思想的轴心突破。这个突破的要义"用中致常平"在很大程度上塑造了中国人的经济思维方式和经济世界观，它一旦成型，就必然转化为我们这个民族赖以生存和发展的经济文化基因，如同"一只看不见的手"对后世的经济认知与实践加以范导，施加着潜移默化的影响。时至今日，这一经济"传统"仍然潜藏在"现代"的背后，当把贯通于古今之间用中致常平的理路梳理出来后，超越历史的 A—B 模式被归纳为"常平律"就再恰当不过了。

　　常平律及其逻辑展开让我们获得了对中国经济传统更为深刻、简洁的理解与把握。常平律透出的是中国经济思想的"中道精神"，可称为"思想的常平仓"，它凸显了中国经济思维特有的理性，是中国经济智慧的重要标识。钱穆先生在谈及如何研究中国经济史时已洞察到经济传统在"中国历史进程中之一种中和性"，这就是"不走极端，不为过甚。"[①]其内在启示是，经济社会是一个不可分割的有机整体，看似矛盾的经济事物实则相互依存、相互转化，片面、孤立、割裂地认知与实践，最终损害的还是认知与实践本身，而理性或最优的经济抉择应该是秉持中道精神，辩证用中。由此不难得到如下启示。竞争的对手之间有一种超越的关系叫"伙伴"，博弈的盈亏之间有一种超越的结果叫"双赢"，经济的亢进和萧条之间有一种超越的状态叫"常平"。这意味着，看似简易的执"中"实则包含创造性的认知与行动，像"社会主义 + 市场经济"这样原创性的经济体制便是中国经济智慧在改革开放时代典型的大辩证用中，它努力实现的正是中国人追求的理想社会，即立德与利用的协调与统一。在此逻辑之下，一个真正有益于社会的市场经济需要现代国家在管理市场方面扮演积极的角色。

　　用中致常平是保持中国经济可持续发展的基本方法与手段，面对种

---

　　① 钱穆：《中国历史研究法》，生活·读书·新知三联书店，2001，第 70 页。

种新形势、新问题、新矛盾，如何能够将这一优良的传统转化为当代中国经济思想与经济实践的自觉呢？抑或说，如何让辩证用中的常平律在新历史条件下更好地实现其价值呢？这里，我们从认识论和方法论上提出几条基本原则。

其一，文明包含着多种可能的路径，中国的经济发展有其自身的特色与逻辑，"西方中心观"或"欧洲中心论"既存在意识形态上的偏见又有理论和实践上的误区。数十年的实践让我们认识到，中国的发展并未遵循西方给出的所谓标准的模式与路径，而是立足于国情，改革开放，创造出中国奇迹。① 这里唯一合理的解释就是，中国的经济发展须以"中国道路观"来理解。西方史学界曾提出"中国中心观"，意即站在中国的而非西方的视角来审视中国的历史，② 但"中心"一词不免使人联想到褊狭的唯我独尊。因此，我们在这里使用"中国道路观"来说明中国经济在开放背景下所特有的逻辑与实践进路。③ 需要强调的是，只有祛魅"西方中心观"，归真于"中国道路观"，才能跳出发展模式一元论的局限，才能不会提出连自己都不愿接纳自己的"为什么我们不能是那样"的提问，才能真正面对国情、实事求是，以开放、包容的态度，从一个更大的空间整体看待中国、西方和世界。

"风物长宜放眼量"，从整体看局部远比从局部看局部更为清晰、准确与深入。更为根本的是，只有回归整体，才会有中，才能找到中，也才能做到用中致常平。

其二，回归至"中国道路观"，就需要将"中国道路"视为一个绵延的历史进程，抛弃"历史遗忘症""传统健忘症"，从而确立中国经济发展、中国经济学的"历史观"。恩格斯说："政治经济学不可能对一切国家和一切历史时代都是一样的……因此，政治经济学本质上是一门**历史的科学**。"④（强调为原文所加）如果说某事物之整体能在可见、可及的空间内观察到，辩证用中于此尚不难把握，那么在历史的时间跨度上

---

① 形成鲜明对照的是，以西方设计的模式如"华盛顿共识"为指导的发展经济体反倒陷入了发展困境之中。

② 柯文：《在中国发现历史：中国中心观在美国的兴起》，林同奇译，中华书局，2002。

③ 所以，我们既反对西方中心主义，又不主张东方中心主义。

④ 恩格斯：《反杜林论》，中央编译局译，人民出版社，2015，第155～156页。

做到这一点就是一件困难的事情了，因为人们极易患上历史遗忘症甚至刻意的健忘症。然而实践已反复证明，那种通过割裂历史、切断来路以获得发展的设想与行动总会以失败而告终。中国经济社会的现代化前行应被视为基于历史时间和文化传统有机演化过程中的组成部分，而非基于逻辑时间和欲望原子的无机均衡（即罗宾逊以钟摆在空间来回摆动为比喻的牛顿力学式的经济均衡）。这样，我们就能够真正地正视历史和传统，并基于经济学的眼光将历史与传统"资源化""资本化"，从历史中挖掘前人留下的宝藏，并"投资"于一个动态又极富前景的现实经济社会，正如历史学派先驱李斯特所言："各个国家各有它特有的语言和文字、传统和历史、风俗和习惯、法律和制度，它需要这一切来求得生存、独立、改进以及在未来岁月中继续存在。"[1]

看来，所谓"整体"，不仅是空间内中—外之间的展开（世界一体），还是时间上古—今之间的延伸（古今一体），而只有建立起古今之间的联系，才有可能在时间流程的中道中进一步规划未来——立足于现实，能向历史回望多久远，就能向未来前瞻多长远。

其三，经济社会问题见对立而尚中并不意味着采取简单的折中，更不是用似是而非的调和主义，而是综合与分析的交叉运用及其统一。用中致常平的逻辑有"和"的内在要求，这就需要用综合的方法，但综合又须以分析、综合为基础。例如，以上两点说明了经济事物须以时空之整体观来分析研究，因而中国传统经济思想与现代西方经济学理论必然各有其价值。那么，在构建和发展中国特色社会主义经济理论的过程中，该如何处理两者之间的关系呢？一条合理的路径大致应是这样的，即首先按照各自特有的理路独立地展开分析，而后用（跨期）比较的方法将两者放在对等的位置进行参照，并通过交融互释的思路在同中观异，在异中求同，继而谋求共识，取长补短，将两者有机地融合统一起来，转换出一个既中既西（协调与统一）、不中不西（超越与创造）、兼容并蓄的经济理论与政策体系。因此，在分析路径上所采取的综合与分析的交叉运用及其统一可称为"中国综合"，其内在要求是基于整体观综合的分析与有机的综合。

---

[1]　李斯特：《政治经济学的国民体系》，陈万煦译，商务印书馆，1961，第152页。

其四，辩证用中高度灵活，它因时、因势而调整变化。《中庸》曰："君子之中庸也，君子而时中。"朱熹注曰"中无定体，随时而在"，而君子能"无时不中"①。经济社会瞬息万变，过去符合中道的好制度、好政策经过一段时间很可能就变成了"偏道"。因此，中道之"命"在于维新，与时偕行，借助动态的"时中"刻画出一条"衡无数"的动态最优轨迹，从"既济"转向"未既"，再从"未既"走向"既济"……②这其中，必须以持续的开放态度接纳、认识和学习涌现出的新的甚至颠覆性的经济事物，从而不断扩充整体的边界，为动态地确定经济社会常平发展的"中位"提供必要条件。这样，在时间的动态流程和空间的能量交换中，我们赋予改革开放这一顶层设计更为丰富的内涵——改革开放究其本质是基于中道精神这一古老而又鲜活的传统面对时代的深邃思考与简易表达。只有以"变""通"的历史观和世界观为指导，才能在整体观的自觉中动态地寻找到并维持一国发展的中道。

尤须指出的是，改革开放"与时俱进""与世俱进"的灵活性和适应性中还隐含着一条基本原则，那就是唯以"天下为公""公乃为民"为约束条件和根本目标，才能走出狭隘的一己之私、一群之私而看到一个真正的时间和空间整体。这意味着，专以"一"（为公、为民）守，方可在变中以"中"行，这正是"惟精惟一，允执厥中"的要义所在。③

总之，更好地继承和发扬中国经济传统的中道精神，将有助于克服诸多痼疾，跳出唯一元论或二元对立的僵化思维定式和话语体系，以乾势行健不息（改革），以坤势容蓄万物（开放），以"民吾同胞，物吾与也"④，"天地万物为一体"⑤之境界，创造性地开出一个真正具有中国特

---

① 朱熹：《四书章句集注》，中华书局，2016，第19页。
② 《周易》六十三卦《既济》离下坎上，阴阳爻相互参合，协应互济，刚柔皆得其位，《象》曰："刚柔正而位当也。"然而事物发展至鼎盛只是短暂的，盛极而后衰，《象》又谓："'初吉'，柔得中也。'终'止则'乱'，其道穷也。"故而事物进入《周易》最后一卦即六十四卦《未济》，它预示了新一轮发展阶段的开始，《序卦》因之而曰"物不可穷也，故受之以《未济》终焉。"参见《周易正义》卷6、卷9，载阮元校刻《十三经注疏》，中华书局，2009，第149、201页。
③ 《尚书正义》卷4《大禹谟》，载阮元校刻《十三经注疏》，中华书局，2009，第285页。
④ 张载：《正蒙·乾称篇》，《张载集》，章锡琛点校，中华书局，1978，第62页。
⑤ 程颢、程颐：《河南程氏遗书》卷2上，《二程集》，王孝鱼点校，中华书局，2004，第15页。

色、更具建设性和示范性的经济理论与实践体系。

经济传统之中道精神的一个重要面向是它蕴涵着深沉的忧患意识。"君子以思患而豫防之"①，故而"备豫不虞，为国常道"②，农业生产变幻无常的丰歉转换，让古人树立起强烈的危机意识，构筑起削峰填谷的常平仓。从更高的层面审视，这一危机意识转化为独特的发展观，即"君子安而不忘危，存而不忘亡，治而不忘乱"。避免经济社会发展走入极端、失控的最佳态度应是对整个世界永远保持敬畏之心，一个看似稳定的经济系统实则包含着种种不可用概率描述的不确定性。在很大程度上讲，之所以有安—危、存—亡、治—乱的动荡转换，正是因为人们忘记了有危、有亡、有乱，以及安—危、存—亡、治—乱之间存在可能的历史转化。"知进而不知退，知存而不知亡，知得而不知丧"，肇始于美国的 2008 年金融危机正是对狭隘理性经济人的非餍足性、狭隘制度自负的历史虚无性的再一次惩罚。厚积的忧患意识、复杂的世界格局和经济社会发展的现实需求要求社会主义中国在新时代接续常平仓传统的同时进一步超越之，由此我们提出将经济社会赖以发展的基本要素即人口、资源（重要物资）和环境纳入三位一体的"大常平仓"系统之中，建立起维护战略安全、经济安全与稳定的防火墙，更好地服务于中国长远的发展。

常平仓不应仅仅视为预防性政策，因具有跨期配置资源的特点，故而"蓄水养鱼"的常平仓还是一笔对未来有益的、积极进取的战略投资。虽然这笔投资需要支付成本，但（新）功能财政论给予我们的启示是，财政政策若是盯住人，以人为本，盯住常平发展，以核心资源为本位，赤字支出就会得到正反馈的政策效果。因此，面对不确定性与可持续发展的要求，人们应作出一个看似次优、实则最优，有预见性的、可持盈保泰的用中决断，以常平仓应对可能的危机，以常平仓迎接可能的机遇。

优良的经济传统依然活着，但我们还需要进一步发扬、超越之，更好地利用这一穿越时空的利器，将它在更大范围内、更大程度上转化为

---

① 《周易正义》卷 6《既济》，载阮元校刻《十三经注疏》，中华书局，2009，第 149 页。
② 吴兢：《贞观政要集校》卷 2《纳谏》，谢保成集校，中华书局，2009，第 128 页。

经济认知、经济理论，以及政策实践中的自觉，以纠正"言必称希腊"之类的褊狭之见。这就要求我们秉持中道精神，以"万物并育而不相害，道并行而不相悖"①之观念透视经济社会和整个世界，不仅政府—市场是统一体，天—人是统一体，中—外、古—今也是统一体。不割裂天—人、人—我、物—我、时—空的任意一维，进而不忽视、轻视任何一方，我们的视野自然不会被遮蔽，洞析力自然不会被限制。这应是继承本土经济传统，转化外来经济传统，进而统一、超越它们并为新时代中国所用的可取方法与路径。

大国自有大国之道，我们首要的观念或许应是将自身的经济传统视为一个时间概念，而抛弃夹杂于其中"不如人"的陋见。对此，曾出使西洋四国、游走于中西之间的晚清洋务思想家薛福成早有辟透的分析：

> 吾闻西人之言曰，华人尚旧，西人尚新。盖自喜其能创一切新法以致富强，而微讽中国不知变计也。讵知不忘旧，然后能自新；亦惟能自新，然后能复旧……中国之病，固在不能更新，尤在不能守旧……夫惟其轻于忘旧，所以阻其日新也。窃尝盱衡时局，参核至计，为以两言决之曰："宜考旧，勿厌旧；宜知新，勿骛新。"②

面对千年未有之大变局，薛氏苦心孤诣地告知国人切勿抱残守缺、趋新忘祖，走向复古与崇洋两个偏道，因为"新"与"旧"本是一个整体，"不能守旧"就"不能更新"，"忘旧"更会"阻其日新"。他期望国人以"自新"的立场"复旧"，以"不忘旧"的态度"自新"，进而调和两者，超越两者，完成新与旧之间的创造性转换，唯此才能自主地开辟出一条不偏不倚、符合国情的富强之路、常平之道。这正是不变的尚中传统在开放条件下的调适与应用。

欲求超越，必先会通，继而执中，出入以度。穿越千年而历久弥新的中道精神昭示了中国经济传统的核心要义，它充满了辩证的东方智慧，

---

① 朱熹：《四书章句集注》，中华书局，2016，第38页。
② 丁凤麟、王欣之编《薛福成选集》，上海人民出版社，1987，第424页。

是坚守而不保守、师古而不复古，因时空变化而灵活因应的实践艺术，中华文明在它的滋养下深根厚植，生生不息。

心怀中道，必有其用，立于风云际会的新时代，中国特色经济理论与实践的发展创新离不开这一慧命，中国致富强、民族致复兴的经济路向自有其独特的逻辑。

主要参考文献

一 古籍

1. 《周易正义》，载阮元校刻《十三经注疏》，中华书局，2009。

2. 《尚书正义》，载阮元校刻《十三经注疏》，中华书局，2009。

3. 《周礼注疏》，载阮元校刻《十三经注疏》，中华书局，2009。

4. 《礼记正义》，载阮元校刻《十三经注疏》，中华书局，2009。

5. 《春秋左传正义》，载阮元校刻《十三经注疏》，中华书局，2009。

6. 《孟子注疏》，载阮元校刻《十三经注疏》，中华书局，2009。

7. 朱熹：《四书章句集注》，中华书局，2016。

8. 《史记》，中华书局，1982。

9. 《汉书》，中华书局，1962。

10. 《后汉书》，中华书局，1965。

11. 《魏书》，中华书局，1974。

12. 《隋书》，中华书局，1973。

13. 《旧唐书》，中华书局，1975。

14. 《新唐书》，中华书局，1975。

15. 《宋史》，中华书局，1985。

16. 《明史》，中华书局，1974。

17. 《清史稿》，中华书局，1977。

18. 司马光：《资治通鉴》，中华书局，1978。

19. 李焘：《续资治通鉴长编》，上海师范大学古籍整理研究所、华东师范大学古籍研究所点校，中华书局，1995。

20. 《明太宗实录》，"中央研究院"史语所，1962。

21. 《清实录·高宗纯皇帝实录》，中华书局，1985。

22. 张纯一：《晏子春秋校注》，梁运华等点校，中华书局，2014。

23. 吴兢：《贞观政要集校》，谢保成集校，中华书局，2009。

24. 《唐六典》，陈仲夫点校，中华书局，1992。

25. 杜佑：《通典》，中华书局，1984。

26. 李心传：《建炎以来朝野杂记》，徐规点校，中华书局，2000。

27. 徐松辑《宋会要辑稿》，刘琳等点校，中华书局，2014。

28. 徐松辑《宋会要辑稿补编》，陈智超整理，全国图书文献缩微复制中心出版，1988。

29. 徐学聚：《国朝典汇》，书目文献出版社，1996。

30. 申时行等：《大明会典》，《续修四库全书》编纂委员会编《续修四库全书》史部第 789 册，上海古籍出版社，1995。

31. 龙文彬：《明会要》，中华书局，1998。

32. 《清朝文献通考》，浙江古籍出版社，2000。

33. 刘锦藻：《清朝续文献通考》，浙江古籍出版社，2000。

34. 席裕福、沈师徐：《皇朝政典类纂》，文海出版社，1974。

35. 赵汝愚编《宋朝诸臣奏议》，北京大学中国中古史研究中心点校整理，上海古籍出版社，1999。

36. 《皇清奏议》，《续修四库全书》编纂委员会编《续修四库全书》史部第 473 册，上海古籍出版社，2002。

37. 董煟：《救荒活民书》，中国书店，2018。

38. 陈龙正辑《救荒策会》，载李文海等主编《中国荒政书集成》第 1 册，夏明方点校，天津古籍出版社，2010。

39. 何淳之辑《荒政汇编》，载李文海等主编《中国荒政书集成》第 1 册，陈喆、罗兴连点校，天津古籍出版社，2010。

40. 魏禧：《救荒策》，载李文海等主编《中国荒政书集成》第 2 册，李文海点校，天津古籍出版社，2010。

41. 万维翰：《荒政琐言》，载李文海等主编《中国荒政书集成》第 3 册，李文海点校，天津古籍出版社，2010。

42. 陆曾禹：《钦定康济录》，载李文海等主编《中国荒政书集成》第 3 册，赵丽、徐娜点校，天津古籍出版社，2010。

43. 那彦成编《赈记》，载李文海等主编《中国荒政书集成》第 4 册，郝秉键点校，天津古籍出版社，2010。

44. 杨景仁编《筹济编》，载李文海等主编《中国荒政书集成》第 5 册，郝秉键点校，天津古籍出版社，2010。

45. 施宿等：《会稽志》，《景印文渊阁四库全书》集部第 486 册，台湾商务印书馆，1986。

46. 康熙《常熟县志》，上海古籍出版社，1991。

47. 方观承：《畿辅义仓图》，崔广社等整理，河北大学出版社，2017。

48. 王先谦：《荀子集解》，中华书局，1983。

49. 王利器：《盐铁论校注》，中华书局，1992。

50. 丘濬：《大学衍义补》，金良年整理，上海书店出版社，2012。

51. 王夫之：《噩梦》，载王夫之《船山全书》第 12 册，岳麓书社，1996。

52. 蒋溥等编《御览经史讲义》，《景印文渊阁四库全书》子部第 723 册，台湾商务印书馆，1986。

53. 郭沫若等：《管子集校》，《郭沫若全集·历史编》第 5～8 卷，人民出版社，1984。

54. 黎翔凤：《管子校注》，中华书局，2004。

55. 马非百：《管子轻重篇新诠》，中华书局，1979。

56. 梁启超：《管子传》，载梁启超《饮冰室合集·专集第二十八》，中华书局，1989。

57. 许维遹：《吕氏春秋集释》，中华书局，2017。

58. 刘文典：《淮南鸿烈集解》，冯逸、乔华点校，中华书局，2013。

59. 沈括：《梦溪笔谈》，金良年点校，中华书局，2015。

60. 王辟之：《渑水燕谈录》，吕友仁点校，中华书局，1981。

61. 吴曾：《能改斋漫录》，中华书局，1985。

62. 沈德符：《万历野获编》，中华书局，1959。

63. 《永乐大典》，北京图书馆出版社，2003。

64. 陈鼓应：《老子注释及评介》，中华书局，1984。

65. 张载：《张载集》，章锡琛点校，中华书局，1978。

66. 程颢、程颐：《二程集》，王孝鱼点校，中华书局，2004。

67. 王安石：《临川先生文集》，载王水照主编《王安石全集》第 5～7 册，聂安福等点校，复旦大学出版社，2017。

68. 苏轼：《苏轼文集》，孔凡礼点校，中华书局，1986。

69. 苏辙：《苏辙集》，陈宏天、高秀芳点校，中华书局，1990。

70. 晁说之：《景迂生集》，《景印文渊阁四库全书》集部第 1118 册，台湾商务印书馆，1986。

71. 毕仲游：《西台集》，载山右历史文化研究院编《西台集（外三种）》，傅慧成点校，上海古籍出版社，2016。

72. 杨时：《龟山集》，《景印文渊阁四库全书》集部第 1125 册，台湾商务印书馆，1986。

73. 朱熹：《晦庵先生朱文公文集》，载朱杰人等主编《朱子全书》第 20 ～ 25 册，刘永翔等点校，上海古籍出版社、安徽教育出版社，2000。

74. 叶适：《叶适集》，刘公纯等点校，中华书局，2010。

75. 袁燮：《絜斋集》，《景印文渊阁四库全书》集部第 1157 册，台湾商务印书馆，1986。

76. 杨冠卿：《客亭类稿》，《景印文渊阁四库全书》集部第 1165 册，台湾商务印书馆，1986。

77. 刘宰：《漫塘集》，《景印文渊阁四库全书》集部第 1170 册，台湾商务印书馆，1986。

78. 真德秀：《西山先生真文忠公文集》，商务印书馆，1937。

79. 林希逸：《竹溪鬳斋十一稿续集》，《景印文渊阁四库全书》集部第 1185 册，台湾商务印书馆，1986。

80. 袁枚：《小仓山房文集》，载王英志主编《袁枚全集》第 2 册，王英志校点，江苏古籍出版社，1993。

81. 丁凤麟、王欣之编《薛福成选集》，上海人民出版社，1987。

82. 魏源编《皇朝经世文编》，载《魏源全集》编辑委员会编《魏源全集》第 15 册，岳麓书社，2004。

二 国内研究文献

（一）专著、文集、报告等

83. 白丽萍：《晚清长江中游地区仓储转型与社会变迁》，中国政法大学出版社，2018。

84. 陈来：《古代宗教与伦理：儒家思想的根源》（增订本），北京大学出版社，2017。

85. 陈梦家：《殷虚卜辞综述》，科学出版社，1956。

86. 陈万雄：《五四新文化的源流》，生活·读书·新知三联书店，1997。

87. 程瑶：《籴粜之局：清代湘潭的米谷贸易与地方社会》，厦门大学出版社，2017。

88. 《邓小平文选》第3卷，人民出版社，1993。

89. 邓云特：《中国救荒史》，商务印书馆，1937。

90. 方修琦等：《历史气候变化对中国社会经济的影响》，科学出版社，2019。

91. 冯柳堂：《中国历代民食政策史》，商务印书馆，1934。

92. 高王凌：《活着的传统：十八世纪中国的经济发展和政府政策》，北京大学出版社，2005。

93. 胡代光等：《凯恩斯主义的发展和演变》，清华大学出版社，2004。

94. 胡寄窗：《中国经济思想史》，上海财经大学出版社，1998。

95. 郎霄擎：《中国民食史》，商务印书馆，1933。

96. 李超民：《常平仓：美国制度中的中国思想》，上海远东出版社，2002。

97. 李超民：《大国崛起之谜：美国常平仓制度的中国渊源》，中央编译出版社，2014。

98. 李汾阳：《清代仓储研究》，文海出版社，2006。

99. 李金水：《王安石经济变法研究》，福建人民出版社，2007。

100. 刘涤源：《凯恩斯经济学说评论》，武汉大学出版社，1997。

101. 刘甲朋：《中国古代粮食储备调节制度思想演进》，中国经济出版社，2010。

102. 刘绪贻、李存训：《美国通史》第5卷，人民出版社，2002。

103. 骆江玲：《大学生村官制度和问题研究》，中国社会科学出版社，2017。

104. 庞朴：《儒家辩证法研究》，中华书局，2009。

105. 钱穆：《中国历史研究法》，生活·读书·新知三联书店，2001。

106. 任继亮：《〈管子〉经济思想研究：轻重论史话》，中国社会科学出版社，2005。

107. 佘宇：《"村官"小政策，人才大战略》，中国发展出版社，2013。

108. 司马琪编《十家论管》，上海人民出版社，2008。

109. 谈敏：《法国重农学派学说的中国渊源》，上海人民出版社，1992。

110. 万俊人：《道德之维：现代经济伦理导论》，广东人民出版社，2000。

111. 王文书：《宋代借贷业研究》，河北大学出版社，2014。

112. 闻亦博：《中国粮政史》，正中书局，1943。

113. 巫宝三：《管子经济思想研究》，中国社会科学出版社，1989。

114. 吴四伍：《清代仓储的制度困境与救灾实践》，社会科学文献出版社，2018。

115. 习近平：《决胜全面建成小康社会　夺取新时代中国特色社会主义伟大胜利——在中国共产党第十九次代表大会上的报告》，人民出版社，2017。

116. 徐更生：《美国农业政策》，经济管理出版社，2007。

117. 余敦康：《易学今昔》增订本，人民大学出版社，2016。

118. 余英时：《论天人之际：中国古代思想起源试探》，中华书局，2014。

119. 于佑虞：《中国仓储制度考》，正中书局，1948。

120. 张凤林：《后凯恩斯经济学新进展追踪评析》，商务印书馆，2013。

121. 张弓：《唐朝仓廪制度初探》，中华书局，1986。

122. 赵靖：《中国经济思想通史》第1卷，北京大学出版社，2002。

123. 张青：《国家商品储备：安全与稳定》，经济科学出版社，2007。

124. 张文：《宋朝社会救济研究》，西南师范大学出版社，2001。

125. 中共中央宣传部编《习近平新时代中国特色社会主义思想三十讲》，学习出版社，2018。

126. 《中国的粮食安全》白皮书，2019年10月，http://www.scio.gov.cn/zfbps/ndhf/39911/Document/1666231/1666231.htm。

（二）论文

127. 白丽萍：《试论清代社仓制度的演变》，《中南民族大学学报》（人文社会科学版）2007年第1期。

128. 白丽萍：《康熙帝与社仓建设——以直隶为中心的考察》，《北京社会科学》2013年第5期。

129. 蔡昉：《为什么"奥肯定律"在中国失灵——再论经济增长与就业的关系》，《宏观经济研究》2007年第1期。

130. 常建华：《清康雍时期试行社仓新考》，《史学集刊》2018年第

1 期。

131. 陈春声：《论清代广东的常平仓》，《中国史研究》1989 年第 3 期。

132. 陈春声：《论清末广东义仓的兴起——清代广东粮食仓储研究之三》，《中国经济社会史研究》1994 年第 1 期。

133. 陈关龙：《论明代的备荒仓储制度》，《求索》1991 年第 5 期。

134. 陈焕章：《孔门理财学 国用》，《孔教会杂志》第 1 卷第 1 期，1913 年 2 月。

135. 陈良佐：《从春秋到两汉我国古代的气候变迁——兼论〈管子·轻重〉著作的时代》，载陈国栋等主编《经济脉动》，中国大百科全书出版社，2005。

136. 陈旭：《明代预备仓创立时间新论》，《农业考古》2010 年第 1 期。

137. 陈支平：《朱熹的社仓设计及其流变》，《中国经济史研究》2016 年第 6 期。

138. 崔赟：《明代的备荒仓储》，《北方论丛》2004 年第 5 期。

139. 邓海伦：《乾隆十三年再检讨——常平仓政策改革和国家利益权衡》，《清史研究》2007 年第 2 期。

140. 顾颖：《明代预备仓积粮问题初探》，《史学集刊》1993 年第 1 期。

141. 韩华：《论陈焕章对孔子"理财"思想的现代诠释》，《社会科学研究》1999 年第 1 期。

142. 何荣：《清代新疆常平仓的发展与管理》，《新疆大学学报》（哲学·人文社会科学版）2014 年第 2 期。

143. 胡波：《试论清代陕西黄土高原地区常平仓储粮规模的变化》，《陕西师范大学学报》（哲学社会科学版）2002 年第 S1 期。

144. 胡火今、张焕育：《明代乡里"老人"看管备荒粮仓》，《社会科学报》2012 年 1 月 18 日，第 A05 版。

145. 黄伯轩：《常平仓之起源及其性质》，《经济论衡》第 2 卷第 2 期，1944 年 2 月。

146. 贾根良、刘琳：《中国稀土问题的经济史透视与演化经济学分析》，《北京大学学报》（哲学社会科学版）2011 年第 4 期。

147. 姜锡东：《宋代商人的市场垄断与政府的反垄断》，《中国经济史研究》1996 年第 2 期。

148. 康沛竹：《清代仓储制度的衰败与饥荒》，《社会科学战线》1996 年第 3 期。

149. 孔祥军：《两宋常平仓研究》，《南京农业大学学报》（社会科学版）2009 年第 4 期。

150. 李超民：《中国古代常平仓对美国新政农业立法的影响》，《复旦学报》（社会科学版）2000 年第 3 期。

151. 李超民：《中国古代常平仓思想：美国 1930 年代的一场争论》，《上海财经大学学报》2000 年第 3 期。

152. 李超民：《〈1938 年农业调整法〉与常平仓：美国当代农业繁荣的保障》，《财经研究》2000 年第 12 期。

153. 李超民：《王安石变法与美国 20 世纪 30 年代的新政》，《西安交通大学学报》（社会科学版）2001 年第 2 期。

154. 李超民：《常平仓：当代宏观经济稳定政策的中国渊源考察》，《复旦学报》（社会科学版）2002 年第 2 期。

155. 李超民：《论美国新政"常平仓计划"受王安石经济思想的影响——兼与卜德先生商榷》，《西南师范大学学报》（人文社会科学版）2002 年第 6 期。

156. 李华瑞：《宋代救荒仓储制度的发展与变化》，载马明达主编《暨南史学》2012 年第 7 辑。

157. 李菁：《明代赈济仓初探——以南直隶地区为例》，《中国建筑史论汇刊》2015 年第 1 期。

158. 李学勤：《〈管子·轻重篇〉的年代与思想》，载陈鼓应编《道家文化研究》第 2 辑，上海古籍出版社，1992。

159. 李韵：《五项考古发现让夏文化更可信》，《光明日报》2020 年 11 月 26 日，第 1 版。

160. 梁庚尧：《南宋的社仓》，载陈国栋等主编《经济脉动》，中国大百科全书出版社，2005。

161. 林朴初：《仓的研究》，《新生命》第 3 卷第 9 期，1930 年 9 月。

162. 刘翠溶：《清代仓储制度稳定功能之检讨》，载陈国栋等主编《经济脉动》，中国大百科全书出版社，2005。

163. 刘秋根：《唐宋常平仓的经营与青苗法的推行》，《河北大学学报

（哲学社会科学版）》1989 年第 4 期。

164. 刘绪贻：《罗斯福"新政"的农业政策》，《史学月刊》2001 年第 3 期。

165. 罗卫东、蒋自强：《兰格模式与社会主义市场经济理论：社会主义市场经济理论的历史渊源》，《学术月刊》1994 年第 5 期。

166. 马丽、方修琦：《清代常平仓粮食储额的空间格局》，《中国历史地理论丛》2009 年第 3 期。

167. 慕容浩：《汉代常平仓探讨》，《内蒙古社会科学》（汉文版）2014 年第 3 期。

168. 牛敬忠：《清代常平仓、社仓的社会功能》，《内蒙古大学学报》（哲学社会科学版）1991 年第 1 期。

169. 牛敬忠：《清代常平仓、社仓制度初探》，《内蒙古师范大学学报》（哲学社会科学版）1991 年第 2 期。

170. 潘孝伟：《唐代义仓研究》，《中国农史》1984 年第 4 期。

171. 潘孝伟：《唐代义仓制度补议》，《中国农史》1998 年第 3 期。

172. 庞朴：《"中庸"平议》，《中国社会科学》1980 年创刊号。

173. 邱建群：《论罗斯福新政与美国西部经济的崛起》，《辽宁大学学报》（哲学社会科学版）2016 年第 1 期。

174. 权相佑：《儒教型社会性企业的探索——以朱子"社仓制"的现代转型为中心》，《当代儒学》2014 年第 6 辑。

175. 沈文辅：《论古今中外的常平仓政策》，《东方杂志》第 41 卷第 6 期，1945 年 3 月。

176. 沈文辅：《论华莱士所倡议之美国常平仓政策》，《经济论衡》第 2 卷第 7、8 期合刊，1944 年 8 月。

177. 孙明华：《西方国家社会性企业运营概况及启示》，《社会工作》2008 年第 5 期下。

178. 滕海键：《民间资源保护队的缘起和历史地位》，《史学月刊》2006 年第 10 期。

179. 田华：《金代的常平仓研究》，《农业考古》1992 年第 2 期。

180. 佟伟华：《磁山遗址的原始农业遗存及其相关的问题》，《农业考古》1984 年第 1 期。

181. 万俊人：《论市场经济的道德维度》，《中国社会科学》2000年第2期。

182. 王卫平、王宏旭：《明代预备仓政的演变及特点》，《学术界》2017年第8期。

183. 王文东：《宋朝青苗法与唐宋常平仓制度比较研究》，《中国经济史研究》2006年第3期。

184. 王兴亚：《明代实施老人制度的利与弊》，《郑州大学学报》（哲学社会科学版）1993年第2期。

185. 魏天安：《关于常平仓的几个问题》，载姜锡东、李华瑞主编《宋史研究论丛》第8辑，河北大学出版社，2007。

186. 吴慧：《历史上粮食商品率商品量测估——以宋明清为例》，《中国经济史研究》1998年第4期。

187. 吴四伍：《义仓、社仓概念之辨析》，《清史论丛》2018年第2期。

188. 吴涛：《明代苏松地区仓储制度初探》，《中国农史》1996年第3期。

189. 吴涛：《论清前期苏松地区的仓储制度》，《中国农史》1997年第2期。

190. 缐文、冯晓英：《贷款创造存款与货币内生供给——基于货币本质的视角》，《广东金融学院学报》2012年第1期。

191. 缐文、李大伟：《后发大国的发展战略：从比较优势到适度赶超》，《宁夏社会科学》2016年第5期。

192. 谢伏瞻：《加快构建中国特色哲学社会科学学科体系、学术体系、话语体系》，《中国社会科学》2019年第5期。

193. 徐建青：《从仓储看中国封建社会的积累及其对社会再生产的作用》，《中国经济史研究》1987年第3期。

194. 杨果、赵治乐：《宋代士大夫的饥荒对策刍议》，《武汉大学学报》（人文科学版）2014年第2期。

195. 姚建平：《内功能与外功能——清代两湖地区常平仓仓谷的采买与输出》，《社会科学辑刊》2005年第4期。

196. 叶坦：《宋代纸币理论考察》，《中国经济史研究》1990年第4期。

197. 俞菁慧、雷博：《北宋熙宁青苗借贷及其经义论辩》，《历史研究》

2016 年第 2 期。

198. 于树德：《我国古代之农荒豫防策——常平仓、义仓和社仓（上）、（下）》，《东方杂志》第 18 卷第 14、15 期，1921 年 7、8 月。

199. 张林、毕治：《制度主义者对"新政"的影响》，《外国经济学说与中国研究报告》2010 年。

200. 张雪魁：《信念理性与凯恩斯经济革命新释——基于凯恩斯〈概率论〉的一种考察》，《哲学分析》2010 年第 4 期。

201. 张岩：《试论清代的常平仓制度》，《清史研究》1993 年第 4 期。

202. 张岩：《论清代常平仓与相关类仓之关系》，《中国社会经济史研究》1998 年第 4 期。

203. 赵丽莎：《美国罗斯福新政中的艺术资助项目》，《公共艺术》2014 年第 4 期。

204. 赵燕菁：《把保障房制度上升为国家战略》，《第一财经日报》2020 年 5 月 12 日，第 A11 版。

205. 钟永宁：《清前期湖南的常平仓与湘米输出》，《求索》1990 年第 1 期。

206. 周琼：《乾隆朝"以工代赈"制度研究》，《清华大学学报》（哲学社会科学版）2011 年第 4 期。

207. 朱浒：《食为民天：清代备荒仓储的政策演变与结构转换》，《史学月刊》2014 年第 4 期。

208. 邹进文、黄爱兰：《中国古代的货币政策思想："称提"述论》，《华中师范大学学报》（人文社会科学版）2010 年第 5 期。

三　国外研究文献

（一）译著、英文原著

209. 陈焕章：《孔门理财学》，韩华译，商务印书馆，2015。

210. 稻盛和夫：《干法》，曹岫云译，机械工业出版社，2019。

211. 恩格斯：《反杜林论》，中央编译局译，人民出版社，2015。

212. 格雷厄姆：《储备与稳定》，译科、张卓飞译，法律出版社，2011。

213. 格雷厄姆：《世界商品与世界货币》，译科、杨崇献译，法律出版社，2011。

214. 海森伯：《物理学和哲学》，范岱年译，商务印书馆，1981。

215. 怀特：《拯救亚当·斯密》，彭一勃等译，人民大学出版社，2009。

216. 凯恩斯：《货币论》，何瑞英、蔡谦等译，商务印书馆，1986。

217. 凯恩斯：《就业利息和货币通论》，徐毓枬译，商务印书馆，1981。

218. 凯恩斯：《就业、利息和货币通论》，高鸿业译，商务印书馆，1999。

219. 柯文：《在中国发现历史：中国中心观在美国的兴起》，林同奇译，中华书局，2002。

220. 李斯特：《政治经济学的国民体系》，陈万煦译，商务印书馆，1961。

221. 李约瑟：《中国科学技术史》第 3 卷《数学》，《中国科学技术史》翻译小组译，科学出版社，1979。

222. 洛克腾堡：《罗斯福与新政》，朱鸿恩、刘绪贻译，商务印书馆，1993。

223. 洛佩斯、阿祖兹：《米哈尔·卡莱茨基》，陈小白译，华夏出版社，2011。

224. 罗斯福：《罗斯福选集》，关在汉编译，商务印书馆，1982。

225. 罗威廉：《救世：陈宏谋与十八世纪中国的精英意识》，陈乃宣等译，中国人民大学出版社，2016。

226. 《马克思恩格斯全集》第 18、30、39 卷，中央编译局译，人民出版社，1964、1995、1974。

227. 《资本论》，中央编译局译，人民出版社，2004。

228. 马克思：《1844 年经济学哲学手稿》，中央编译局译，人民出版社，2014。

229. 马克思：《哥达纲领批判》，中央编译局译，人民出版社，2018。

230. 沙伊贝等：《近百年美国经济史》，彭建松等译，中国社会科学出版社，1983。

231. 施莱贝克尔：《美国农业史（1607—1972）》，高田等译，农业出版社，1981。

232. 斯基德尔斯基：《凯恩斯传》，相蓝欣、储英译，生活·读书·新知三联书店，2006。

233. 斯密：《国民财富的性质和原因的研究》，郭大力、王亚南译，商务印书馆，1974。

234. 斯密:《道德情操论》，蒋自强等译，商务印书馆，1997。

235. 松下幸之助:《经营管理全集之 5·自来水经营理念》，名人出版事业股份有限公司，1984。

236. 王国斌:《转变的中国——历史变迁与欧洲经验的局限》，李伯重、连玲玲译，江苏人民出版社，1998。

237. 魏丕信:《18 世纪中国的官僚制度与荒政》，徐建青译，江苏人民出版社，2002。

238. 萧公权:《中国乡村:论 19 世纪的帝国控制》，张皓、张升译，联经出版事业股份有限公司，2014。

239. 雅斯贝斯:《历史的起源与目标》，魏楚雄、俞新天译，华夏出版社，1989。

240. Arestis, P., *The Post-Keynesian Approach to Economics: An Alternative Analysis of Economic Theory and Policy* (Aldershot and Brookfield: Edward Elgar, 1992).

241. Blum, J. M., eds., *The Price of Vision: The Diary of Henry A. Wallace 1942 – 1946*, (Boston: Houghton Mifflin Company, 1973).

242. Davis J. B., *Keynes's Philosophical Development* (Cambridge: Cambridge University Press, 1994).

243. Dunstan, H., *State or Merchant? Political Economy and Political Process in 1740s China* (Cambridge, Massachusetts, and London: The Harvard University Asia Center, 2006).

244. Graham F. D., *Social Goals and Economic Institutions* (Princeton: Princeton University Press, 1942).

245. Graham, B., *Storage and Stability: A Modern Ever-Normal Granary* (New York and London: McGraw-Hill Book Company, Inc., 1937).

246. Graham B., *The World Commodities and World Currency* (New York and London: McGraw-Hill Book Company, Inc., 1944).

247. Harrod, R. F., *The Life of John Maynard Keynes* (New York: Augustus M. Kelley · Publishers, 1969).

248. Harvey, P., *Securing the Right to Employment* (Princeton: Princeton University Press, 1989).

249. Jevons, W. S. , *Papers on Political Economy*, in Black, R. D. Collison, eds. , Vol. 7 of *Papers and Correspondence of William Stanley Jevons* (London: Macmillan, 1981).

250. Kahn, R. F. , *The Making of Keynes' General Theory* (Cambridge: Cambridge University Press, 1984).

251. Keynes, J. M. , *The General Theory of Employment Interest and Money* (New York: Harcourt, Brace and Company, 1936).

252. Keynes, J. M. , *A Treatise on Money* in Moggridge, D. , eds. , Vol. VI (6) of *The Collected Writings of John Maynard Keynes* (London: Macmillan, 1971).

253. Keynes, J. M. , *Essays in Persuasion*, in Moggridge, D. , eds. , Vol. IX (9) of *The Collected Writings of John Maynard Keynes* (London: Macmillan, 1972).

254. Keynes, J. M. , *Economic Articles and Correspondence: Investment and Editorial*, in Moggridge, D. , eds. , Vol. XII (12) of *The Collected Writings of John Maynard Keynes* (London: Macmillan, 1983).

255. Keynes, J. M. , *Activities 1922 – 1929, the Return to Gold and Industrial Policy*, in Moggridge, D. , eds. , Vol. XIX (19) Part II of *The Collected Writings of John Maynard Keynes* (London: Macmillan, 1981).

256. Keynes, J. M. , *Activities 1940 – 1946: Shaping the Post-war World: the Cleaning Union*, in Moggridge, D. , eds. , Vol. XXV (25) of *The Collected Writings of John Maynard Keynes* (London: Macmillan, 1980).

257. Keynes, J. M. , *Activities 1940 – 1946: Shaping the Post-war World: Employment and Commodities*, in Moggridge, D. , eds. , Vol. XXVII (27) of *The Collected Writings of John Maynard Keynes* (London: Macmillan, 1980).

258. King, J. E. , *A History of Post Keynesian Economics since 1936* (Cheltenham and Northampton: Edward Elgar, 2002).

259. Knapp, G. F. , *The State Theory of Money* (London: Macmillan, 1924).

260. Lerner, A. P. , *The Economics of Employment* (New York: McGraw-Hill, 1951).

261. Li, L. M., *Fighting Famine in North China：State, Market, and Environmental Decline, 1690s – 1990s* (Stanford：Stanford University Press, 2007).

262. Macdonald, D., *Henry Wallace：the Man And the Myth* (New York：The Vanguard Press, Inc., 1948).

263. Mandel, E., *An Introduction to Marxist Economic Theory* (New York：Pathfinder Press, 1967).

264. Minsky, H. P., *Stabilizing an Unstable Economy* (New York and London：McGraw-Hill, 2008).

265. Minsky, H. P., *John Maynard Keynes* (New York and London：McGraw-Hill, 2008).

266. Murray, M. J., Forstater, M., eds., *Employment Guarantee Schemes* (New York：Palgrave Macmillan, 2013).

267. Peterson, W. H., *The Great Farm Problem* (Chicago：Henry Regnery Company, 1959).

268. Pressman, S., eds., *Alternative Theories of the State* (New York：Palgrave Macmillan, 2006).

269. Will, Pierre-Etienne et al., *Nourish the People：the State Civilian Granary System in China, 1650 – 1850* (Ann Arbor：Center for Chinese Studies, University of Michigan, 1991).

270. Wray, L. R., *Understanding Modern Money：A Key to Full Employment and Price Stability* (Cheltenham and Northampton：Edward Edgar, 1998).

（二）译文、英文论文

271. 罗宾逊，《凯恩斯革命的结果如何》，载罗宾逊编《凯恩斯以后》，林敬贤译，商务印书馆，2015。

272. 约翰逊，《约翰·梅纳德·凯恩斯：科学家还是政治家?》，载罗宾逊编《凯恩斯以后》，林敬贤译，商务印书馆，2015。

273. Aizer, A., et al., "Do Youth Employment Programs Works? Evidence From the New Deal," NBER Working Paper No. 27103, 2020.

274. Beale, Jr., W. T. M., Kennedy M. T., and Winn W. J., "Commodity Reserve Currency：a Critique," *The Journal of Political Economy* 50

(4) (1942): 579 – 594.

275. Bell, S., "Functional Finance: What, Why, and How?" Working Paper No. 287, Levy Economics Institutes of Bard College, 1999.

276. Bell, S., "Do Taxes Bonds Finance Government Spending?" *Journal of Economic Issues* 34 (3) (2000): 603 – 620.

277. Bodde, D., "Henry A. Wallace and the Ever-Normal Granary," *The Far Eastern Quarterly* 5 (4) (1946): 411 – 426.

278. Chua, J. H., Woodward R. S., "J. M. Keynes' Investment Performance: A Note," *The Journal of Finance* 38 (1) (1983): 232 – 235.

279. Colander, D., "Was Keynes a Keynesian or a Lernerian?" *Journal of Economic Literature* 22 (4) (1984): 1572 – 1575.

280. Davidson, P., "Rational Expectation: a Fallacious Foundation for Studying Crucial Decision Making Processes," *Journal of Post Keynesian Economics* 5 (2) (1982): 182 – 198.

281. Davis, J. S., "The Economics of the Ever-Normal Granary," *Journal of Farm Economics* 20 (1) Proceedings Number (1938): 8 – 21.

282. Dimitri C., Effland A., and Conklin N., "The 20th Century Transformation of U. S. Agriculture and Farm Policy," United States Department of Agriculture, Economic Information Bulletin No. 3, June 2005. https:// www. ers. usda. gov/publications/pub-details/? pubid = 44198.

283. Elliott, J. E., Clark, B. S., "Keynes's 'General Theory' and Social Justice," *Journal of Post Keynesian Economics* 9 (3) (1987): 381 – 394.

284. Ezekiel M., "Henry A. Wallace, Agricultural Economist," *Journal of Farm Economics* 48 (4) (1966): 789 – 802.

285. Fantacci, L., Rosselli, A., "Stabilizing Commodities: Buffer Stock Plans by Keynes and Kahn," ESHET 13th Conference Paper, 2009.

286. Fantacci, L., Marcuzzo, M. C., and Sanfilippo, E., "Speculation in Commodities: Keynes' 'Practical Acquaintance' with Future Markets," *Journal of the History of Economic Thought* 32 (3) (2010): 397 – 418.

287. Fantacci, L. et al., "Speculation and Buffer Stocks: The Legacy of Keynes and Kahn," *The European Journal of the History of Economic*

Thought 19 （3） （2012）: 453 – 473.

288. Forstater, M. , "Functional Finance and Full Employment: Lesson from Lerner for Today," *Journal of Economic Issues* 33 （2） （1999）: 475 – 482.

289. Gordon, W. , "Job Assurance: The Job Guarantee Revisited," *Journal of Economic Issues* 31 （3） （1997）: 826 – 834.

290. Graham, F. D. , "Keynes vs. Hayek on a Commodity Currency," *The Economic Journal* 54 （215/216） （1944）: 422 – 429.

291. Hayek, F. A. , "A Commodity Reserve Currency," *The Economic Journal* 53 （210/211） （1943）: 176 – 184.

292. Henry, J. F. , "Keynes' Economic Program, Social Institutions, Ideology, and Property Rights," *Journal of Economics Issues* 35 （3） （2001）: 633 – 655.

293. Hirai, T. , "Aimed at the Stabilization of Commodity Prices-Keynes's Hopes Betrayed and the Transmutation Process of the International Control Scheme," ESHET 13th Conference Paper, 2009.

294. Johnson, D. G. , "The Nature of the Supply Function for Agricultural Products," *The American Economic Review* 40 （4） （1950）: 539 – 564.

295. Kadmos, G. , O'Hara P. A. , "The Taxes-Drive-Money and Employer of Last Resort Approach to Government Policy," *Journal of Economics and Social Policy* 5 （1） （2000）: 1 – 18.

296. Kahn, R. F. , "The Relation of Home Investment to Unemployment," *Economic Journal* 41 （162） （1931）: 173 – 198.

297. Kalecki, M. , "Political Aspects of Full Employment," *Political Quarterly* 14 （4） （1943）: 322 – 331.

298. Keynes, J. M. , "Alternative of the Rate of Interest," *The Economic Journal* 47 （186） （1937）: 241 – 252.

299. Keynes, J. M. , "The General Theory of Employment," *The Quarterly Journal of Economics* 51 （2） （1937）: 209 – 223.

300. Keynes, J. M. , "The Policy of Government Storage of Food-Stuffs and Raw Materials," *The Economics Journal* 48 （191） （1938）: 449 – 460.

301. Keynes, J. M. , "The Objective of International Price Stability," *The*

Economic Journal 53 （210/211） （1943）：185 – 187.

302. Keynes, J. M., "Note by Lord Keynes," *The Economic Journal* 54 （215/216） （1944）：429 – 430.

303. Kregel, J. A., "Budget Deficits, Stabilization Policy and Liquidity Preference：Keynes's Post-War Policy Proposals," in Vicarelli, F., eds., *Keynes's Relevance Today* （London：Palgrave Macmillan, 1985）, pp. 28 – 50.

304. Kregel, J. A., "Keynesian Stabilization Policy and Post-War Economic Performance," in Szimai, E. et al. eds., *Explaining Economic Growth：Essays in Honour of Angus Maddison* （Amsterdam：Elsevier Science Publishers B. V., 1993）, pp. 429 – 445.

305. Kregel, J. A., "The Theory of Value, Expectation and Chapter 17 of the General Theory," in Harcourt, G. C., Riach, P., eds., *A Second Edition of the General Theory* （London：Routledge, 1996）, pp. 261 – 282.

306. Kregel, J. A., "Keynes's Influence on Modern Economics：Some Overlooked Contributions of Keynes's Theory of Finance and Economics Policy," in Bateman, B., et al., eds., *The Return to Keynes* （Harvard：Harvard University Press, 2010）, pp. 241 – 256.

307. Lerner, A. P., "The Economic Steering Wheel," in Colander, D., eds., *Selected Economic Writings of Abba P. Lerner* （New York：New York University Press, 1983）, pp. 271 – 277.

308. Lerner, A. P., "Functional Finance and the Federal Debt," *Social Research* 10 （1） （1943）：38 – 51.

309. Lerner, A. P., "Money," in *Encyclopedia Britannica：A New Survey of Universal Knowledge*, 14th Edition, Vol. 15 （Chicago · London · Toronto：Encyclopedia Britannica, Inc., 1946）, pp. 693 – 698.

310. Lerner, A. P., "Money as a Creature of the State." *The American Economic Review* 37 （2）, Papers and Proceedings of the Fifty-ninth Annual Meeting of the American Economic Association （1947）：312 – 317.

311. Lerner, A. P., "The Burden of National Debt," in Metzler, L. A., Perloff, S. and Domar, E. D., eds., *Income, Employment, and Public*

Policy: *Essays in Honor of Alvin H. Hansen* (New York: W. W. Norton, 1948), pp. 255 – 275.

312. Mehrling, P. , "Modern Money: Fiat or Credit?" *Journal of Post Keynesian Economics* 22 (3) (2000): 397 – 406.

313. Michell, W. F. , "The Buffer Stock Employment Model and the NAIRU: The Path to Full Employment," *Journal of Economics Issues* 32 (2) (1998): 547 – 555.

314. Minsky, H. P. , "Effects of Shifts of Aggregate Demand upon Income Distribution," *American Journal of Agricultural Economics* 50 (2) (1968): 328 – 339.

315. Montes, L. , "Das Adam Smith Problem: Its Origins, the Stages of the Current Debate, and One Implication for Our Understanding of Sympathy," *Journal of the History of Economic Thought* 25 (1) (2003): 63 – 90.

316. Mosler, W. , "Full Employment and Price Stability," *Journal of Post Keynesian Economics* 20 (2) (1997 – 1998): 167 – 182.

317. Palma, G. , "Kahn on Buffer Stock," *Cambridge Journal of Economics* 18 (1) (1994): 117 – 127.

318. Ramsay, T. , "The Jobs Guarantee: A Post Keynesian Analysis," *Journal of Post Keynesian Economics* 25 (2) (2002 – 2003): 273 – 291.

319. Rasmussen, W. D. , Baker G. L. , and Ward J. S. , "A Short History of Agricultural Adjustment, 1933 – 75," National Economic Analysis Division, Economic Service, U. S. Department of Agriculture, Agriculture Information Bulletin No. 391, 1976.

320. Scitovky, T. , "Lerner's Contribution to Economics," *Journal of Economic Literature* 22 (4) (1984): 1547 – 1571.

321. Sotiropoulos, D. P. , "Kalecki's Dilemma: Toward a Marxian Political Economy of Neoliberalism," *Rethinking Marxism* 23 (1) (2011): 100 – 116.

322. Tcherneva, P. R. , Wray, L. R. , Employer of Last Resort: A Case Study of Argentina's *Jefes* Program, C-FEPS Working Paper No. 43, Center for Full Employment and Price Stability of the University of Mis-

sour-Kansas City, 2005.

323. Tcherneva, P. R. , "Keynes's Approach to Full Employment: Aggregate or Targeted Demand? " Working Paper No. 542, Levy Economics Institutes of Bard College, 2008.

324. Tcherneva, P. R. , "Fiscal Policy: Why Demand Management Fail and What to Do about It," Working Paper No. 650, Levy Economics Institutes of Bard College, 2011.

325. Tcherneva, P. R. , "Permanent On-The-Spot Job Creation—The Missing Keynes Plan for Full Employment and Economic Transformation," *Review of Social Economy* 70 (1) (2012): 57 - 80.

326. Wray, L. R. , Government as Employer of Last Resort: Full Employment Without Inflation, Working Paper No. 213, Levy Economics Institutes of Bard College, 1997.

327. Wray, L. R. , "Zero Unemployment and Stable Price," *Journal of Economics Issues* 32 (2) (1998): 539 - 545.

328. Wray, L. R. , "Minsky's Approach to Employment Policy and Poverty: Employer of Last Resort and the War on Poverty," Working Paper No. 515, Levy Economics Institutes of Bard College, 2007.

329. Wray, L. Randall. Money, Levy Economics Institute of Bard College, *Working Paper* No. 647, 2010.

四　网络资源

中华人民共和国国务院网站：http://www.gov.cn/。

中华人民共和国国务院新闻办公室网站：http://www.scio.gov.cn/index.htm。

中华人民共和国教育部网站：http://www.moe.gov.cn/。

国家统计局网站：http://www.stats.gov.cn/。

联合国粮农组织网站：http://www.fao.org/home/en/。

世界银行网站：http://www.worldbank.org/。

国际货币基金组织网站：https://www.imf.org/external/。

美国农业部网站：https://www.ers.usda.gov/。

美国国家农业法律中心网站：https://nationalaglawcenter.org/。

索　引

后　记

这项关于常平仓与中国经济传统的专题研究始于 2012 年，它最初是一份 2013 年完成的博士后研究报告，主旨是继李超民教授《常平仓：美国制度中的中国思想》一书"接着讲"，将凯恩斯和后凯恩斯经济学纳入常平仓叙事中来。报告虽然建立起了常平仓缓冲籴粜机制与西方宏观经济理论之间的联系，但回避了一个重要问题，即"如何用中国话语深入解读常平仓传统"。以我当时的能力，这是难以回答的，于是"待续"的报告只能无限期地搁置下来。

在随后两年多的时间里，经过断续的思考，研究进路才慢慢被打开。我逐渐认识到，将经济传统置于整个文明的"大传统"下进行考察很可能是研究的突破口，这个大传统便是中国人在轴心时代即已确立并影响至今的"道"。从"道"上观经济传统，"体—用"关系打得通，只要找到关键的理论工具和与之相应的话语体系，常平仓叙事可以在古今贯通、中西比较的视野下讲出更多情节。有了大方向，又经一定的文献准备，我便决定重拾久置的报告。但动笔之后遇到的困难仍超乎想象，从总体的框架重构到具体的文字论证，每个环节反复调整甚至推倒重来是常有的情形。然而正是经此曲折，研究才得以步步深入，并最终超越常平仓，探寻到"中道"这一中国经济传统的重要标识。

现在，书稿即将刊布，回顾整个过程，研究虽几度拖延，但我幸未半途放弃。在此，我要感谢家人的守护和袁林教授的鼓励，历经九年得"中道"二字，对我而言已是弥足珍贵了。

本项研究惠受"国家社科基金后期资助项目"支持。社会科学文献出版社陈凤玲主任和李帅磊老师为本书出版付出了大量努力，他们专业、细致的工作尤其让人感佩，我要向他们表达由衷的谢意。

　　学术之路，总在前人的启引之下探索前行，对于书中的疏漏错误和有待商榷之处，恳请读者朋友批评指正。

缐文

2020 年 8 月 29 日

于西安

图书在版编目（CIP）数据

永远的常平仓：中国粮食储备传统的千年超越／缐
文著. -- 北京：社会科学文献出版社，2020.12
国家社科基金后期资助项目
ISBN 978 - 7 - 5201 - 7355 - 1

Ⅰ.①永… Ⅱ.①缐… Ⅲ.①战略物资 - 粮食储备 -
研究 - 中国 Ⅳ.①F259.21

中国版本图书馆 CIP 数据核字（2020）第 180505 号

国家社科基金后期资助项目

永远的常平仓：中国粮食储备传统的千年超越

著　　者／缐　文

出 版 人／王利民
责任编辑／陈凤玲　李帅磊

出　　版／社会科学文献出版社·经济与管理分社（010）59367226
　　　　　地址：北京市北三环中路甲 29 号院华龙大厦　邮编：100029
　　　　　网址：www.ssap.com.cn
发　　行／市场营销中心（010）59367081　59367083
印　　装／三河市龙林印务有限公司

规　　格／开　本：787mm × 1092mm　1/16
　　　　　印　张：18　字　数：282 千字
版　　次／2020 年 12 月第 1 版　2020 年 12 月第 1 次印刷
书　　号／ISBN 978 - 7 - 5201 - 7355 - 1
定　　价／99.00 元